Q&A로 공부하는

국제무역

Q&A로 공부하는

국제무역

● 장동한 · 남준희 지음

율곡출판사

들어가는 글

"...... 혈관에 뛰는 자주의 피
세계를 호흡하는 젊은 가슴 ...... "
필자가 다녔던 H대의 교가 가사 일부다.

당시 어린 장 군에겐 세계, 외국, 외국어, 국제, International 이런 말들이 로망이었다. 그만큼 그 당시 대한민국 사회가 국제화가 덜 되어 있었단 뜻이기도 한데, 당시의 많은 젊은이들에겐 해외에 나가 일하고 공부하는 일이 선망의 대상이었다.

40년이 훌쩍 넘은 지금은 어떠한가? 우리 사회와 대한민국 젊은이들의 국제화 역량이나 글로벌 마인드는 눈부시게 발전했다. 대학 강의실 현장에 가 보면 확연하다. 세계 각지에서 온 외국 유학생들이 쉽게 눈에 띄고 한국 학생들의 외국어 구사 능력도 가히 놀랍다. 산업 현장의 국제화는 이제 상식이 되었다.

대한민국에게 국제화는 생존의 필수 요건이요, 지속 가능 발전의 핵심 전략이다. 그동안 개방화 · 국제화로 대한민국이 이만큼 커 왔다. 앞으로도 지속 발전을 위한 국제화는 계속되어야 한다. 끊임없이 세계 정세를 주시하고 이웃들과 경제적 · 정치적 이해관계를 긴밀히 하여 국제적 의사결정 과정에 우리가 적극적으로 참여해야 한다.

필자는 1995년 7월 건국대학교 상경대학 무역학과에 부임했다. 경제, 경영, 리스크 관리, 보험을 공부한 사람에게 국제운송, 해상보험, 무역영어 등 무역실무 강의를 맡기는 통에 많이 당황했고, 내 전공 분야 역량을 잃을 것만 같아 초조한 심정이었다.

그후 국제재무, 무역보험, 무역영어, 무역학원론 등을 강의하면서 나 스스로 많이 배웠단 생각이다. 대한민국 경제에 있어 국제무역의 절대적 중요성, 국제무역 비즈니스 입장에서의 많은 리스크, 해상보험 및 수출보험, 외환관리 등 국제무역학과에 적을 두지 않았더라면 간과했을 많은 토픽들을 공부하면서 문리가 조금 트인 듯하다. 큰 산을 보게 된 것 같다.

'격물치지格物致知' 라고 한다. 주위의 사물을 보면서 세상 이치를 깨닫는다는 너무 멋진 말이다. 공부도 마찬가지다. 이론 공부를 했으면 실제 공부도 해야 마땅하다. 실천 학문인 경영학의 경우는 너무나도 당연한 말이다.

국제무역학엔 오랫동안 대가들이 갈고닦아 놓은 멋진 무역이론들이 있다. 그 국제무역 경제학 기초 위에 국제무역 비즈니스 실무를 알아야 한다. 즉, 국제화로 먹고사는 대한민국의 젊은이들은 국제무역 이론과 무역 비즈니스 실무 지식을 겸비해야 한다.

본 교재는 건국대학교 상경계에 입학한 신입생들을 위해 쓰여졌다. 무역이론의 핵심적인 내용과 무역실무의 기본적인 내용만 대상으로 했다. 디테일한 내용은 고급 심화 과정으로 넘기고 본 교재에선 국제무역의 큰 그림만 보여주고자 했다. 가급적 쉽고 + 재미있게 + 핵심만 전달하고자 접근 방식도 Q&A 스타일을 사용했다. 무역학을 처음 접하는 학생의 입장에서 평소에 품고 있던 여러 중요한 질문들에 가급적이면 핵심만 간추려서 답하는 식이다.

본 교재 집필에는 필자가 정말로 존경하고 좋아하는 남준희 선생이 동참했다.

오랫동안 무역 비즈니스 실무에 종사하면서 틈틈이 좋은 책을 발표한 멋지고 역량이 출중한 분이다. 필자가 오래 전부터 강의에 사용해 왔던 『무역일기』의 저자이기도 하다. 무역실무 공부에 더없이 훌륭한 『무역일기』 원문을 본 교재 부록에 수록했다.

무역에 관심이 있다면 당연히 국제무역의 역사를 알아야 한다. 역사 공부를 통해 리스크 관리를 제대로 할 수 있다고 믿는다. 건국대 국제무역학과 장 교수 강의에서 발표된 국제무역의 역사History of International Trade ppt 자료를 발표자들의 동의 하에 부록에 수록한다.

본 교재가 무역학원론 수강생들뿐 아니라 국제무역에 관심 있는 일반인들이나 무역학 전공을 계획하고 있는 중고생들에게도 큰 도움이 되기를 바란다.

이 책은 특별히 건국대학교 국제무역학과 family에게 바치고자 한다. 올해로 필자는 24년째 건국대학교 국제무역학과에 근무 중인데, 서울에 소재한 종합대학 중에 '무역학과'를 독립적으로 운영하는 대학은 손에 꼽을 정도다. 국내 최고의 명문 무역학과에서 일하면서 많은 학생들, 졸업생들, 교수님들, 관련자분들과 좋은 인연을 맺어오고 있다. 이 책도 필자가 국제무역학과에 몸담고 있기 때문에 쓸 수 있었다. 건국대학교 국제무역학과의 지속적인 발전을 기원한다.

2019년 2월

장동한

차 례

2부 국제무역 BUSINESS

Ch. 3 국제무역 계약 & INCOTERMS

Ch. 4 대금결제

Ch. 6 해상보험 및 수출보험

Ch. 7 국제무역의 미래

부록

International Trade

Part one

국제무역 ECONOMICS

Chapter 1 교역과 시장경제

Chapter 2 국제무역

Q1. 효용Utility이란?

Q2. 로빈슨 크루소 경제란?

Q3. 교환경제의 이점은?

Q4. 생산가능선이란?

Q5. 전문화Specialization와 교환의 힘은?

Q6. 비교우위Comparative Advantage란 무엇인가?

Q7. 비교우위와 기회비용?

Q8. 소비자잉여란?

Q9. 생산자잉여란?

Q10. '시장 효율적' 이란 무슨 뜻일까?

Q11. 시장 균형이 바람직한 이유는?

Q12. 시장의 실패Market Failure란?

교역과 시장경제

International Trade

Ch. one

1

택이와 덕선이는 K대 17학번 동기로 택이는 상경대, 덕선이는 예술대에 재학 중이다. 어려서부터 같은 동네에 이웃해 살면서 오누이 처럼 지내온 사이였는데 대학까지 동문이 되었으니 인연치고는 질긴 인연이다. ㅎㅎ

평소에 조용하고 논리적인 택이와 정신없을 정도로 시끄럽고 덜렁대지만 심성이 착한 덕선이는 잘 안 어울리는 것 같지만 나름대로 보기 좋은 이상한? 커플이다.

이번 학기에 장 교수의 무역학원론을 듣기로 했다는 택이의 말에 덕선이도 아무 생각 없이 덥석 따라서 수강했다. 그냥 같이 있고 싶어서. ㅎㅎ 근데 …… 고생이 장난이 아니다. 뭔 소릴 하는 건지 당최 알 수가 없다.

비교우위? 협업? 각자의 달란트를 십분 발휘하여 자기가 잘하는 분야에 집중하여 서로 교환하면 누이 좋고 매부 좋고 도랑 치고 가재 잡고 택이 좋고 써니 좋은 윈윈을 연출할 수 있단다. ㅎㅎ 괜히 생각만 해도 기분이 좋다. 좋은 수업이다.

Q1. 효용^Utility^이란?

효용效用(Utility)은 '전반적인 만족' overall satisfaction으로 정의되는데 우리 모두가 추구하는 행복과 큰 차이가 없다고 본다.

우리는 어떻게 해야 행복해지는가? 기본적으로 잘 먹고 잘 살아야 행복해지지 싶은데 그것도 지속 가능한 행복이어야 할 것이다. 잠시 잠깐의 행복은 큰 의미가 없겠다. 해서 오늘과 내일, 현재와 미래라는 다多기간multi-period 분석이 중요하다.

너무 단순하지만 효용은 오늘 및 내일의 소비의 함수라고 가정하자.

오늘의 소비 $C(1)$

$$\rightarrow \ U[C(1), C(2)]$$

내일의 소비 $C(2)$

소비와 효용

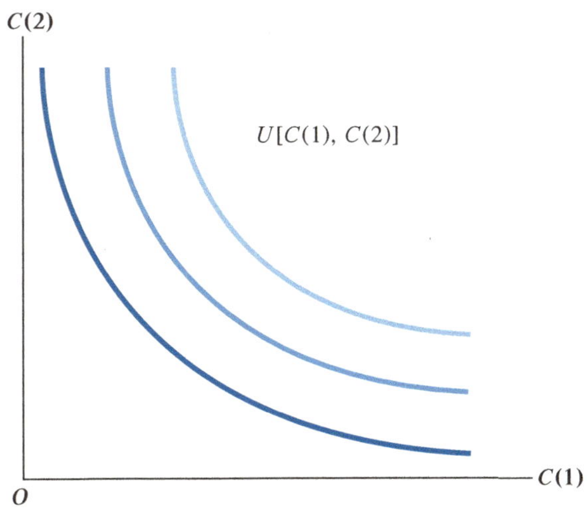

사실 모든 경제활동의 귀착점은 소비가 된다. 예를 들어 대출이나 차입도 오늘 혹은 내일의 소비를 늘리고자 하는 것이며, 투자나 생산도 결국 소비로 귀착됨을 감안해 볼 때 $U[C(1), C(2)]$ 함수는 무리가 아니다.

여기서 $U[C(1), C(2)]$는 곡선의 형태를 갖는데 그 이유는 한계효용체감Diminishing Marginal Utility의 법칙 때문이다.

한계효용체감의 법칙

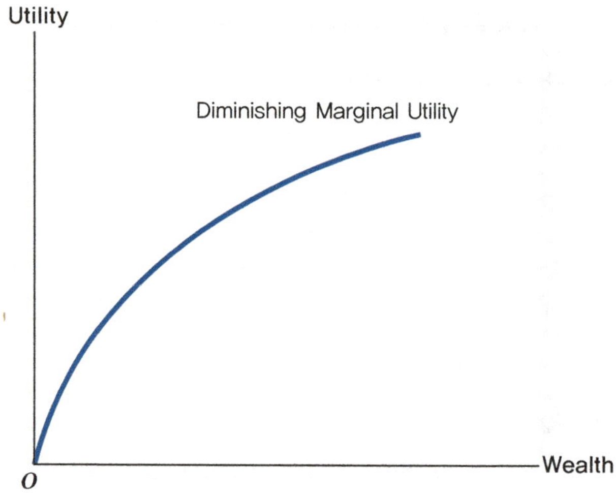

Q2. 로빈슨 크루소 경제란?

무인도에 떨어져 홀로 살아가는 로빈슨 크루소Robinson Crusoe처럼 이웃도 없고 교환도 없는No Exchange 경제를 생각해 보자. 오늘 주어진 자원과 내일 소비 가능한 자원의 한계 안에서 소비 가능한 집합을 생각해 볼 수 있고 자기 나름대로 최고의 효용을 창출하고자 노력할 것이다.

고립 또는 폐쇄 경제의 한계는 분명하다. 본인만의 또는 자기 사회만의 소비 가능한 집합에는 한계가 있는 것이다.

폐쇄경제의 소비 가능한 집합과 효용

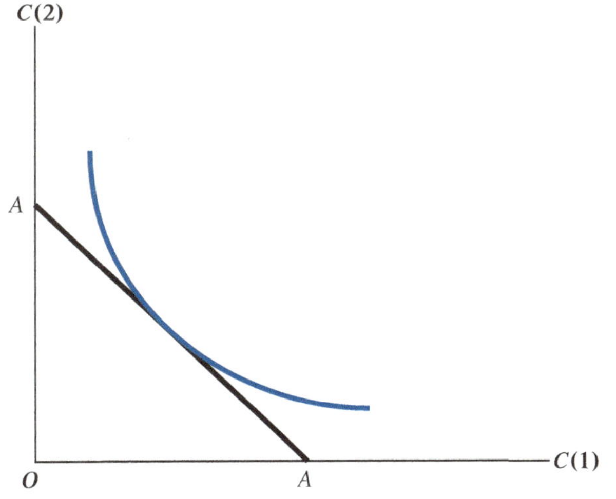

Q3. 교환경제의 이점은?

We can be better with Exchange!

오늘 여유가 있는 여분의 자원을 남에게 대출함으로써 내일 보다 많은 소비가 가능해지고 효용을 증대할 수 있으며, 내일 되갚을 것을 약속하고 부족한 자원을 차입하여 오늘 소비함으로써 효용의 증대가 가능하다.

돈이나 자원의 시간가치[time value of money]를 고려할 때 그 대가가 바로 시장금리 r이다[$r \geq 0$]. 예를 들어 오늘의 \$1은 내일의 \$1(1 + r)과 같은 값[등가(等價)]이다. 따라서 폐쇄경제와 비교할 때 개방 교환경제의 경우에 소비 가능한 집합의 크기가 크며, 그에 따라 효용 증대의 가능성이 커진다.

교역[trade]의 이점이나 국제무역[international trade]의 이점은 바로 교환의 힘이라고 하겠다.

시간가치, 시장금리, 시장기회선

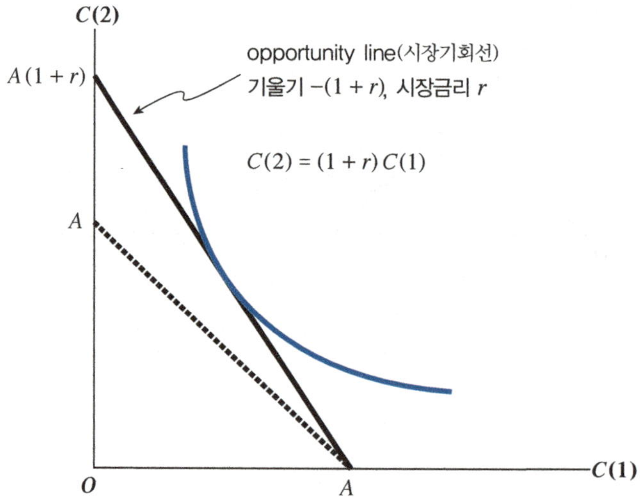

교환경제의 대출과 차입 기능을 활용한 효용 증대 효과

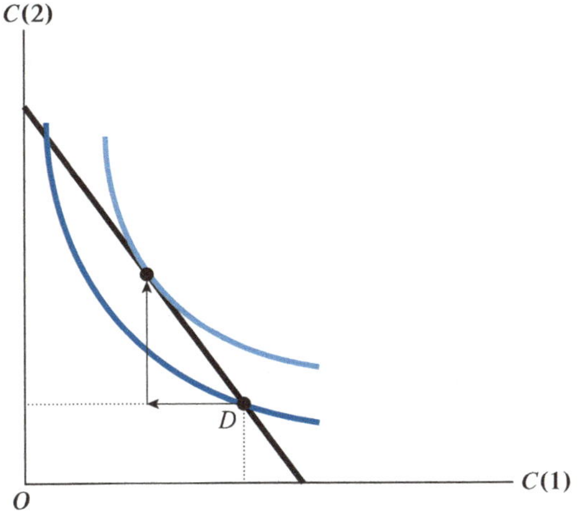

(a) Lending(대출)

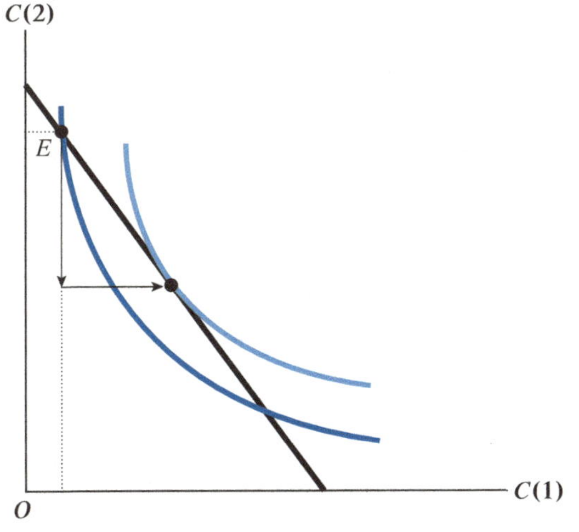

(b) Borrowing(차입)

Q4. 생산가능선이란?

간단한 예를 들어 보자. 여기 농부farmer와 목축업자rancher가 있고 이들은 모두 고기와 감자를 자체 생산할 수 있지만 각자의 생산성은 다르다. 고기의 경우, 1 oz를 생산하는데 농부는 60분이 걸리지만 목축업자는 20분이면 족하다. 반면, 감자 1 oz 생산의 경우, 농부는 15분이 걸리고 목축업자는 10분이 걸린다.

Production Opportunities

	Minutes Needed to Make 1 Ounce of		Amount Produced in 8 Hours	
	Meat	Potatoes	Meat	Potatoes
Farmer	60 min/oz	15 min/oz	8 oz	32 oz
Rancher	20 min/oz	10 min/oz	24 oz	48 oz

농부와 목축업자가 하루 8시간씩 일한다고 가정하고, 위와 같은 생산성을 전제로 해서 각자의 생산가능선Production Possibility Frontier을 그려 보자. 농부는 하루에 8시간 일하여 32 oz의 감자나 8 oz의 고기를 생산할 수 있으며 생산물의 일부인 감자 16 oz와 고기 4 oz를 소비할 수 있다. 우리는 생산가능선 내에서 소비한다. 목축업자는 하루에 48 oz의 감자나 24 oz의 고기를 생산할 수 있으며 생산물 중에서 감자 24 oz와 고기 12 oz를 소비할 수 있다. 이제까지 농부와 목축업자는 고기와 감자를 각자 따로 따로 생산해서 소비하고 있으며 이들 사이에 교환은 아직 이루어지지 않고 있다.

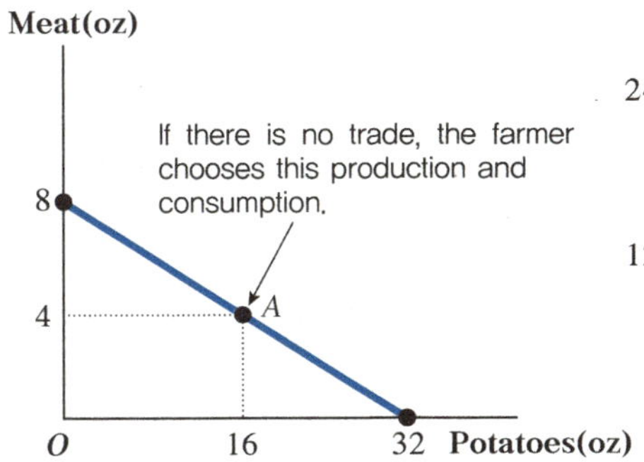

(a) The farmer's production possibilities frontier

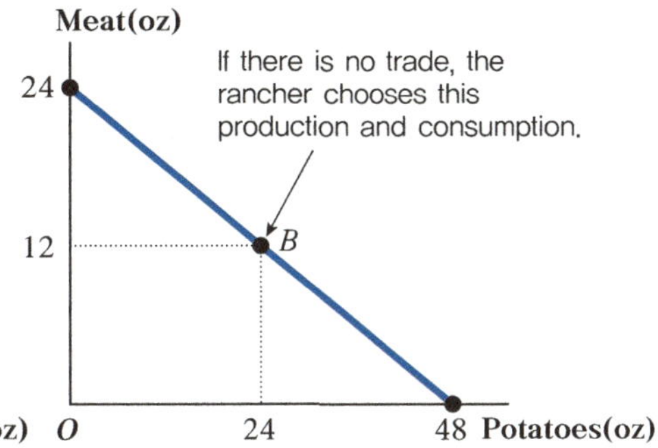

(b) The rancher's production possibilities frontier

자료 : N. G. Mankiw, *Essentials of Economics*(2012)

Tips 생산가능선은 직선일까? 곡선일까?

오늘 소비 가능한 자원의 일부를 좋은 곳에 투자함으로써 내일에 소비 가능한 생산을 연출할 수 있는데 그 결과가 바로 생산가능곡선Production Possibility Frontier or Transformation Curve이다. 생산가능선은 통상 위로 볼록한 곡선의 형태를 갖게 되는데 이는 한계생산성 체감Diminishing Marginal Productivity의 원리에 따르는 것이다.

생산가능곡선(Transformation Curve)

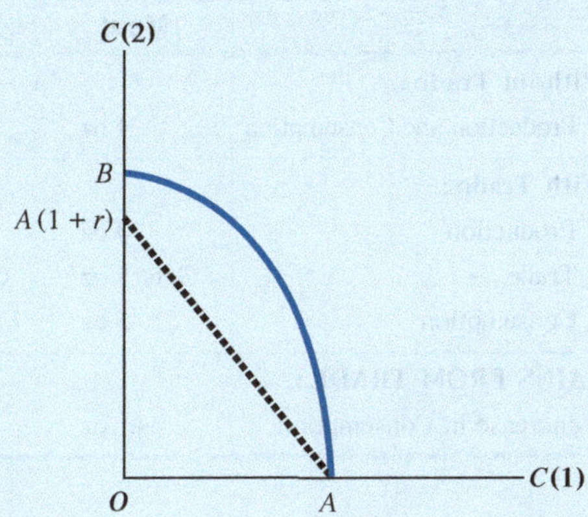

Q5. 전문화[Specialization]와 교환의 힘은?

어느 날 저녁 농부의 부인 Wise 여사가 좋은 생각이 났다며 남편에게 목축업자와의 교환을 제안했다.

"여보, 당신은 감자 생산에만 올인하고, 목축업자 아저씨는 고기 생산에 치중하는 게 좋을 것 같은데. 그리고 나서 서로 필요한 만큼 교환하면 좋을 것 같아. 그야말로 '전문화' 하는 거지. 내가 밭일, 당신은 논일 하는 것과 다를 바가 없잖아."

오~ 역시 남자든 여자든 배우자를 잘 만나야 함은 만고의 진리다.

The Gains from Trade : A Summary

	Farmer		Rancher	
	Meat	Potatoes	Meat	Potatoes
Without Trade :				
Production and Consumption	4 oz	16 oz	12 oz	24 oz
With Trade :				
Production	0 oz	32 oz	18 oz	12 oz
Trade	Gets 5 oz	Gives 15 oz	Gives 5 oz	Gets 15 oz
Consumption	5 oz	17 oz	13 oz	27 oz
GAINS FROM TRADE :				
Increase in Consumption	+1 oz	+1 oz	+1 oz	+3 oz

다음 날 농부는 목축업자를 찾아가 와이프의 아이디어를 전달했고, 두 사람은 궁리 끝에 서로 win-win 하는 좋은 교환을 생각해 냈다. 농부는 감자 생산에 올인하여 하루 32 oz의 감자를 생산하여 그 중에 15 oz를 목축업자에게 주고 그 대가로 5 oz의 고기를 받기로 했다. 이런 교환을 통해 최종 결산을 해보니 두 사람 모두 교환이 없던 때에 비해 감자와 고기 소비를 더 늘릴 수 있었다.

Wow～

교환의 힘!

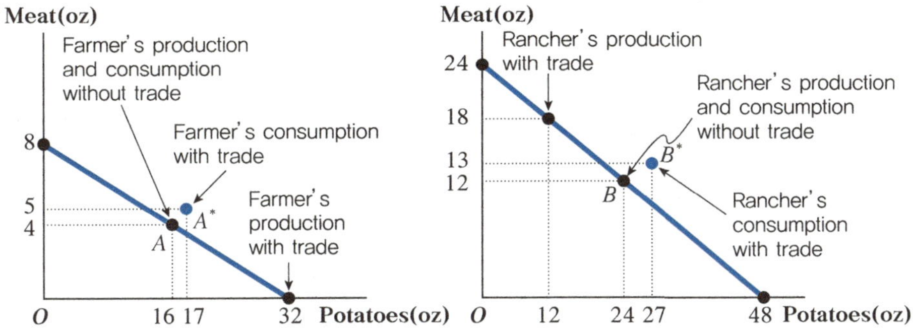

(a) The farmer's production and consumption

(b) The rancher's production and consumption

자료 : N. G. Mankiw, *Essentials of Economics*(2012)

Q6. 비교우위Comparative Advantage란 무엇인가?

"우리는 각자가 상대적 우위를 가진 분야에 전문화함으로써 win-win 할 수 있다. 여기서 상대적 우위 분야란 기회비용opportunity cost이 낮은 분야를 말한다."

예를 들어 Brian은 하루 24시간 동안 과제 레포트를 3개 쓸 수 있고 쿠키를 12개 만들 수 있다. 반면에 Freddie는 레포트를 8개 쓸 수 있지만 쿠키는 겨우 4개만 만들 수 있다고 하자. 여기서 누가 어떤 분야에 상대적 우위 또는 비교우위를 가지고 있을까?

상대적으로 각자가 남보다 더 잘 할 수 있는 분야에 전문화하고 서로 교환하면 좋지 않을까 하는 생각이 교역交易(Trade)의 배경이다. Brian은 쿠키에, Freddie는 레포트 작성에 올인all in하고 서로 필요한 만큼 교환하면 윈윈할 수 있다는 얘기다. 우리 각자의 달란트는 특별하니까 자기 소질을 계발하여 서로 교환하고 상생하면 더 좋은 세상을 만들 수 있다는 멋진 아이디어 아닌가? 바로 이게 전문화Specialization와 교역交易(Trade)의 힘이고, 여기서 핵심 아이디어는 비교우위Comparative

Advantage이다.

Tips 비교우위Comparative Advantage vs 절대우위Absolute Advantage

Tom Brady는 미식축구 역사상 가장 훌륭한 쿼터백 중의 한 명으로 패스의 속도와 정확성 면에서 타의 추종을 불허한다. 물론 몸을 사용하는 다른 일에서도 그의 능력은 월등하다고 하겠는데, 예를 들어 잔디 깎기에서도 마찬가지일 것이다. 그렇다고 해서 Tom Brady가 꼭 자기 집 잔디를 깎아야 하는 걸까? 기회비용과 비교우위 개념을 이용해 분석해 보자.

예를 들어 Tom Brady는 2시간에 자기 집 잔디를 깎을 수 있다고 하자. 한편 그 2시간 동안에 Tom Brady가 TV 광고에 출연하면 $20,000을 벌 수 있다. 옆집에 사는 Forest Gump는 어떨까? 그는 4시간을 들여야 Tom Brady 집의 잔디를 깎을 수 있고, 그 4시간 동안 맥도날드에서 일하면 $40을 벌 수 있다.

이 예에서 Tom Brady는 잔디 깎기에 있어 절대우위에 있다. 그러나 Tom Brady의 기회비용은 $20,000인 반면 Forest Gump의 기회비용은 $40에 불과하다. 따라서 잔디 깎기에 있어 Forest Gump가 비교우위에 있다. 이런 경우 교역의 이점은 분명하다. Tom Brady는 자기 집 잔디를 스스로 깎는 대신 Forest Gump를 고용하여, 예를 들어 $80($40 이상이어야 함)을 지불하고 본인은 TV 광고에 출연하여 큰돈을 벌 수 있는 것이다.

Q7. 비교우위와 기회비용?

기회비용opportunity cost이란 여러분이 A를 할지 B를 할지 선택이 가능한 경우 A를 취함으로써 B를 포기하는 대가이다. 반대로 B를 취함으로써 A를 포기하는 대가로 생각할 수도 있다.

	Opportunity Cost of	
	1 oz of Meat	1 oz of Potatoes
Farmer	4 oz potatoes	1/4 oz meat
Rancher	2 oz potatoes	1/2 oz meat

농부와 목축업자의 케이스로 돌아가서 기회비용을 분석해 보자. 농부 및 목축업자 각자의 생산성을 고려해 볼 때, 고기 1 oz 생산의 기회비용은 농부의 경우 4 oz의 감자가 되며 목축업자의 경우는 2 oz의 감자가 된다. 따라서 고기 생산에서는 기회비용이 낮은 목축업자가 비교우위가 있다. 감자 1 oz 생산의 기회비용은 농부의 경우 1/4 oz의 고기가 되며 목축업자의 경우는 1/2 oz의 고기가 된다. 즉, 감자 생산에서는 기회비용이 낮은 농부가 비교우위가 있는 것이다.

각자의 기회비용이 낮은 분야에 전문화해야 한다는 점을 상기해 볼 때, 목축업자는 고기 생산에 농부는 감자 생산에 전문화하여 생산물을 교환함으로써 윈윈하는 멋진 결과를 이루어 낼 수 있다.

이상의 논리가 국제무역International Trade에도 그대로 적용될 수 있다. 각국은 자국이 비교우위를 갖고 있는 상품에 전문화하여 생산하고 서로 교역함으로써 전체적으로 윈윈할 수 있는 상황을 연출할 수 있다. 해서, 국토도 작고 지하자원도 빈약한 대한민국이 자동차를 수출하고, 땅도 넓고 인구도 많고 자원도 풍부한 미국에서 농산물을 수입하는 상황이 전개될 수 있는 것이다.

DHC News Ogre to Slay? Outsource It to Chinese

FUZHOU, China — One of China's newest factories operates here in the basement of an old warehouse. Posters of World of Warcraft and Magic Land hang above a corps of young people glued to their computer screens, pounding away at their keyboards in the latest hustle for money.

The people working at this clandestine locale are "gold farmers." Every day, in 12-hour shifts, they "play" computer games by killing onscreen monsters and winning battles, harvesting artificial gold coins and other virtual goods as rewards that, as it turns out, can be transformed into real cash.

That is because, from Seoul to San Francisco, affluent online gamers who lack the time and patience to work their way up to the higher levels of gamedom are willing to pay the young Chinese here to play the early rounds for them.

"For 12 hours a day, 7 days a week, my colleagues and I are killing monsters," said a 23-year-old gamer who works here in this makeshift factory and goes by the online code name Wandering. "I make about $250 a month, which is pretty good compared with the other jobs I've had. And I can play games all day."

He and his comrades have created yet another new business out of cheap Chinese labor. They are tapping into the fast-growing world of "massively multiplayer online games," which involve role playing and often revolve around fantasy or warfare in medieval kingdoms or distant galaxies.

With more than 100 million people worldwide logging on every month to play interactive computer games, game companies are already generating revenues of $3.6 billion a year from subscriptions, according to DFC Intelligence, which tracks the computer gaming market.

For the Chinese in game-playing factories like these, though, it is not all fun and games. These workers have strict quotas and are supervised by bosses who equip them with computers, software and Internet connections to thrash online trolls, gnomes and ogres.

As they grind through the games, they accumulate virtual currency that is valuable to game players around the world. The games allow players to trade currency to other players, who can then use it to buy better armor, amulets, magic spells and other accoutrements to climb to higher levels or create more powerful characters.

The Internet is now filled with classified advertisements from small companies — many of them here in China — auctioning for real money their powerful figures, called avatars. These ventures join individual gamers who started marketing such virtual weapons and wares a few years ago to help support their hobby.

"I'm selling an account with a level-60 Shaman," says one ad from a player code-named Silver Fire, who uses QQ, the popular Chinese instant messaging service here in China. "If you want to know more details, let's chat on QQ."

This virtual economy is blurring the line between fantasy and reality. A few years ago, online subscribers started competing with other players from around the world. And before long, many casual gamers started asking other people to baby-sit for their accounts, or play while they were away.

That has spawned the creation of hundreds — perhaps thousands — of online gaming factories here in China. By some estimates, there are well over 100,000 young people working in China as full-time gamers, toiling away in dark Internet cafes, abandoned warehouses, small offices and private homes.

Most of the players here actually make less than a quarter an hour, but they often get room, board and free computer game play in these "virtual sweatshops."

"It's unimaginable how big this is," says Chen Yu, 27, who employs 20 full-time gamers here in Fuzhou. "They say that in some of these popular games, 40 or 50 percent of the players are actually Chinese farmers."

자료 : By DAVID BARBOZA, New York Times Dec. 9, 2005.

Q8. 소비자잉여란?

한국 걸그룹의 인기가 예전만은 못하다고 하지만 미국엔 골수팬들이 있는 모양이다. Girls' Generation 필라델피아 공연에 많은 팬들이 몰렸는데 미국 아저씨 광팬 4인방John, Paul, George, Ringo은 표를 구하지 못했고 결국 모처에서 경매에 붙인 표를 사게 되었다는데, 그 중에서도 가장 광팬인 John은 무려 U$100을 써서 냈고, Paul이 U$80, George U$70, Ringo U$50 순이었다. 같은 물건이라도 각자가 생각하는 물건의 가치는 다를 수 있으니 공연 티켓 한 장의 가치도 다르게 마련이다.

Buyer	Willingness to Pay
John	$100
Paul	80
George	70
Ringo	50

만약 공연 티켓 값이 시장에서 U$80으로 정해졌다면 U$100의 가치가 있다고 생각했던 John의 입장에선 U$20의 횡재를 보게 된 셈이다. 티켓 값이 U$70으로 떨어진다면, John은 U$30, Paul은 U$10의 횡재를 보게 된다. 여기서 특정 물건에 대한 소비자 각자의 주관적 가치와 시장 가격의 차이를 소비자잉여Consumer Surplus라고 한다.

일반적으로 시장 가격의 하락에 따라 소비자잉여의 크기는 커지게 되는데, 이는 가격이 하락함에 따라 기존 소비자의 잉여가 더욱 커지고 신규 소비자가 새로이 시장에 참여하기 때문이다.

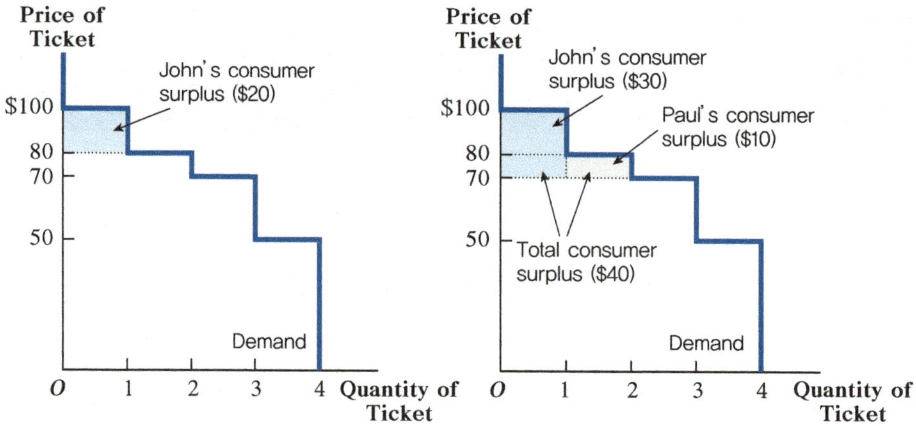

(a) Price = $80 (b) Price = $70

자료 : N. G. Mankiw, *Essentials of Economics*(2012)

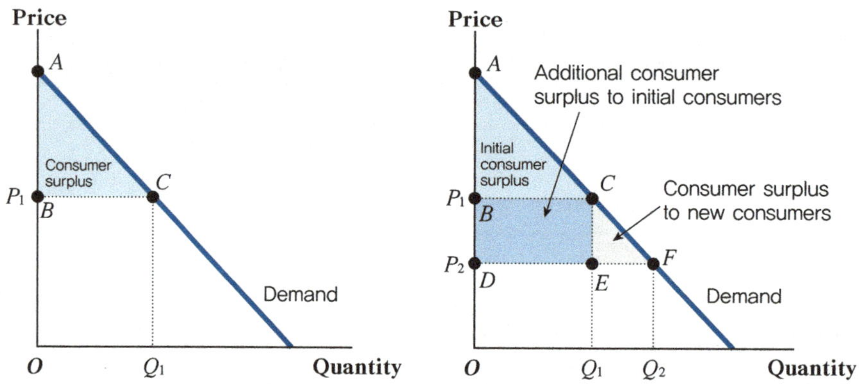

(a) Consumer Surplus at Price P_1 (b) Consumer Surplus at Price P_2

자료 : N. G. Mankiw, *Essentials of Economics*(2012)

Q9. 생산자잉여란?

Girls' Generation의 일원으로 미국 플로리다에 새 집을 장만한 TY. 새 집의 청소 및 단장을 위해 서비스 경매를 붙였는데 현지 주민 네 명Mary, Frida, Georgia, Grandma이 지원했다. 능력은 탁월하지만 매우 한가한 Grandma가 서비스 제공 대가로 가장 낮은 U$500을 써냈고, Gerogia가 U$600, Frida U$800, May U$900의 순으로 높게 썼다. 만약 서비스 대가로 TY가 U$700을 지급한다면 Grandma는 U$200을, Georgia는 U$100의 횡재를 하게 되는 셈이다.

Seller	Cost
Mary	$900
Frida	800
Georgia	600
Grandma	500

이와 같은 상황에서 물건이나 서비스의 시장 가격과 생산자의 공급 가치의 차이를 생산자잉여Producer Surplus라고 한다. 물론 시장 가격이 상승함에 따라 생산자잉여가 증가함은 당연하다. 가격의 상승에 따라 기존 생산자의 잉여가 더욱 커지고 신규 공급자가 시장에 참여하기 때문이다.

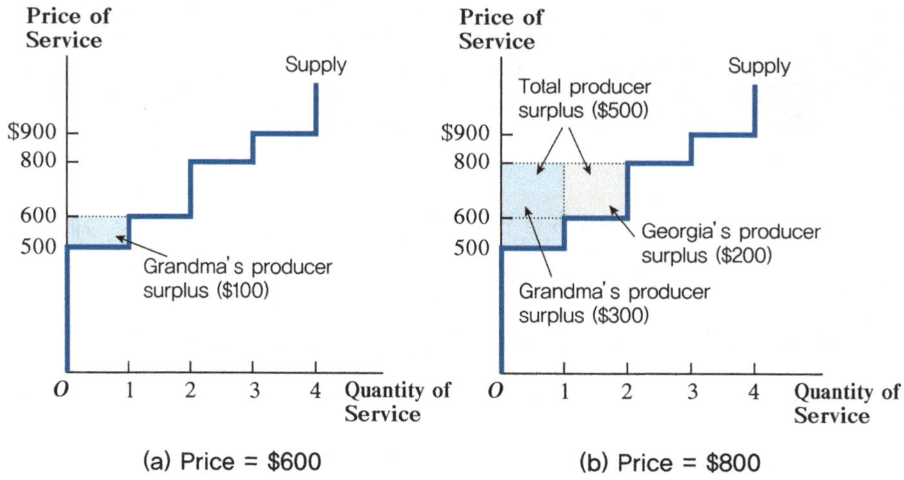

자료 : N. G. Mankiw, *Essentials of Economics*(2012)

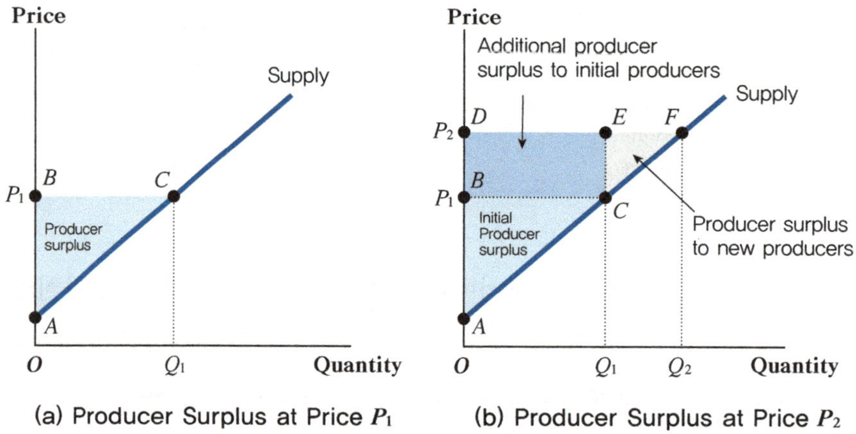

자료 : N. G. Mankiw, *Essentials of Economics*(2012)

Q10. '시장 효율적'이란 무슨 뜻일까?

이상에서 논의한 소비자잉여와 생산자잉여의 합을 생각해 보자. 특정 물건이나 서비스에 대한 시장의 수요와 공급을 고려할 때 이들이 만나는 점에서 시장 균형均衡(Equilibrium)이 이루어진다. 그 상태를 벗어날 이유가 없는 이상적인 상황이 균형이라고 하겠는데 실제로 시장은 이런 저런 이유로 인해 항상 균형에서 벗어나 있는 것이 현실이다. 하지만 일단 균형에서 벗어나면 그 순간부터 수요와 공급의 조정에 따라 다시 균형을 추구하게 된다.

어쨌든 균형점 *E*에서 시장의 균형 가격이 조성되는데, 이 균형 가격을 대상으로 소비자잉여와 생산자잉여가 결정되고, 우리 경제의 총 잉여total surplus는 두 잉여의 합이다.

총 잉여 = 소비자잉여 + 생산자잉여

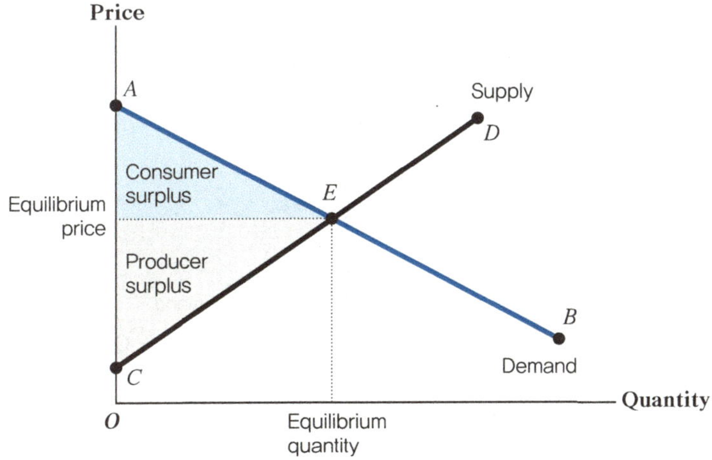

자료 : N. G. Mankiw, *Essentials of Economics*(2012)

앞서 분석했던 소비자잉여와 생산자잉여의 개념을 다시 정리해 본다.

소비자잉여 = 소비자 전체의 주관적 가치 – 시장 가격

생산자잉여 = 시장 가격 – 생산자 전체의 공급 가치

총 잉여 = 소비자잉여 + 생산자잉여

= (소비자 전체의 주관적 가치 – 시장 가격)

+ (시장 가격 – 생산자 전체의 공급 가치)

= 소비자 전체의 주관적 가치 – 생산자 전체의 공급 가치

'소비자 전체의 주관적 가치'는 수요선 상의 가치를 말하고 '생산자 전체의 공급 가치'는 공급선 상의 가치를 의미하는바 결국 수요선 상의 가치에서 공급선 상의 가치를 뺀 크기가 총 잉여가 되며 그 총 잉여의 크기는 그림 상에서 균형점 E점에 도달할 때 최대가 된다. 즉, *E*점까지 수요하고 *E*점까지 공급할 때 한 경제의 총 잉여가 최대Maximum로 되는 것이고 이런 상황을 '시장 효율적market efficient'이라고 한다.

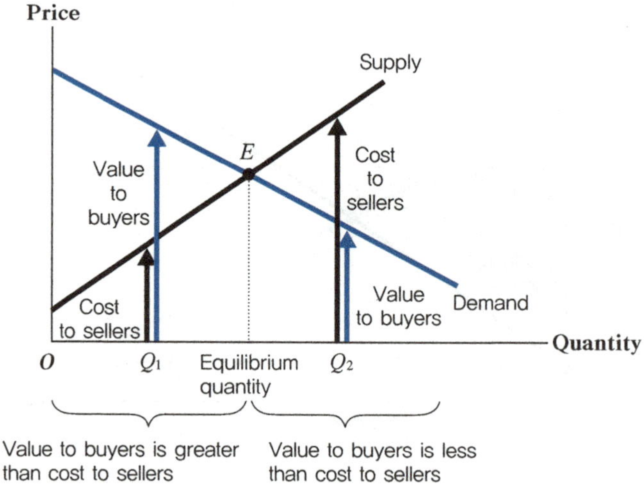

자료 : N. G. Mankiw, *Essentials of Economics*(2012)

Q11. 시장 균형이 바람직한 이유는?

시장 균형Market Equilibrium에서 한 경제의 자원이 효율적으로 운용되는가?

즉, 시장 균형 상황에서 한 경제의 총 잉여가 최대로 되는가?

YES!

1. 자유시장경제에서 공급이 소비자잉여를 증대시킨다.
2. 자유시장경제에서 소비가 생산자잉여를 증대시킨다.
3. 자유시장경제의 균형 상황에서 총 잉여가 최대로 된다.

이와 같이 이상적으로 효율적인 자유시장경제 시스템 하에서는 정부가 시장에 개입할 여지가 없는바 시장 개입의 필요 자체가 없다.

Laissez faire![1]

시장의 보이지 않는 손invisible hand of market!

1. 경제적 '자유 방임' 주의자들이 사유재산과 기업의 자유활동을 옹호하는 주장.

Q12. 시장의 실패Market Failure란?

앞에서 논의한 바와 같이 자유시장경제 시스템 하에서 우리는 이상적으로 최고 효율적인 결과를 기대할 수 있지만 현실과 이상은 분명 다르다. 이상적인 결과를 분석하는 과정에서 우리는 몇 가지 비현실적인 가정을 했는데 그것은 다음과 같다.

첫째, 시장이 완전 경쟁적perfectly competitive이다.

둘째, 시장 경쟁의 결과가 시장에 참여하는 소비자와 생산자들에게만 영향을 준다.

우리 시장은 결코 완전 경쟁적이지 않다. 몇몇 시장의 경우엔 소비자나 생산자가 하나이거나 소수인 경우도 있는데 이런 경우엔 이들이 시장 지배력을 발휘할 수 있다. 시장 지배력market power은 결국 시장 가격이나 거래량에 영향을 미칠 수 있는바 시장 균형이 비효율적인 결과를 가져 올 수 있다.

'외부 효과externalities' 라는 게 있다. 하나의 시장에서 소비자와 생산자의 경쟁이 시장 참여자뿐 아니라 시장에 참여하지 않는 외부인들에게도 영향을 끼치는 것인데 예를 들어 농약 살충제의 경우를 보자. 공기 중에 퍼져 나간 살충제의 효과는 동네 주민들의 생활에 직간접적으로 큰 영향을 끼치게 되지만 살충제 시장의 소비자나 생산자는 이런 부수 효과는 전혀 고려하지 않고 있는바 시장의 균형은 사회 전체적으로 비효율적인 결과가 된다.

시장 지배력 문제나 외부 효과 문제 때문에 소위 시장 실패Market Failure의 결과가 나오게 되며, 이렇게 시장 스스로의 자체 해결 능력이 떨어지는 경우는 정부가 시장에 개입하여 문제를 관리하거나 경제적 효율성을 제고할 필요가 있을 것이다.

그러나 그럴 필요가 없음에도 불구하고 정부가 시장에 개입하거나 혹은 과도하게 시장에 개입하는 경우는 결코 바람직하지 않다고 본다.

Q13. 국제무역과 비교우위?

Q14. 수출국의 득실은?

Q15. 수입국의 득실은?

Q16. 수입 관세 효과는?

Q17. 국제무역의 여러 이점은?

Q18. 국제무역을 규제하자는 주장의 근거는?

국제무역

International Trade
Ch. two

2

국제무역?

그냥 무역 아냐? 무역 자체가 국제적이라면 국제 + 무역은 '역전앞'과 다를 바가 없을 것 같은데.

장 교수가 중국 얘기를 하신다. 엄청나게 넓은 땅에 23개의 성(타이완성 포함), 5개의 자치구, 4개의 직할시, 2개의 특별행정구로 구성된 중국엔 분명 무역이 있고 국제무역이 따로 있단다. 중국에서 그냥 무역이라 하면 성 간의 교역을 말하고, 외국과의 교역을 국제무역이라고 구분해서 쓴단다. 오~

그러면 international과 global의 차이는? Inter-national은 말 그대로 nation 간의 상황을 말한다. 각자의 색깔은 유지하면서 상호 교류한다는 뜻이리라. International trade가 좋은 예다. 그 단계를 넘어서서 국제적으로 융합되는 상황이 global이다. 너 나가 따로 없이 '우리'가 되는 것이다. Global village지구촌를 생각하면 딱이다.

Q13. 국제무역과 비교우위?

폐쇄경제 시스템을 운영해 왔던 북한이 국제무역International Trade을 고려하고 있다고 하자. 북한 경제 당국은 자신들이 노동집약적인 섬유 산업에 강점이 있다고 보고 특정 섬유 제품의 국내 가격과 국제 가격world price을 비교해 볼 수 있다. 국내 가격에 비해 국제 가격이 월등히 높으면 수출을, 그 반대면 차라리 수입을 고려해 볼 수 있을 것이다.

앞서 우리는 전문화와 교역의 이점을 검토한 바 있는데 국제무역에서도 똑같이 비교우위Comparative Advantage 개념을 적용하여 자국의 국제무역 참여 여부를 결정할 수 있을 것이다. 자국이 비교우위가 있는 상품이나 서비스 생산에 특화하고 타국과 교역을 함으로써 서로 윈윈할 수 있는 상황의 연출이 얼마든지 가능한 것이다.

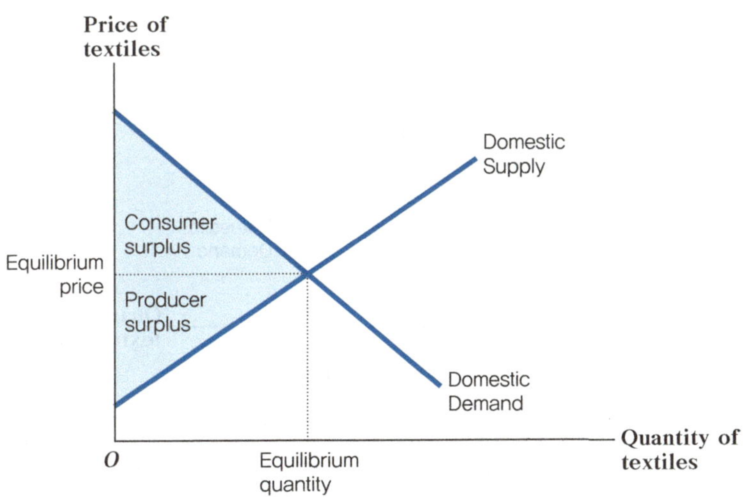

자료 : N. G. Mankiw, *Essentials of Economics*(2012)

Q14. 수출국의 득실은?

폐쇄경제 시스템을 운영해 왔던 북한이 국제무역을 통해 섬유 제품의 수출 export에 참여한다고 하자. 수출 과정에서 섬유 제품 가격이 국제 가격 수준으로 상승한다고 하면 어떤 결과가 나올까?

그림에서 보는 바와 같이 섬유 제품 가격의 상승으로 생산자잉여는 증대되는 반면 높아진 가격에 따라 소비자잉여는 감소하게 된다. 두 잉여를 합한 총 잉여는 경제 전체적으로 국제무역에 참여하기 전보다 커질 수 있다. 즉, 경제 전체적으로는 부富가 증대되어 수출이 득이 되는 경우지만 그 내용을 들여다보면 득을 보는 자와 잃는 자가 공존한다.

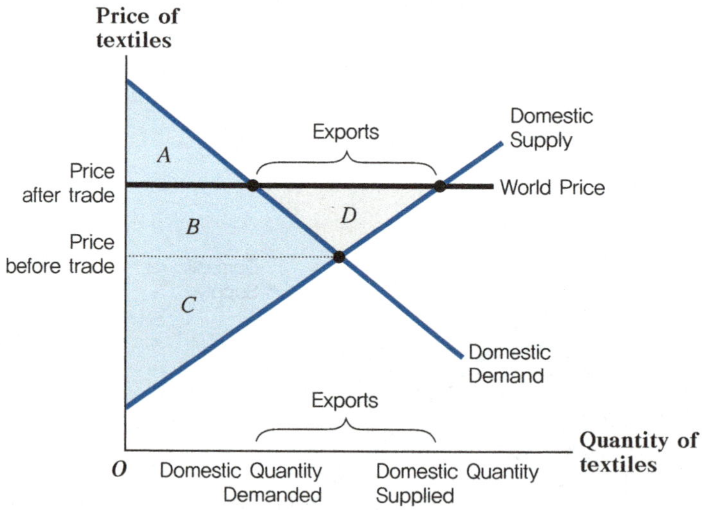

	Before Trade	After Trade	Change
Consumer Surplus	$A + B$	A	$-B$
Producer Surplus	C	$B + C + D$	$+(B + D)$
Total Surplus	$A + B + C$	$A + B + C + D$	$+D$

The area *D* shows the increase in total surplus and represents the gains from trade.

자료 : N. G. Mankiw, *Essentials of Economics*(2012)

Q15. 수입국의 득실은?

폐쇄경제 시스템을 운영해 왔던 쿠바가 국제무역을 통해 섬유 제품의 수입 import에 참여한다고 하자. 수입 과정에서 섬유 제품 가격이 국제 가격 수준으로 하락한다고 하면 어떤 결과가 나올까?

그림에서 보는 바와 같이 섬유 제품 가격의 하락으로 소비자잉여는 증대되는 반면 낮아진 가격에 따라 생산자잉여는 감소하게 된다. 두 잉여를 합한 총 잉여는 경제 전체적으로 국제무역에 참여하기 전보다 커질 수 있다. 즉, 경제 전체적으로는 부富가 증대되어 수입이 득이 되는 경우지만 그 내용을 들여다보면 득을 보는 자와 잃는 자가 공존한다.

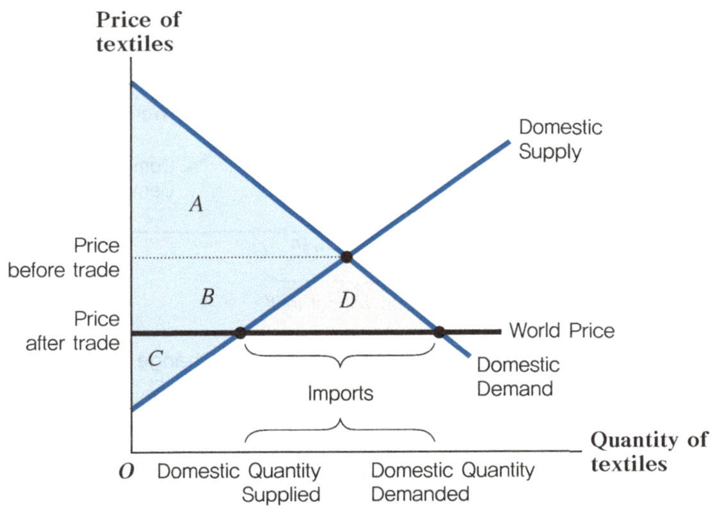

	Before Trade	After Trade	Change
Consumer Surplus	A	$A + B + D$	$+(B + D)$
Producer Surplus	$B + C$	C	$-B$
Total Surplus	$A + B + C$	$A + B + C + D$	$+D$

The area *D* shows the increase in total surplus and represents the gains from trade.

자료 : N. G. Mankiw, *Essentials of Economics*(2012)

Q16. 수입 관세 효과는?

최근 미국의 트럼프 정부와 중국 간에 무역전쟁이 격화되면서 상대국 수입품에 매겨지는 관세tariff에 일반의 관심이 커지고 있다. 관세關稅는 외국에서 사들여 국내에서 팔리는 수입품에 부과되는 특별한 세금인데, 관세는 경제적 잉여에 어떤 영향을 미칠까?

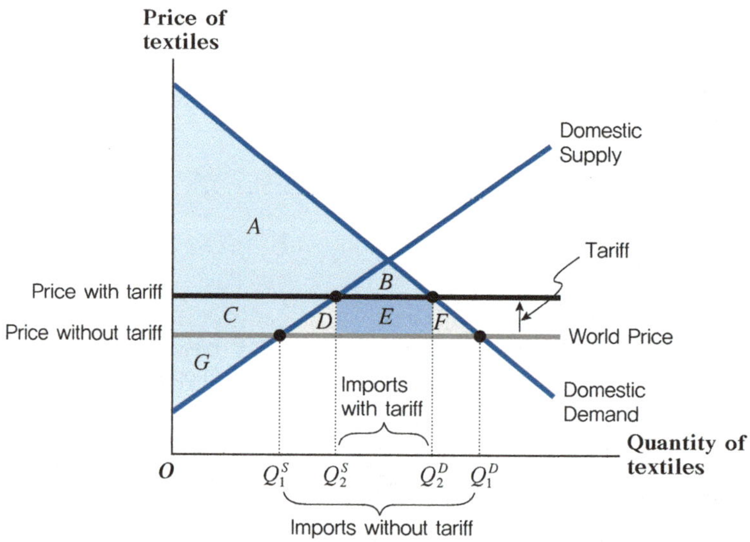

	Before Tariff	After Tariff	Change
Consumer Surplus	$A+B+C+D+E+F$	$A+B$	$-(C+D+E+F)$
Producer Surplus	G	$C+G$	$+C$
Government Surplus	None	E	$+E$
Total Surplus	$A+B+C+D+E+F+G$	$A+B+C+E+G$	$-(D+F)$

The area $D+F$ shows the fall in total surplus and represents the deadweight loss from the tariff.

자료 : N. G. Mankiw, *Essentials of Economics*(2012)

관세의 크기만큼 수입품 가격이 상승하면서 소비자잉여가 줄어들고 생산자잉여는 커진다. 또한 관세 수입만큼 정부 재정이 늘어난다. 여기서 한 가지 유의할

점이 있는데 관세 부과 전과 관세 부과 후의 잉여를 비교해 볼 때 전체 잉여의 크기가 줄어드는 손실deadweight loss이 발생한다는 것이다. 관세와 같은 세금의 부과는 시장 경쟁의 왜곡을 가져올 수 있는데 추가적인 세금 부과에 따라 쓸 데 없는 과다 생산이나 지나친 과소 소비의 결과를 가져오기 때문이다.

Q17. 국제무역의 여러 이점은?[1]

이상에서 국제무역의 이점을 경제 총 잉여의 증대 차원에서 분석해 보았다. 수출이나 수입을 통해 경제 전체적으로 부의 증대를 가져올 수 있다는 것이다. 부의 증대 외에 국제무역에 따른 다른 이점들은 무엇이 있을까?

첫째, 국제무역을 통해 다양한 종류의 물건이나 서비스를 즐길 수 있다. 예를 들어 맥주라고 다 같은 맥주가 아니다. 체코 맥주와 한국 맥주는 다르다. 자유무역을 통해 소비자들은 세계 여러 나라의 다양한 제품들을 접할 수 있게 된다.

둘째, 규모의 경제economies of scale를 누릴 수 있는 가능성이 있다. 소규모 경제에선 상상하기 어려운 대규모 생산을 통한 규모의 경제가 국제무역을 통해서 실현 가능하다.

셋째, 경쟁이 없는 상황에서 나타날 수 있는 특정 비즈니스의 시장 지배력 부작용을 자유무역에 따른 경쟁으로 원천 봉쇄할 수 있다.

넷째, 자유무역을 통해 수준 높은 기술이나 아이디어의 국제적 교류가 가능해진다.

---

1. N. G. Mankiw, *Essentials of Economics*(2012) 참조.

Q18. 국제무역을 규제하자는 주장의 근거는?[2]

자유무역에 대한 주장 못지않게 자유무역 규제에 대한 찬성도 적지 않은데 특히 경제 불황의 경우에 무역규제 주장의 설득력이 커진다. 자유무역을 규제하자는 주장의 구체적인 논거는 무엇일까?

첫째, 외국과의 자유무역으로 국내 일자리가 줄어든다. 자유무역으로 일자리가 늘 수도 있겠지만 그와 동시에 많은 이들이 일자리를 잃는다. 예를 들어 중국산 공산품이 국내에 싸게 유입되면서 국내 제조업체가 종업원 수를 줄이고 있다.

둘째, 특정 산업의 경우는 국가 안보를 위해 지극히 중요하므로 보호해야 한다. 특별한 경우 경쟁보다 자국의 안보가 우선이다. 우리나라의 경우 식량 자급률이 낮은데, 만약 농산품 가격이 급등하면 국민들의 식생활이 위협받을 것이다. 따라서 쌀 수입 규제가 필요하다는 주장이 있다.

셋째, 신생 유망 산업의 경우 자생력을 기를 때까지 자유무역의 경쟁으로부터 특정 기간 보호할 필요가 있다. 우리나라의 경우 자동차 제조업을 육성하기 위해 일정 기간 자동차 수입을 제한한 적이 있다. 현재는 중국과 베트남이 다양한 방식으로 자동차 수입을 규제하고 있다. 그러나 특정 '기간'의 정책적 판단이 모호하고 진정한 성장을 위해서는 보호가 도움이 안 된다는 주장도 있다.

넷째, 무릇 자유무역은 모든 나라들이 공정한 상황과 동일한 기준 하에서 경쟁할 때 상생의 의미가 있는데 편파적으로 상대에게 유리한 상황이라면

2. N. G. Mankiw, *Essentials of Economics*(2012) 참조.

공정한 경쟁이 될 수 없다. 최근 미국이 중국에 이런 주장을 하면서 무역분쟁이 심화되고 있다.

다섯째, 경제적인 논거라기보다는 정책 운용 논거로 많이 쓰이는 주장인데, 경우에 따라 무역규제가 특정 국가와의 특정한 협상에서 유용한 도구가 될 수 있다는 것이다. 미국 트럼프 대통령이 이러한 무역규제를 아주 유용하게 사용하고 있다. 물론 이런 협박성 딜링이 항상 성공할 수는 없겠다.

DHC News

Trouble With Trade

While the United States has long imported oil and other raw materials from the third world, we used to import manufactured goods mainly from other rich countries like Canada, European nations and Japan.

But recently we crossed an important watershed: we now import more manufactured goods from the third world than from other advanced economies. That is, a majority of our industrial trade is now with countries that are much poorer than we are and that pay their workers much lower wages.

For the world economy as a whole — and especially for poorer nations — growing trade between high-wage and low-wage countries is a very good thing. Above all, it offers backward economies their best hope of moving up the income ladder.

But for American workers the story is much less positive. In fact, it's hard to avoid the conclusion that growing U.S. trade with third world countries reduces the real wages of many and perhaps most workers in this country. And that reality makes the politics of trade very difficult.

Let's talk for a moment about the economics.

Trade between high-wage countries tends to be a modest win for all, or almost all, concerned. When a free-trade pact made it possible to integrate the U.S. and Canadian auto industries in the 1960s, each country's industry concentrated on producing a narrower range of products at larger scale. The result was an all-round, broadly shared rise in productivity and wages.

By contrast, trade between countries at very different levels of economic development tends to create large classes of losers as well as winners.

Although the outsourcing of some high-tech jobs to India has made headlines, on balance, highly educated workers in the United States benefit from higher wages and expanded job opportunities because of trade. For example, ThinkPad notebook computers are now made by a Chinese company, Lenovo, but a lot of Lenovo's research and development is conducted in North Carolina.

But workers with less formal education either see their jobs shipped overseas or find their wages driven down by the ripple effect as other workers with similar qualifications crowd into their industries and look for employment to replace the jobs they lost to foreign competition. And lower prices at Wal-Mart aren't sufficient compensation.

All this is textbook international economics: contrary to what people sometimes assert, economic theory says that free trade normally makes a country richer, but it doesn't say that it's normally good for everyone. Still, when the effects of third-world exports on U.S. wages first became an issue in the 1990s, a number of economists — myself included — looked at the data and concluded that any negative effects on U.S. wages were modest.

The trouble now is that these effects may no longer be as modest as they were, because imports of manufactured goods from the third world have grown dramatically — from just 2.5 percent of G.D.P. in 1990 to 6 percent in 2006.

And the biggest growth in imports has come from countries with very low wages. The original "newly industrializing economies" exporting manufactured goods — South Korea, Taiwan, Hong Kong and Singapore — paid wages that were about 25 percent of U.S. levels in 1990. Since then, however, the sources of our imports have shifted to Mexico, where wages are only 11 percent of the U.S. level, and China, where they're only about 3 percent or 4 percent.

There are some qualifying aspects to this story. For example, many of those made-in-China goods contain components made in Japan and other high-wage economies. Still, there's little doubt that the pressure of globalization on American wages has increased.

So am I arguing for protectionism? No. Those who think that globalization is always and everywhere a bad thing are wrong. On the contrary, keeping world markets relatively open is crucial to the hopes of billions of people.

But I am arguing for an end to the finger-wagging, the accusation either of not understanding economics or of kowtowing to special interests that tends to be the editorial response to politicians who express skepticism about the benefits of free-trade agreements.

It's often claimed that limits on trade benefit only a small number of Americans, while hurting the vast majority. That's still true of things like the import quota on sugar. But when it comes to manufactured goods, it's at least arguable that the reverse is true. The highly educated workers who clearly benefit from growing trade with third-world economies are a minority, greatly outnumbered by those who probably lose.

As I said, I'm not a protectionist. For the sake of the world as a whole, I hope that we respond to the trouble with trade not by shutting trade down, but by doing things like strengthening the social safety net. But those who are worried about trade have a point, and deserve some respect.

자료 : By Paul Krugman, New York Times Dec. 28, 2007.

DHC News

美中 무역전쟁에 경고음 커지는 대한민국호

대한민국호가 미국과 중국 간 무역전쟁의 직격탄을 맞을 위기에 처했다. 이미 이 달 들어 수출이 감소세를 보이고 내수마저 둔화되는 가운데 이 같은 충격은 우리 경제에 치명상을 입힐 수도 있다.

지난 10일(현지시간) 도널드 트럼프 미국 정부가 대중 수입의 절반에 달하는 2,000억 달러 약 223조원 규모의 중국산 제품에 대한 추가 관세 부과 계획을 발표, G2 무역전쟁이 전면전으로 치닫고 있다.

앞서 트럼프 미 대통령은 지난달 18일 500억 달러의 중국 수입품에 대한 고율 관세 부과 방침에 중국이 같은 규모의 보복 관세로 맞대응을 천명하자 그보다 4배 많은 2,000억 달러 규모의 중국산 제품에 추가 관세를 부과해 재보복하겠다고 경고한 바 있다.

문제는 이로 인해 중국의 글로벌 공급망에 상당 부분 의존해 상품을 수출하는 신흥국들의 피해가 심화될 수 있다는 점이다.

이날 월스트리트저널WSJ에 따르면 미국이 중국에 대해 고율 관세를 부과하는 주요 품목의 수출 규모를 합산한 결과, 멕시코가 802억 달러89조 9,000억원로 가장 크고 한국이 570억 달러63조 9,000억원로 두 번째인 것으로 나타났다.

무역전쟁의 여파가 아직 미치기도 전인 이 달 들어서 우리나라 수출은 이미 감소세를 보이는 등 불안한 모습이다.

11일 관세청에 따르면 7월 1～10일 수출액은 140억 달러로 1년 전보다 1.9% 감소한 반면 수입은 국제유가 상승 영향으로 20% 가까이 급증했다.

이 와중에 글로벌 무역전쟁의 영향이 가시화된다면 75개월간 지속되어 온 경상수지 흑자 기조에 변화를 초래할 것으로 우려된다.

수출이 우려되고 있다면 내수는 이미 둔화가 시작된 것으로 파악되고 있다. 한국개발연구원KDI은 한국의 내수 증가세가 약화됨에 따라 경기개선세가 완만해지고 있다고 지난 10일 밝힌 바 있다.

5월 소매판매액은 전월보다 1.0% 줄며 두 달째, 설비투자는 3.2% 줄며 3개월째 각각 감소했다.

특히 취업절벽은 심각한데 올해 상반기 취업자 증가폭은 14만 2,000명에 그쳐 글로벌 금융위기 직후였던 2009년 하반기 이후 어려웠던 상황과 유사한 것으로 분석되고 있다.

수출과 내수가 동시에 둔화되거나 감소세로 돌아선다면 올 경제성장률 3%는 고사하고 그 이하로 줄어들 것으로 전문가들은 우려하고 있다.

한 전문가는 "여러 가지 변수를 고려할 때 지금이 경제위기를 우려해야 할 시점이라는 것은 분명하다"면서 "과거 여러 차례 위기를 겪으면서 쌓은 노하우와 대책을 적극적으로 추진해야 한다"고 밝혔다.

이 전문가는 지난 1997년 외환위기를 초래한 가장 큰 원인은 당시 정부가 외부와 내부의 소리에 귀를 기울이지 않고 여러 면에서 경직된 정책을 폈기 때문이라고 지적했다.

자료 : 임정빈 선임기자 jblim@segye.com, 세계일보, 2018. 7. 11.
http://www.segyefn.com/newsView/20180711005368?OutUrl=naver

International Trade

Part two

국제무역 BUSINESS

Chapter 3 국제무역 계약 & INCOTERMS

Chapter 4 대금결제

Chapter 5 운송 물류

Chapter 6 해상보험 및 수출보험

Chapter 7 국제무역의 미래

Q19. 국제무역 거래의 절차는?

Q20. INCOTERMS란 무엇인가? INCOTERMS의 기능은?

Q21. INCOTERMS의 역사는? INCOTERMS 2020의 내용은?

Q22. FOB vs CIF?

Q23. FCA vs CIP?

국제무역 계약 & INCOTERMS

International Trade

Ch. three

3

D&O International 신입사원 장그래의 좌충우돌이 시작된다. 무역의 '무' 자도 모르고 시작된 무역상사 영업팀 생활. 사무실에선 하루 종일 인코텀즈니 네고니 외래어가 난무한다. FOB? UFO의 Brother인가? 우리말로 하면 안 되나, 왜 꼭 영어나 외국어를 써야 하는겨? 시도 때도 없이 걸려오는 외국 친구들의 전화에 벨 소리는 거의 노이로제 수준이다. 그렇다고 안 받을 수도 없고.

그래 …… 대책이 없으면 즐기라고 했다. 내가 어떻게 들어온 회사냐. 인턴 시절 그 수모를 당하면서 버텨 오지 않았던가.

우선, 무역 기초부터 공부해야겠다. 장 교수의 Q&A 책이 좋다고들 해서 한 권 구입했는데 …… 이게 뭐야 국제무역 Economics? 뭔 소린지 하나도 모르겠네. Skip Skip. 2부는 국제무역 Business. OK! 무역계약부터 시작해 INCOTERMS 등 각종 무역용어들이 쉽게 정리되어 있고마. 좋아 좋아.

Q19. 국제무역 거래의 절차는?

우선 거래하고자 하는 상품을 포함한 시장조사가 필수적이다. 또한 거래 상대방에 대한 조회inquiry가 필요한데, 신용조사credit inquiry가 더 없이 중요하다. 모든 비즈니스에 있어 항상 주의하고 또 주의해야 함은 상식이겠지만 특히 국제무역의 경우에는 본격적인 거래 이전에 상대방과 상대국의 신용 상태를 면밀히 검토해야 마땅하다. 이 과정에서 K-sure무역보험공사나 KOTRA대한무역투자진흥공사 같은 전문기관의 신용조사가 큰 도움이 될 수 있다.

거래 계약은 제안offer과 승낙acceptance으로 이루어지지만 그 과정에서 구체적인 계약조건에 대한 수정 제안counter-offer이 쌍방 간에 지속적으로 이루어짐은 당연하다. FOB, CIF, FCA, CIP 등 Incoterms(2010)의 선정과 더불어 전신환송금Telegraphic Transfer ; T/T, 신용장Letter of Credit ; L/C 사용 여부와 같은 대금결제 조건이 중요하다.

매매계약에 따른 본격적인 선적과 운송을 위해 운송계약이 이루어지고 운송 도중의 여러 위험을 커버하는 보험계약이 필요하다.

무역 거래 절차

수출의 흐름	수입의 흐름
1. 수출 교섭 및 계약	1. 수입 교섭 및 계약
2. 신용장(L/C) 수취	2. 신용장(L/C) 개설
3. 선박 수배, 보험계약(CIF)	3. 보험계약(FOB or C&F)
4. 선적	4. 선적서류 도착
5. 선하증권(B/L) 수취	5. 수입대금 결제
6. 선적서류 송부	6. 화물 인수
7. 수출대금 결제(NEGO)	

통상적으로 수출상은 선하증권Bill of Lading ; B/L, 환어음Bill of Exchange 등 무역 거래 서류 일체를 거래 은행에 제출하고 네고negotiation(수출대금 결제)를 받게 된다. 수입상은 수입 대금을 결제하고 은행을 통해 서류 일체를 전해 받은 후 상품을 손에 넣게 된다.

Tips 수출입거래의 흐름

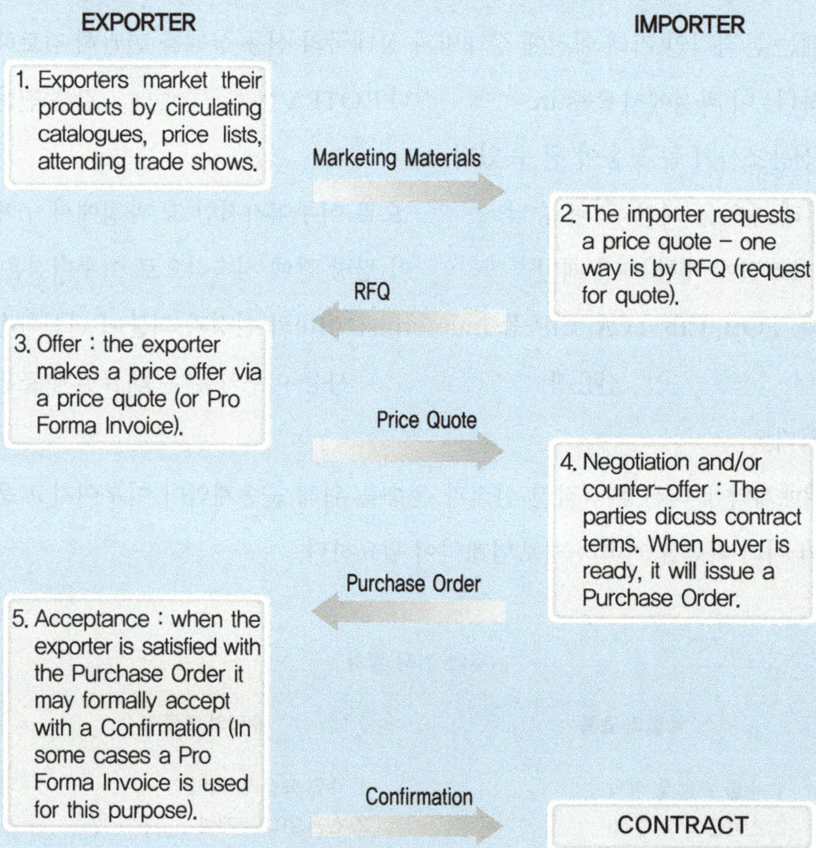

자료 : ICC Guide to Export/Import(International Chamber of Commerce)

Q20. INCOTERMS란 무엇인가? INCOTERMS의 기능은?

인코텀즈Incoterms는 신용장통일규칙, 추심통일규칙 등과 마찬가지로 국제상업회의소ICC가 제정한 무역용어 해석에 관한 국제규칙이다. 영어로는 'international rules for interpretation of trade terms' 라고 하며, 문자 그대로 무역거래조건의 해석에 대한 국제규칙으로 Incoterms라고도 한다. 이것은 international commercial terms에서 나온 조어로 international의 in과 commercial의 co와 terms를 결합한 단어이다.

국제 간의 무역거래는 예상치 못한 분쟁이 초래되기 쉽고, 또 일단 분쟁이 일어나게 되면 그 해결 역시 쉽지가 않다. 따라서 분쟁 방지를 위해 모든 거래내용에 대해 자세히 계약해 두는 것이 바람직하겠지만, 처음부터 완벽한 매매계약을 할 수 있는 것은 아니다. 당사자가 시행착오를 반복하면서 점점 완벽한 계약내용에 접근해 가는 것이다. 이 반복 과정에서 하나의 정형적인 거래조건이 형성되어 관습화된다.

이 정형화된 내용을 나타내는 간략한 약어略語, 예를 들어 FOB, CIF 등을 매매계약에 사용하면 상세하게 매매계약 사항을 기입해야 하는 수고도 덜고 매매하는 양 당사자도 간단한 용어로 매매계약의 상당 부분을 명백하게 확정할 수 있으므로 매우 편리하다.

Q21. INCOTERMS의 역사는? INCOTERMS 2020의 내용은?

1936년에 최초로 제정되었으며, 그후 1953년과 1967년에 개정되었고, 1976년에는 항공운송의 현저한 발달과 함께 FOB Airport라는 용어를 신설했다. 또 컨테이너 등의 새로운 운송기술의 진보 · 발전에 따라 복합운송도 눈부신 발달을 보이고 있는바 이에 대응하기 위해 1980년에 FOB Free On Board, CIF Cost, Insurance, and Freight의 복합운송용이라고도 할 만한 FCA Free Carrier, CIP Carriage and Insurance Paid to 등을 추가하였고, 2020년 현재 Incoterms 2020이 쓰이고 있다.

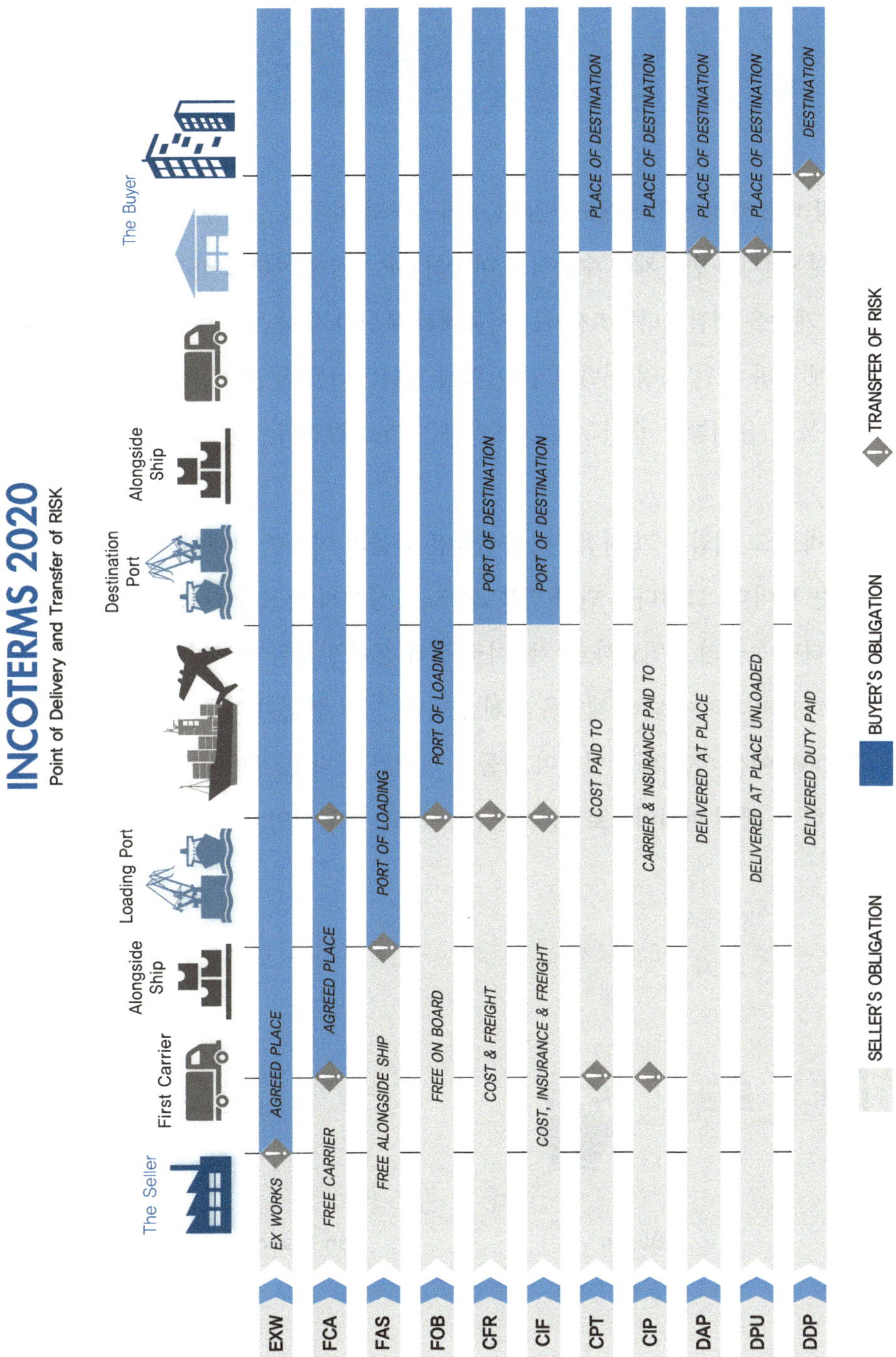

INCOTERMS 2020
Point of Delivery and Transfer of RISK
The Seller
First Carrier
Alongside Ship
Loading Port
Destination Port
Alongside Ship
The Buyer
EXW
EX WORKS
AGREED PLACE
FCA
FREE CARRIER
AGREED PLACE
FAS
FREE ALONGSIDE SHIP
PORT OF LOADING
FOB
FREE ON BOARD
PORT OF LOADING
CFR
COST & FREIGHT
PORT OF DESTINATION
CIF
COST, INSURANCE & FREIGHT
PORT OF DESTINATION
CPT
COST PAID TO
PLACE OF DESTINATION
CIP
CARRIER & INSURANCE PAID TO
PLACE OF DESTINATION
DAP
DELIVERED AT PLACE
PLACE OF DESTINATION
DPU
DELIVERED AT PLACE UNLOADED
PLACE OF DESTINATION
DDP
DELIVERED DUTY PAID
DESTINATION
SELLER'S OBLIGATION
BUYER'S OBLIGATION
TRANSFER OF RISK

Q22. FOB vs CIF?

가장 대표적인 정형거래조건인 FOB와 CIF의 차이를 살펴보자. 예를 들어 대한민국의 S전자가 반도체를 수출하고 미국의 GE가 수입한다고 하자. FOB 조건으로 거래 계약을 체결했다면 S전자는 서울에서 부산까지 물건을 트럭으로 운송하고 부산항에 정박 중인 특정 선박의 갑판 위에 컨테이너를 올린다. 특정 선박의 갑판 위에 화물을 올려놓는 순간 수출상 S전자는 Free해진다. 말 그대로 "Free On Board"

즉, 바로 그 시점과 그 지점부터 수출상은 화물의 여하한 피해에 대해 책임이 없어진다는 말이다. 그렇다면 만약 경부고속도로 상에서 사고가 발생해 화물에 피해를 입었다면 누구의 책임일까요? 예, 아직 선적 전에 발생한 사고이므로 수출상인 S전자가 화물의 피해에 대해 책임을 지게 됩니다. 만약 선적이 이루어지고 출항한 후 부산 앞바다에서 사고가 발생하여 화물에 피해가 났다면? 그렇습니다, 일단 갑판에 선적한 후 생긴 피해이므로 S전자는 Free하고, 수입상인 GE의 책임이 됩니다.

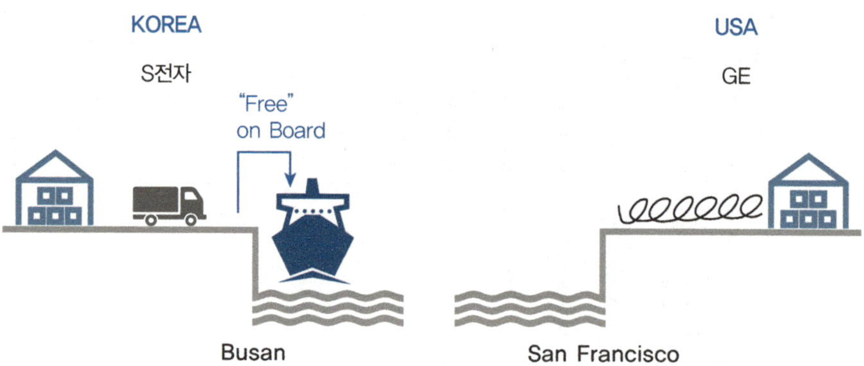

CIF 조건이면 어떻게 될까요? CIF는 Cost, Insurance, Freight의 줄임말로 여기서 Cost란 FOB cost를 의미한다. 즉, FOB 조건으로 화물을 특정 선박의 갑판 위에 올려놓는 순간까지 발생하는 모든 비용을 뜻하는데 원료비, 생산비, 포장비, 내륙운송비, 하역비, 적정 마진 등이 포함된다. 여기에 적하보험료와 선박 운송료가 합해진 금액이 CIF 비용이고, 그런 조건으로 수출하는 것이 CIF 계약이다.

대한민국의 해상보험 시장이나 해상운송 시장에 익숙하지 않은 미국의 수입업자는 한국의 수출상에게 자기를 대신하여 적절한 보험과 운송 계약 체결을 부탁할 수 있다. 물론 보험료와 운임을 물품대에 포함시켜 지불한다는 조건으로 말이다. 이때 적하보험을 체결하고 보험료를 지불하는 자는 수출상이 되겠지만 피보험자는 수입상이 된다.

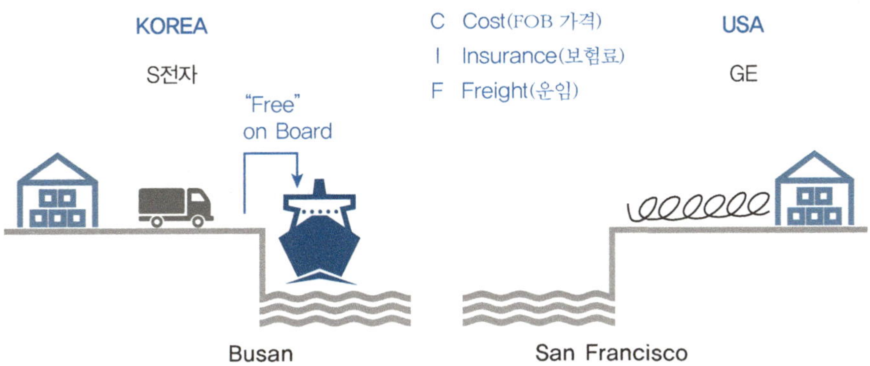

Q23. FCA vs CIP?

오늘날 국제무역 거래에 있어 대표적인 운송 형태는 출발지로부터 목적지까지 여러 운송수단이 결합된 복합운송multi-modal transportation이 일반적인데, 예를 들어 서울에서 부산까지 트럭운송, 부산항에서 미국 샌프란시스코항까지 해상운송, 샌프란시스코에서 시카고까지 철도운송을 이용한다면 세 가지 운송수단이 결합되는 것이다.

복합운송이 보편화됨에 따라 수출상은 화물을 특정 항구나 공항까지 가져갈 필요가 없어졌고 바로 회사 창고 문전에서 화물을 운송전문인carrier에게 건네주고 손을 털 수 있게 되었다. 즉, 문전에서 바로 'Free' 해지는 것이다. 그래서 이런 조건을 Free CarrierFCA라고 한다.

FCA 비용에 보험료와 운임을 더한 것이 CIPCarriage and Insurance Paid to 비용이고 그런 조건이 CIP이다. 이때 적하보험 계약을 체결하고 보험료를 지불하는 자는 수출상이 되고 피보험자는 수입상이 된다.

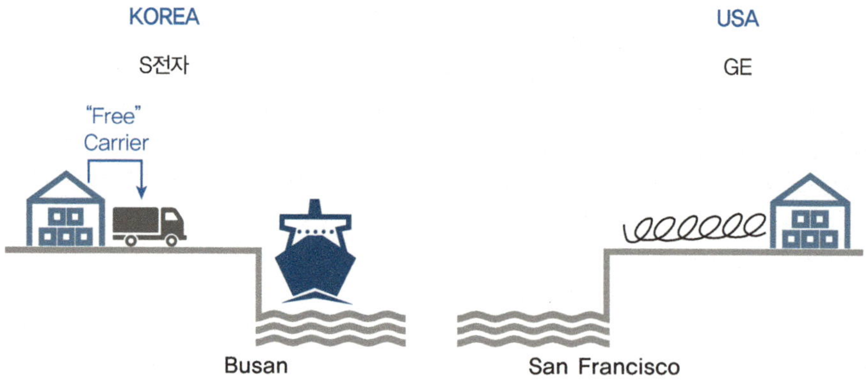

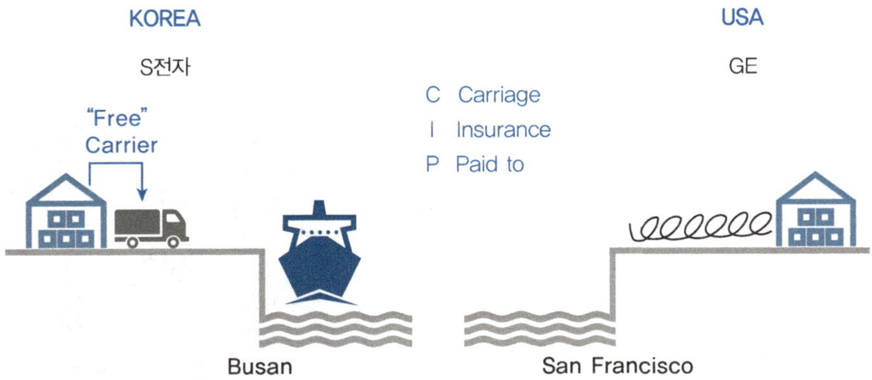
KOREA
S전자
"Free"
Carrier
C Carriage
I Insurance
P Paid to
USA
GE
Busan
San Francisco

DHC 씨네마

리얼 다큐 같은 TV드라마 '미생'…… '아픈 청춘'들의 직장 내 필살기

주말드라마 tvN의 〈미생〉 돌풍이 갈수록 거세다. 대한민국 직장인들의 마음을 헤집어 놓았다. 인턴부터 은퇴를 앞둔 베이비붐 세대까지 이 시대 직장인이라면 누구라도 공감할 '직장인 필살기'가 TV드라마 시장을 뒤흔들고 있다.

매일 신문과 인터넷 매체들이 〈미생〉 기사를 앞다투어 쏟아내고 있다. 아무리 '국민드라마'라 해도 과거에 이 정도는 아니었다. 이 드라마를 보지 않고는 퇴근길 대화에는 끼지도 못할 판이다. 직장인들은 이구동성으로 말한다. '너! 미생 봤어? 근데 눈물 나더라~ 내 이야기더라'

케이블채널 tvN이 〈미생〉(김원석 연출, 정윤정 극본)으로 또다시 초대형 '사고'를 쳤다. 〈응답하라! 1994〉에 결코 못지않은 무서운 열풍이다. '젊은 직장인 비애'를 다룬 〈미생〉은 이제 사회적 담론談論이 돼 가고 있다시피 한다. 〈응사〉가 로맨틱 리얼리티로 그린 '젊은 대학생들의 초상화'라면 〈미생〉은 '사회적 루저'인 젊은이들의 '생존을 위한 필살기'라 할 수 있다.

프로바둑 입단을 꿈꾸며 청소년기를 보낸 장그래(임시완 분)가 프로 입단이 좌절되면서 벌어지는 생존의 이야기들이다. 그는 아버지가 세상을 뜨고 어머니의 감자탕집마저 폐업한 후 어머니의 공공근로와 알바 생활로 고군분투한다. 퀵서비스에서 자장면 배달, 주점 서빙 종업원까지 '닥치고 알바'생이다. 우여곡절 끝에 낙하산 인턴을 거쳐 비정규직 2년제 사원으로 종합상사 '원 인터내셔널'에 입사하며 벌어지는 새내기 직장인의 애환을 다뤘다.

이 드라마의 제목 〈미생未生〉은 우리들의 불완전한 삶을 암시한다. 바둑에서 집이나 대마가 아직 완전한 상태에 이르지 못함을 이르는 미생은 불완전한 존재를 일컫는 말이다. 죽을 수도 있고 살 수도 있다. 별수 없이 완생完生을 향해 무작정 달려가야만 한다.

드라마 〈미생〉이 우리들의 가슴을 먹먹하게 하는 것은 무엇일까. 어느 멜로드라마에서나 볼 수 있는 통속적인 로맨스도 없다. 흥행보증수표로 불리는 '왔다! 장보리'식 '막장'은 더구나 없다. 그렇다고 연기력이 출중한 당대 최고의 명배우들이 출연한 것도 아니다. 나아가 엄청난 제작비를 들여 만든 블록버스터도 아니다.

다른 드라마에 없는 단 하나. 〈미생〉은 '나의 이야기'이다. 사회 전체를 구성하는 직장인들의 스토리를 기반으로 하는 만큼 사회적 공감의 폭도 그만큼 컸다. 수백대 1의 경쟁률에 밀려 좌절하는 취업준비생, 미래가 없는 암울한 대학생, 금수저를 입에 물고 태어나지 않는 한 우리 젊은 이들은 퀵서비스에 편의점 알바와 주점 서빙 등 '닥치고 알바'를 하지 않으면 생존할 수가 없다. 이 드라마에 그려진 장그래의 애달픈 하루살이 삶은 지금 우리 젊은이들의 초상肖像이다. '적성을 살려라', '정말 하고 싶은 것을 하라'는 기성세대의 조언은 그야말로 이들에게 감정의 사치나 다름없다. 장그래 역시 그렇게 하고픈 '프로바둑'은 더 이상 인생의 스펙이 되지 못했다.

젊은이들은 〈미생〉에 열광한다. 그들에게 앞날의 꿈과 희망이 없다. 오직 취직만이 최고 과제일 뿐이다. 지상파 방송사들이 매일 그려내는 '강남 드라마'는 꿈같은 판타지다. 현실이 아닌 우리 사회 최상위 계층 5% 그들만의 이야기일 뿐이다. 이미 루저가 되어버린 젊은이들에게 허무맹랑한 브라운관 속의 이야기들은 잠시 고된 현실을 잊게 하는 환각제와도 같다. '나는 언제 저런 삶을 살 수 있을까'. 미생들에겐 결코 넘보기 어려운 멀고 먼 '남의 이야기'다.

이같이 미생은 직장인들 모두의 이야기다. 고졸 검정고시 출신 인턴 장그래가 겪는 비정규직의 설움과 애환은 비단 20대만의 것은 아닐 것이다. '몸으로 세상을 알아버린' 나이든 만년과장 오상식(이성민 분)의 독백 등 출연진의 한마디 한마디는 시청자들의 가슴을 꿰뚫는다. 중장년층 역시 감정이입하며 드라마에 몰입한다.

'대안이 없으면 그냥 버텨라. 그게 바로 사는 거다'

'길이란 걷기 위한 것이 아니고 앞으로 걸으면서 나아가기 위한 것이다'

장그래를 보며 자신의 신입시절을 떠올리는 오과장이 내뱉는 한마디. 그야말로 중장년 직장인들에겐 촌철살인이다. 후배들에 치일까 노심초사하는 고참 과장의 필살기는 눈물겹기만 하다. 이들의 입에서 흘러나오는 한마디는 직장인들에게 가슴에 담고 살아야 할 인생철학이자 '손자병법'일지도 모른다.

동기들 간 치열한 경쟁은 공정하지 않을 수도 있다. '스펙 없는' 장그래와 실력보다 눈치로 밀고 가는 한석율(변요환 분), 능력은 출중하나 여성이란 유리천정에 갇힌 안영이(강소라 분)의 사회적 관계 역시 시청자들은 자신의 주변과 별반 다르지 않다고 느낀다.

이렇게 〈미생〉에는 직장인들의 비애들이 배어 있다. 그러다보니 시청자층이 노장청老長青 직장인들까지 뻗어 있다. 모두 자신의 과거와 현재, 미래를 TV 화면에서 교차시킨다. 앞만 보고 달려온 40대와 50대의 회한이 생생하게 묻어난다. 주인공 장그래의 아버지뻘 세대의 이야기는 오늘날 50대 베이비붐 세대가 당면한 한 장면이다.

'아프니까 청춘이다'. 요즘 젊은이들에게 결코 '위안 아닌 위안'의 말이다. 〈미생〉을 보는 40~50대 시청자들 역시 '너만 아프냐? 우리도 아프다'고 자조한다. 20~50대를 오르내리는 자조와 회의는 드라마 공감의 폭을 더욱더 확대시킨다.

지난 10월 17일 첫 회를 시작한 〈미생〉은 지난 11월 1일 6회를 방송했다. 6회 이전의 짧은 시간에 '미생 신드롬'을 만들어냈다. 시청률은 4~5% 안팎(닐슨코리아 전국단위 집계)을 기록했다. 하지만 케이블방송의 구조적 한계를 감안하면 이미 지상파방송 시청률 20% 이상을 이미 넘겼다는 게 전문가들의 분석이다. 지상파라면 '국민드라마'의 기반에 올라섰을 것이라고 한다.

인터넷에서 시청자들의 반응은 참으로 다양하다. 사회 모순을 성토하거나 기성세대에 대한 질타, 나아가 하향평준화되는 지상파 TV드라마에 대한 비판 일색이다.

'직장인의 비애를 너무나 잘 표현했다', '사회생활 백서 같은 드라마', '눈물 난다고 달면 너무 평범한 댓글', '보면서 울고 웃고, 본방사수에 재방 3방을 본다', '막장 드라마 작가들에게 경종을 울리는 힐링 드라마', '장면마다 내 모습이 겹친다', '서글픈 인턴을 거쳐서 을이 되는 현실', '출퇴근하며 발 동동 구르는 워킹맘, 어디가도 죄인 같은 워킹맘', '가슴 먹먹해지는 우리들의 슬픈 이야기'……

시청자 댓글은 끝이 없다. 댓글 한 줄, 한 줄마다 오늘을 사는 우리들의 애잔한 사연들이 고스란히 담겨 있다. 드라마 〈미생〉이 던진 가슴 먹먹한 우리들의 슬픈 이야기는 참으로 반향이 컸다. 앞으로 20회까지 방송될 〈미생〉이 앞으로 어떻게 전개되어 갈지, 그리고 초기의 달아오른 '미생열풍'을 어떻게 이어갈지 방송가의 최대 관심사다.

'나만의 바둑이 있다'. 장그래의 독백에 누구든 공감한다. 오늘 미생이지만 내일의 완생을 향해 쉴새 없이 달려간다. 〈미생〉은 대박드라마가 멀리 있지 않다는 교훈을 일깨워주었다. 공감대가 없는 상투적인 사랑타령이나 뻔한 막장식 문법은 시청자들의 외면을 초래할 뿐이다.

드라마 〈미생〉은 하향 평준화된 TV드라마 시장에 완생의 정도正道를 가르쳐 준다. 이 시대를 살아가는 모든 이들의 가슴에 '공감'이 짙게 남을 때 최고의 드라마가 된다는 사실을……

〈미생〉을 보면 드라마라기보다는 오늘날 직장인들의 고된 삶을 드러내주는 '리얼 다큐멘터리'가 아닌가 착각하게 만든다.

자료 : 김경호 방송문화비평가 alps1959@hanmail.net. 2014. 11. 6.
http://m.kmib.co.kr/view.asp?arcid=0008833208#kmibhd

Q24. L/C 거래란? L/C 거래의 이점은?

Q25. 선적서류란?

Q26. L/C 거래 절차는?

Q27. L/C 거래 참여자들은?

Q28. 국제무역 거래의 대금결제 방법은?

Q29. 어음이란?

Q30. 약속어음 vs 환어음?

Q31. 환어음과 네고의 기능은?

Q32. 국제무역 상거래에서 L/C 사용률이 떨어지는 이유는?

Q33. 신용장통일규칙의 기능은?

Q34. 추심[Collection]거래란?

Q35. 추심거래 절차는?

Q36. D/A vs D/P?

Q37. 추심통일규칙의 기능은?

대금결제

International Trade
Ch. four

4

대금결제?

결제? 결재 아냐? 엄청 헷갈리네.

그래 장 교수가 했던 말이 생각나는군. 한자를 모르면 피곤하다고. 우리말의 대다수가 한자어인지라 한자를 모르면 그만큼 경쟁력이 떨어지고 사회생활 자체가 피곤해진다고 했지.

결제決濟는 돈을 받거나 지불하는 행위이고, 결재決裁는 윗사람이 부하가 올린 안건을 검토하여 승인하는 행위이다. 가끔 인터넷 쇼핑몰에서 '고객결재' 메뉴를 본다. 고객이 그 회사 사장인가, 결재하게, '결제를 해야지'. ㅎㅎ 한자를 모르면 그때그때 상황을 외워서 구분해야 하는 고로 엄청 헷갈린다. 반면 한자어를 제대로 머리 속에 새겨 놓으면 자연스레 돈의 흐름에선 '결제'가 나오게 된다.

아무튼 대금결제Payment는 국제무역 거래의 핵심이다. 수출이나 수입이나 결국은 돈을 벌려고 하는 행위라면 무슨 일이 있어도 탈 없이 무사히 빨리 돈을 지급하고 돈을 받아야 마땅하다.

어떻게 하면 문제없이 돈을 보내고 안심하고 수출대금을 받을 수 있을까? 옛날엔 신용장 거래를 많이 이용했다고 하는데 누구의 신용을 말하는 거지? 송금을 하면 빠르긴 하겠지만 위험하지 않을까? 수입업자가 외상거래를 하자고 하면 거절해야 하나? 대금결제, 보통 고민거리가 아니다.

Q24. L/C 거래란? L/C 거래의 이점은?

수출업자는 수출대금을 회수하여야 비로소 수출거래에 의한 이익이 계상된다. 따라서 수출계약을 체결하기 전에 수입업자의 신용상태를 철저히 조사하여 대금 회수가 안전하게 이루어질 수 있다는 확신이 있어야 수출이 가능해진다. 그러나 수출계약을 체결하기 전에는 수입업자가 우량기업이라고 생각하였으나, 막상 수출을 하고 대금을 회수하는 단계에서 대금의 지급능력을 상실할 가능성도 있다. 즉, 수출업자는 완전히 수출대금을 회수하기 전까지는 수입업자의 대금지급 능력에 대해 불안해 하지 않을 수 없다.

신용장이란 수출업자의 이러한 대금 회수의 불안을 해소하기 위해 수입업자의 신용상태나 매매계약 따위와는 무관하게 신용장信用狀(Letter of Credit ; L/C)을 발행한 은행이 그 신용장에 표시된 조건을 수출업자가 완전히 이행하는 것을 조건으로 신용장에 기재된 금액의 지불을 확약한 것이다. 반면에 수입업자도 수출업자가 화물을 선적하기 이전에 화물대금을 미리 줄 필요가 없어 자금 운영과 물품 확보면에서 유리하다.

수출업자는 신용장을 이용하여 수출 후 신용장 조건대로 서류를 수출지의 거래은행에 제시하면 손쉽게 금융지원을 받을 수 있다. 즉, 몇 주간 또는 몇 개월씩이나 수입업자의 대금 지불을 기다릴 필요가 없게 된다. 그것은 수출지의 은행이 서류와 신용장 조건과의 일치 여부만을 확인하면 확실하게 신용장 발행은행으로부터 대금 지불을 기대할 수 있으며, 또한 신용장 매입으로 수수료 등의 이익을 얻을 수 있기 때문이다.

말 그대로 신용장 거래의 핵심은 신용장 발행은행의 지급 보장payment guarantee이며, 발행은행의 신용도만큼 결제를 믿을 수 있다.

Q25. 선적서류란?

수출업자는 화물의 선적 완료 후 신용장 조건대로 서류를 갖춰 환어음을 발행하는데, 이때 환어음에 부속되는 서류(선하증권, 보험증권, 상업송장, 원산지증명 등) 일체를 선적서류라고 한다.

선하증권Bill of Lading ; B/L은 해운회사가 탁송 화물에 대해 발행하는 화물 증권인데, 해운회사와 화주 간의 운송조건을 정한 운송계약서로서 수취증의 역할을 하며 환어음의 부속서류, 즉 선적서류 중에서 가장 중요한 증권으로 화물의 소유권을 상징하기 때문에 화물 대신에 사고팔 수 있다.

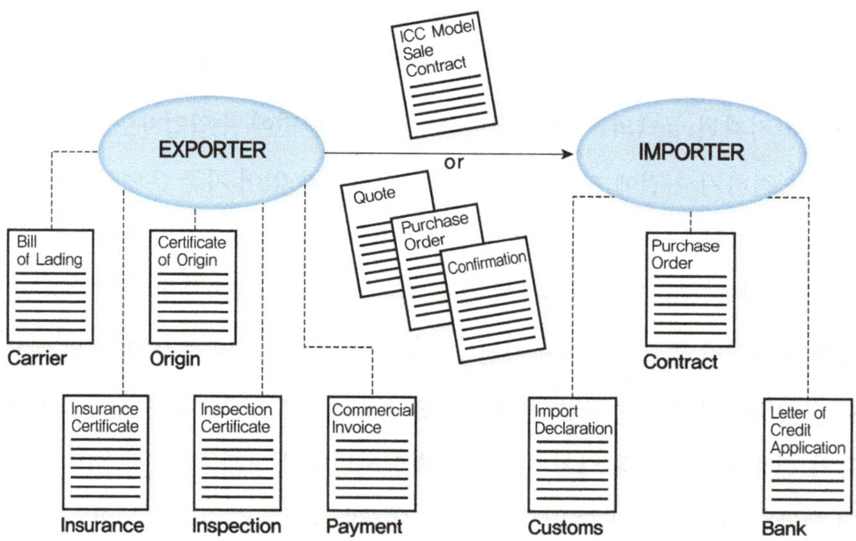

자료 : ICC Guide to Export/Import (International Chamber of Commerce)

Q26. L/C 거래 절차는?

수출거래에 관계되는 계약에서부터 대금 회수까지의 일련의 흐름을 신용장에 기초를 둔 거래를 예시하여 설명하면 다음과 같다.[1]

신용장의 결제 흐름도

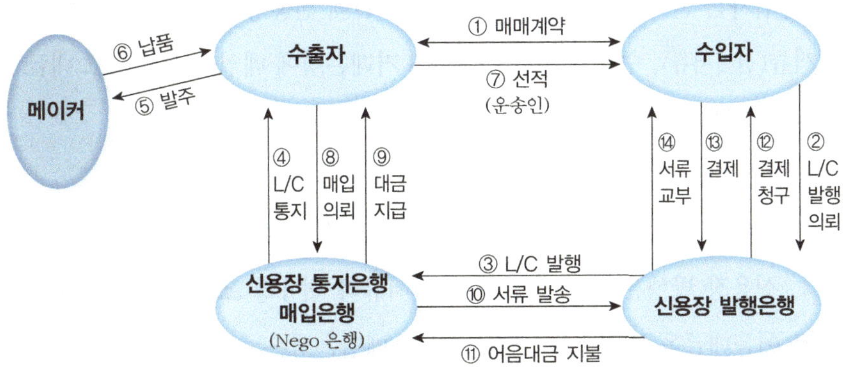

▶ **매매계약**(그림 ①)

수출업자는 수입업자와 의논하여 상품 · 매매가격 · 선적시기 · 수량 · 결제 방법 등을 교섭, 쌍방의 승낙에 따라 매매계약을 성립한다.

▶ **신용장의 접수 · 통지**(그림 ②～④)

신용장 기준 거래에서는 매매계약에서 신용장에 기인하여 결제하는 조건으로 되어 있으므로 수입업자는 자기의 거래은행에 수출업자를 수익자로 한 신용장 발행을 의뢰한다. 의뢰를 받은 은행은 여신심사 후 의뢰서의 내용에 따라 신용장을 발행해 수익자의 소재지 또는 근처 자행 본/지점 또는 환거래처 은행에 그 통지를 의뢰하며, 통지를 의뢰받은 신용장 통지은행은 접수한 신용장을 수익자에게 송부한다. 신용장 발행은행은 수입자를 대신하여 지급 보장을 하고 제시된 선적서류

1. 홍성수, 『외환 · 환율, 이것만은 알아두자』(새로운 제안)의 일부 내용을 재정리.

가 신용장 조건에 일치하면 지급을 해야 하기 때문에 수입자의 재정능력 등을 심사하여 신용장 발행 여부를 결정한다. 그 과정에서 담보 요구를 할 수 있으며, 수입상의 신용이 낮고 담보 제공을 할 수 없으면 신용장 발행이 거절될 수 있다.

▶ **화물의 발주 · 선적**(그림 ⑤ ~ ⑦)

수출업자는 자사가 제작하거나 또는 외부거래 업체로부터 수출할 화물을 사들여 선적한 후 선박회사로부터 선하증권 혹은 항공화물 운송장 등을 받는다.

▶ **수출환어음의 매입**(그림 ⑧ ~ ⑨)

수출업자는 선박회사로부터 받은 선하증권에 신용장 조건에서 요구하고 있는 다른 서류(선적서류), 수출환어음을 갖추어 거래은행에 매입을 의뢰하고 대금 수령에 따라 수출화물 대금을 회수한다.

▶ **은행 간의 결제**(그림 ⑩ ~ ⑪)

매입은행은 환어음과 선적서류를 신용장 발행은행에 송부하고 대금 지불을 청구한다. 신용장 발행은행은 어음 및 선적서류와 신용장 조건과의 일치를 확인한 후 바로 어음대금을 매입은행에 지불한다. 매입은행은 수출업자에게 매입대금을 지불한 시점으로부터 어음대금을 회수하기까지 수출업자에게 자금을 선지급한 것이 된다. 이는 매입은행이 수출업자에게 미리 수출대금을 지급한 것으로 돈을 빌려주는 여신행위에 해당한다. 수출업자와 평소 거래관계가 없거나 신용도가 낮으면 매입은행이 이런 선지급[네고]을 거절하고 발행은행의 대금이 입금되면 지급[추심]하겠다고 할 수 있다. 그리고 신용장 발행은행의 지불은 신용장 발행은행에 매입은행 계좌가 있으면 해당 계좌로 대금이 입금되는 형태로, 계좌가 없는 경우에는 매입은행이 지정하는 은행에 있는 매입은행 계좌에 송금하는 형태로 이루어진다.

▶ **수입자와의 결제**(그림 ⑫ ~ ⑭)

신용장 발행은행은 매입은행에 대한 결제와 병행하여 수입업자에게 어음을 제시한 후 그 지불을 청구, 결제가 이루어지면 매입은행으로부터 송부되어 온 선적서류를 수입업자에게 교부한다. 수입업자는 결제를 하고 받은 선적서류를 수입국의 운송업자에게 제시하여 화물을 획득한다.

Q27. L/C 거래 참여자들은?

L/C 거래에는 수출업자, 수입업자, 운송인과 함께 지급 보장 은행과 Nego 은행 등이 참여한다.

		L/C 관련	운송 관련
Exporter	수출업자	beneficiary(수익자)	shipper/consignor(송하인)
Importer	수입업자	applicant(L/C 발행 신청인)	receiver/consignee(수하인)
L/C Issuing Bank		L/C 발행은행	
Confirming Bank		확인은행	
Carrier			운송인

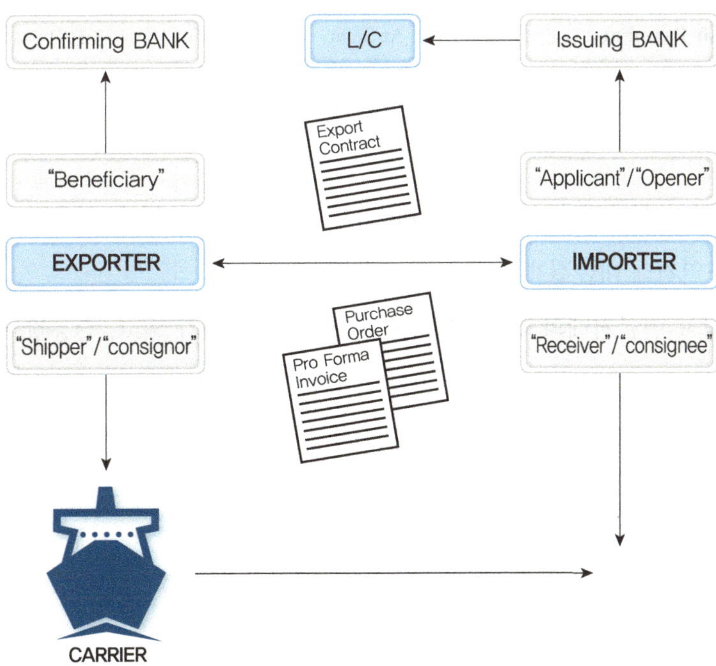

Q28. 국제무역 거래의 대금결제 방법은?

수출업자는 왜 수출을 하고 수입업자는 왜 수입을 하는 걸까요?

그래요, 바로 돈을 벌기 위해서입니다. 그만큼 무역거래에 수반되는 대금결제 代金決濟(payment)만큼 중요한 기능은 없습니다.

수출업자는 물건을 보내고 대금을 확실히 받기 위해 신용장 방식과 같은 대금결제를 선호한다. 반면 수입업자는 같은 조건이라면 번거롭고 비용이 드는 신용장 방식을 선호하지 않는다. 또한 수출업자는 같은 조건이라면 현금거래를 선호할 것이요, 수입업자는 외상거래를 선호한다.

Payment in International Trade

	L/C Basis	Non L/C Basis
Cash Payment	At Sight	D/P
Deferred Payment	Usance	D/A

이와 같이 현금거래냐 외상거래냐, 또 신용장 방식이냐 비非신용장 방식이냐에 따라 무역거래 대금결제 방식은 네 가지가 된다.

신용장 + 현금거래의 경우 일람불一覽拂(at sight) 결제가 되고, 신용장 + 외상거래의 경우는 Usance 결제가 된다.

추심과 같은 비신용장 + 현금거래의 경우 D/PDocument against Payment 결제가 되고, 비신용장 + 외상거래의 경우는 D/ADocument against Acceptance 결제가 된다.

Q29. 어음이란?

어음이란 발행하는 사람이 일정한 금전의 지급을 약속하거나 또는 제3자에게의 지급을 위탁하는 유가증권을 말한다. 지급을 약속하는 증권을 약속어음이라 하고, 제3자에게의 지급을 위탁하는 증권을 환換어음이라고 한다.

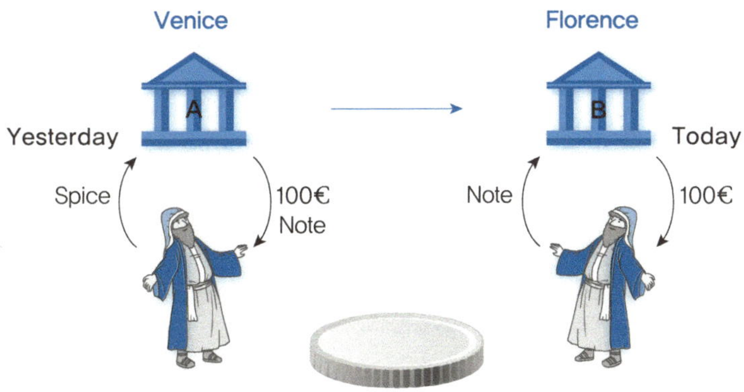

예를 들어, Venice와 Florence를 오가며 후추를 사고파는 상인의 입장에서 현금을 가지고 다니는 것은 매우 번거롭고 또 위험하다. 그래서 사용된 것이 어음인데, 상인은 Venice에서 후추를 팔고 받은 100유로를 현금이 아닌 어음으로 받는다. 험한 산길을 넘어 Florence에 도착한 상인은 다른 상인에게 어음을 제시하고 현금 100유로를 받을 수 있다.

이런 어음이 융통되기 위해서는 시장에서 상인들 간에 신용이 조성되어야 할 것이다. 받을 수 있다는 믿음이 바탕이 되어야 어음이 거래되지 않겠는가? 그렇게 생각하면 우리가 쓰고 있는 종이돈, 즉 화폐도 어음과 다를 바가 없다.

Q30. 약속어음 vs 환어음?

어음에는 약속어음과 환어음 두 가지 종류가 있다. 그림에서 B가 A에게 지급을 약속하는 증권을 약속어음promissory note이라 하고, 제3자 C에게의 지급을 위탁하는 증권을 환換어음bill of exchange이라고 한다.

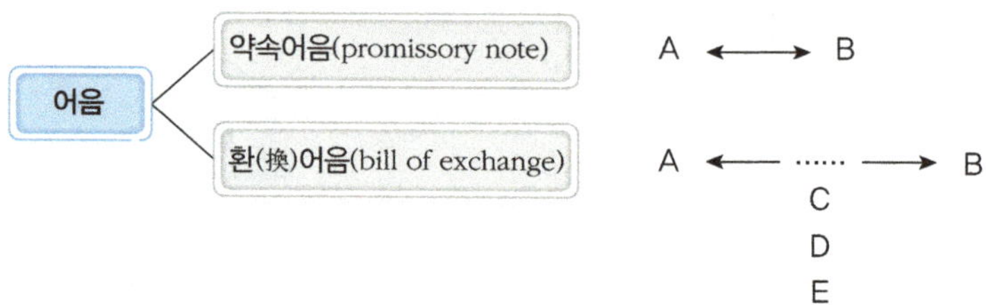

약속어음(promissory note)

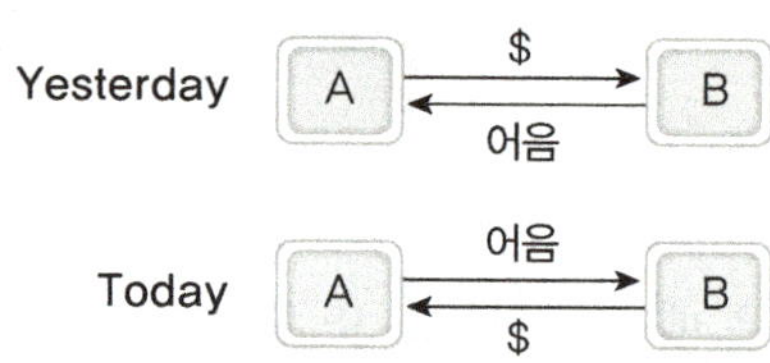

환어음(bill of exchange)

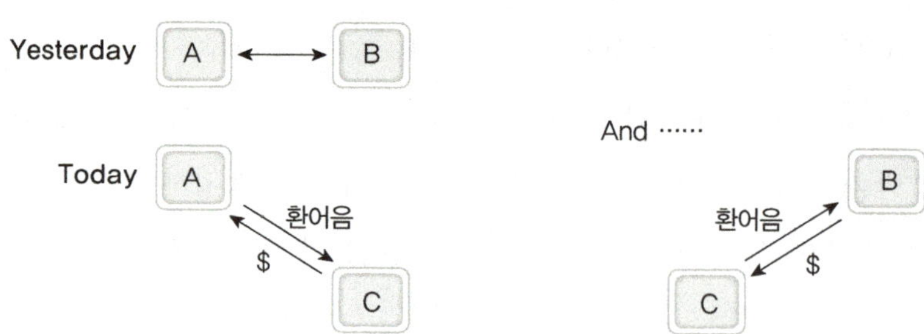

Tips 환어음 이야기[2]

환어음은 당시 유통되던 약속어음보다 훨씬 발전된 금융기법이다. 약속어음은 발행인 자신이 지급할 것을 약속한 것인데 반하여, 환어음은 제3자에게의 지급 의무를 포함한다. 주로 물건을 외상으로 준 수출업자가 채무자인 수입업자를 지급인으로 지정해 발행한다. 이는 누가 됐든 어음을 갖고 있는 사람에게 약정된 시기에 어음에 표시된 금액을 무조건 지급할 것을 위탁한 증권이다. 한 마디로 수표와 같은 기능을 했다. 교역활동을 위해 무거운 금, 은 주화를 많이 가지고 먼 길을 여행하는 위험과 고충을 해결한 것이 환어음이었던 것이다. 이후 서로 멀리 떨어져 있는 유대인 커뮤니티 사이에서 이러한 환어음이 유용하게 사용되었다.

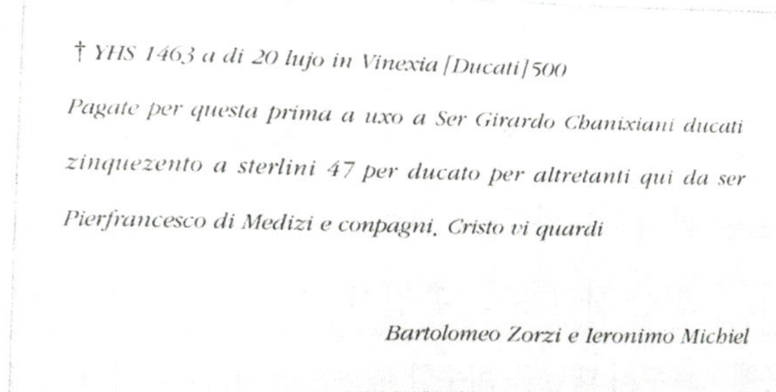
† YHS 1463 a di 20 lujo in Vinexia [Ducati] 500

Pagate per questa prima a uxo a Ser Girardo Chanixiani ducati zinquezento a sterlini 47 per ducato per altretanti qui da ser Pierfrancesco di Medizi e conpagni. Cristo vi quardi

Bartolomeo Zorzi e Ieronimo Michiel

● 1463년 7월 20일 메디치 은행의 베네치아 지점은 베네치아에 있는 바르톨로메오 회사의 요청으로 500다카트에 상당하는 어음을 발행했다. 그리고 세 달 후에 런던에서 메디치 은행의 런던 지점장인 지라르도(Girardo)는 이 어음을 가지고 온 사람에게 500다카트를 지불했다(환율은 1다카트=47스털링). 최종적으로 베네치아에 있는 프란체스코(환어음 발행을 요청한 바르톨로메오 회사의 대리인)는 원금 500다카트와 수수료 34다카트(총 534다카트)를 베네치아에 있는 메디치 은행에 지불했다.

자료 : 성제환, 『피렌체의 빛나는 순간 : 르네상스를 만든 상인들』, 문학동네, 2013.

---

2. 홍익희, 『유대인 이야기』, p.348, 행성비, 2013.

Q31. 환어음과 네고의 기능은?

Nego Negotiation는 통상 환어음 매입이라고 한다. 선적을 마친 수출업자가 선하증권 등 선적서류와 함께 환어음을 발행하여 거래은행에 가서 환어음 매입을 요청한다. 특별한 하자 또는 흠결이 없는 경우 은행은 일정 수수료와 이자(수입업자 거래 은행으로부터 대금을 회수할 때까지의 이자)를 제하고 수출대금을 지불한다.

환어음Bill of Exchange의 발행인은 수출업자가 되고, 지급인은 수입업자, 피지급인은 환어음 매입Nego 은행이 된다.

WOORI BANK

NO. ____ **BILL OF EXCHANGE** JUN. 13. 2013 KOREA

FOR **US$57,705.04**

AT 60 DAYS AFTER SIGHT OF THIS **ORIGINAL** BILL OF EXCHANGE (SECOND OF THE SAME TENOR AND DATE BEING UNPAID) PAY TO **WOORI BANK** OR ORDER THE SUM OF **U.S. DOLLARS FIFTY SEVEN THOUSAND, SEVEN HUNDRED FIVE AND CENTS FOUR ONLY**

VALUE RECEIVED AND CHARGE THE SAME TO ACCOUNT OF BUN MALY IMPORT EXPORT CO., LTD

NO.195B, STREET 182, SANGKAT PHSA DEPO I. KHAN TOUL KORK. PHNBOM PENH. CAMBODIA

DRAWN UNDER ANZ ROYAL BANK (CAMBODIA) LIMITED

L/C NO. LM409508600 DATED 2013-05-27

TO. ANZBKHPPXXX

PAUL TRADING CORPORATION 좋은차닷컴(주)

Tips Nego는 은행 대출

수출업자는 선적을 마치고 선하증권을 구비하고 환어음을 발행하여 거래 은행으로부터 곧바로 수출대금을 받을 수 있다. 즉, 최종적으로 화물을 수령할 수입업자로부터의 대금 지불을 기다릴 필요가 없는 것으로 수출업자 입장에선 당장 현금을 확보할 수 있기 때문에 더 없이 훌륭한 시스템이다.

대금을 지불하는 은행의 입장은 어떨까? 서류만 보고 하자가 없는 경우 현금을 지불하는 셈이고, 신용장 발행은행으로부터 대금을 환급받을 때까지 시간이 걸리는바 환어음 매입은 은행의 신용 제공 행위이다. 즉, 대출인 셈이다. 따라서 은행은 대출 서비스 및 신용 공여 기간 동안의 이자에 해당하는 수수료를 받는다.

Nego 대출은 은행의 입장에서 위험자산이고, BIS 비율 충족에 민감한 은행은 경제상황이 안 좋은 경우 이런 대출을 줄이게 된다. 1997년 IMF 상황에서 많은 은행들이 Nego 대출을 급격히 줄이면서 많은 수출업자들이 애를 먹었던 적이 있다.

Q32. 국제무역 상거래에서 L/C 사용률이 떨어지는 이유는?

과거에는 무역대금의 결제수단으로 신용장 방식이 주로 이용되었다. 그러나 대기업 등이 해외 법인을 설립한 후부터 신용장 방식이 점차 감소하여 요즘에는 송금 방식이 더 많이 이용되고 있다. 최근 10년 사이 신용장 방식 수출 비중이 줄어든 만큼 송금 방식 비중이 늘었고, 추심 방식 비중은 거의 변화가 없었다. 2016년 단순송금 방식[T/T, M/T] 수출은 총 수출의 57.2%를 차지하여 10년 전인 2006년의 40.3%에 비해 16.9% 포인트 높아졌다.[3]

반면 신용장[L/C] 방식 수출은 급격히 줄고 있다. 2016년 일람출급[At Sight] 신용장 방식은 6.3%를 차지하여 2006년의 14.6%에 비해 절반 이하로 줄었고, 기한부 신용장[Usance L/C] 방식도 같은 기간 4.4%에서 3.1%로 줄었다.

추심 방식[D/A, D/P] 수출 비중은 2006년 9.8%에서 2016년 9.4%로 거의 변동이 없었다.

수입의 경우에도 2016년 송금 방식의 비중이 69.7%에 달했다. 신용장 결제 수입 비중은 2006년 30.0%에서 2016년 17.8%로 크게 낮아졌다.

이와 같이 신용장 방식이 감소하는 이유는 뭘까요?

우선, L/C 거래의 절차가 복잡하고 시간과 비용 부담이 크기 때문이다. 이에 따라 고정적인 거래처 사이나 본사-해외 법인 간의 거래에는 송금 방식이 쓰인다. 또한 IT 산업이나 인터넷의 발달로 인해 재고관리 시스템이 확산되면서 신용장 거래를 통한 대규모 주문보다는 송금 방식의 소량 주문을 많이 하는 것도 또 다른 이유다.

우리나라의 경우 지난 30여 년 L/C 사용률의 하락 현상이 확실한데 외국의 경우도 마찬가지일까?

---

3. 한국무역신문, 2017. 7. 20.

Q33. 신용장통일규칙의 기능은?

신용장통일규칙Uniform Customs and Practice for Documentary Credits ; UCP은 국제 간 무역거래에 있어 대금결제수단으로 매우 중요한 신용장에 대해 성격 및 취급요령, 용어해석 등 통일적인 기준을 정해 놓은 것이다.

국제 간 무역은 언어 · 법률 · 관습 · 사회체제 등이 각기 다른 나라에 소재 하는 수출업자와 수입업자 사이에 이루어지기 때문에 국내의 상거래와는 비교도 되지 않을 정도로 많은 어려움이 따른다. 또한 거래신청, 매매계약 체결, 선적 실행, 화물대금 결제 등의 과정이 복잡하기 때문에 분쟁이 발생할 가능성 또한 많다.

특히 수출업자가 화물을 수출한 후에 수입업자로부터의 화물대금 회수가 원활하게 이루어지지 않는 사태가 발생하면 수출업자는 매우 심각한 상태에 처하게 된다.

이러한 문제를 사전에 방지하여 안심하고 원활한 무역거래를 하기 위해서는 신용장에 대해 수출업자나 수입업자 양자 모두 분쟁의 원인이 되는 오해 등이 생기지 않도록 누구나 쉽게 이용할 수 있는 통일적 기준을 정해 그 기준에 준거하여 상거래를 해야 한다. 즉, 상호 간의 매매계약서에 그 동일 기준에 준거한 신용장을 결제수단으로 한다는 취지에 합의하는 것이다.

이상은 수출업자와 수입업자 간에 있어서 하나의 예이지만, 신용장을 발행하는 것은 은행이고 수출지에서 신용장에 따라 수출업자에게 수출금융을 제공하는 것 역시 은행이다. 또 수출업자의 대금 회수에 관한 불안을 제거하기 위해 수입업자의 신용을 떠맡아 보증을 하는 것도 은행이므로 무역업자들 사이의 문제와는 또 다른 의미에서 신용장 취급이나 용어 해석과 같은 통일적 기준이 필요하다.

신용장 거래는 수출업자와 그 수출지의 거래은행, 수입업자와 수입지의 거래은행인 신용장 발행은행 등 이렇게 4명의 당사자가 존재해야 제 기능을 발휘할 수 있는 거래이다. 실제로는 무역거래에서 주된 역할을 하는 은행이 통일규칙에 준거하여 작성하였다는 취지를 신용장에 명시함으로써 이루어진다.

요컨대 국제 간 무역거래 결제수단으로서의 비중은 줄었으나 거래 초기에 주로 사용되고 다른 결제수단의 해석에서 자주 준용되는 신용장에 대한 통일 취급기준을 정해 당사자 간의 분쟁을 방지하여 거래의 원활화를 꾀하는 것이 바로 신용장통일규칙의 목적이다.

신용장통일규칙은 국제조약도 법률도 아니며, 국제적인 민간경제단체이고 파리에 본부가 있는 국제상업회의소International Chamber of Commerce ; ICC에 의해 제정된 하나의 규칙이라고 할 수 있다. 현재 사용되고 있는 것은 UCP No. 600(2007년 개정)이다.

신용장통일규칙이 처음 제정된 것은 1933년 제1차 세계대전 후에 신용장에 관한 분쟁이나 소송으로 골머리를 앓던 미국의 주도에 의해 이루어졌다. 그후 수차에 걸쳐 개정되면서 현재에 이르고 있다. 신용장통일규칙의 이해 없이 무역거래에 종사한다는 것은 불가능하다고 할 수 있다.

Q34. 추심Collection거래란?

수출자는 수입자를 지불인으로 하는 환어음을 발행해 거래은행에 추심을 위임하면 그 은행은 어음 및 선적서류에 필요한 배서를 하여 수입지의 코레스Corres 은행(환거래 계약이 서로 체결된 은행)에 추심을 위해 송부한다. 수입지 은행은 추심 어음을 수입자한테 제시하여 어음의 인수 혹은 지급을 요청해서 그 추심대금을 수출지 은행의 지정 계좌로 송금 혹은 입금한다.

추심거래와 앞서 공부했던 L/C 거래의 차이는 뭘까요?

예, 그렇습니다. 추심거래에는 은행의 지급 보장이 전혀 없습니다!

Tips 추심은 한자어로서 推尋이라고 씁니다

넘 어렵죠? 그래요, 가끔은 왜 꼭 이런 어려운 한자어를 써야 하는지 생각해 봅니다. 그냥 원어인 collection수금(收金)하면 훨씬 쉽고 이해하기도 좋은데.

이런 저런 이유로 무역거래를 포함한 우리 상거래에서는 아직도 구닥다리 한자어가 많이 쓰이고 있습니다. 성가시지만 이것도 우리의 현실이니 이해하십시다. 영어 해야지 한자 공부 해야지 어렵겠지만 실제 쓰이고 있는 용어들이니 공부하십시다. 우리 스스로를 위해서!

Q35. 추심거래 절차는?

추심거래에 따라 수입업자가 화물대금을 지급하는 일련의 흐름을 예시하여 설명하면 다음과 같다.[4]

추심에 의한 대금결제

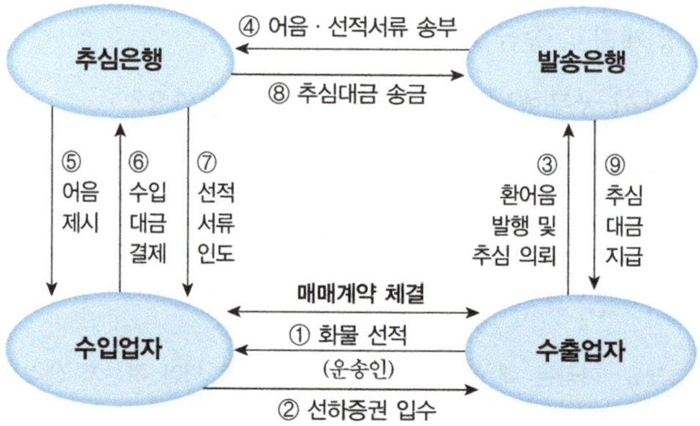

①~② 수출자는 수입자와의 매매계약에 기인하여 화물을 선적하고, 운송인으로부터 선하증권 등을 입수한다.

③ 수출자는 수입자를 지급인으로 하는 환어음을 발행하고 여기에 선하증권 등을 첨부하여 거래하는 은행에 어음 추심을 의뢰한다.

④ 추심을 위임받은 수출지의 은행은 어음 및 선적서류에 필요한 배서를 하여 수출자의 추심 조건에 따라 수입지의 코레스은행에 추심을 위해 송부한다.

⑤ 추심 위임을 받은 수입지의 은행은 수입자한테 선적서류가 도착한 것을 연락함과 동시에 어음을 제시하여 그 지급을 요청한다.

---

4. 홍성수, 『외환 · 환율, 이것만은 알아두자』(새로운 제안)의 일부 내용을 재정리.

⑥ 어음의 지급인인 수입자로부터 결제신청이 있을 때는 수입자가 결제일의 대고객전신매도시세TTS rate로 환산한 수입국 통화를 불입하여 은행에서 사들인 외화로 추심어음을 결제 받아 추심대금을 발송은행에 송금하는 형태를 취한다.

⑦ 추심어음의 결제대금을 수령하여 결제수속이 완료되는 대로 어음, 선적서류를 수입자한테 넘겨준다. D/A조건의 기한부 어음일 경우 수입자는 ⑥의 "대금결제" 대신에 어음을 인수하고 선적서류를 수령해서 기일에 어음결제를 한다.

⑧ 추심은행은 추심대금(수입대금)을 발송은행의 지시에 따라 우편 또는 전신으로 송금한다.

⑨ 발송은행은 수출자에게 추심대금을 지급함으로써 추심거래를 완료한다.

Q36. D/A vs D/P?

D/A Document against Acceptance

매출자나 수출상이 발생하는 화환어음의 인수만으로 선적서류를 내주는 것. 매수자나 수입상이 은행에서 화환어음의 제시를 받았을 때 대금을 지불하지 않아도 단지 인수하는 것만으로 선적서류의 인도를 받을 수가 있으며 만기에 어음대금을 지불한다.

D/P Document against Payment

화환어음의 송부를 받은 은행이 화물 인수에 필요한 선적서류를 어음대금 지급과 상환으로 인도하는 조건을 말한다. 수입업자는 미리 신용장을 발행할 필요가 없고, 해상운송이나 항공운송 시 화물과 별도로 수출상이 은행을 통해 보내는 선적서류를 외국환은행에서 대금지급과 동시에 인수할 수 있다.

D/A는 은행 보증이 없는 외상거래로 인수 후 또는 선적일 후 결제기일을 적는다. (예 : D/A 90days from acceptance date or B/L date)

D/P는 선적서류 제공과 대금결제가 수입국 은행에서 동시에 이루어진다.

Q37. 추심통일규칙의 기능은?

수출업자가 화물을 수출한 후에 화물대금을 신용장에 의하지 않고 회수하려 할 경우에는 소위 D/P, D/A 어음을 추심하여 화물대금을 회수해야 한다. 이 경우 수출업자는 자기의 거래은행에 어음의 추심을 위탁한다. 추심을 위탁받은 은행은 수입업자가 소재하는 수입지의 은행(징수은행)에 어음 및 선적서류를 송부, 수입업자에게 어음을 제시하여(제시하는 은행은 제시은행이라고 하나 특별한 경우를 제외하고는 추심은행과 동일하다) 어음의 조건에 따라 수입업자로부터 화물대금을 추심하여 발송은행에 송금한다. 송금을 수령한 발송은행은 추심 의뢰인인 수출업자에게 지불함으로써 이 추심거래는 완료되며, 수출업자는 무사히 수출화물 대금을 회수할 수 있게 된다.

이와 같은 국제거래는 당연히 수출업자, 발송은행, 추심 · 제시은행과의 사이에서 이루어지기 때문에 분쟁이 일어나기 쉬운데, 경우에 따라서는 은행이 수출업자에게 수출화물대금 전액을 보상해야 하는 일도 있다. 이와 같은 분쟁을 방지하고 쓸데없는 오해나 혼란을 일으키지 않고 거래를 원활하게 하기 위해서 공통의 이해사항이나 통일적인 취급기준을 정해 관계 당사자가 그 기준에 준거하여 행동하는 것이 필요하다.

이를 위해 제정된 것이 바로 추심통일규칙이다. 즉, 추심통일규칙이란 국제상공회의소가 제정한 금융서류 또는 상업서류의 징수에 대한 국제적인 통일규칙이다.

추심통일규칙은 1956년에 최초로 제정되었으며, 그후 1967년과 1978년의 개정을 거쳐 현재 1995년 개정판이 사용되고 있다. 정식으로는 '추심통일규칙, 1995년 개정조문Uniform Rules for Collection, 1995 Revisions' 이라고 한다.

Q38. 물류란 무엇인가?

Q39. 물류의 여러 활동은 무엇인가?

Q40. 물류활동 중 운송의 중요성은?

Q41. 물류 허브Hub란?

Q42. 국제물류란?

Q43. 단위화물 체계란?

Q44. 표준화의 이점은?

Q45. 컨테이너 운송 혁명이란?

Q46. 복합운송이란?

Q47. 해상운송 vs 항공운송?

Q48. 선하증권이란? 선하증권의 기능은?

운송 물류

International Trade

Ch. five

5

장그래 군은 Y구에 있는 윤중輪中중학교를 졸업했다. 윤중輪中. 학교 다닐 땐 어감도 별로고 그 뜻도 잘 모르겠고 해서 별다른 느낌이 없었다. 그런데 가만히 그 뜻을 새겨 보니 기가 막히다. 윤輪은 바퀴 륜이다. 자전거 바퀴나 자동차 바퀴. 경륜은 자전거 경주 아닌가? 그런 바퀴의 중심이 바로 윤중輪中이다. 영어로 HUB. 그럼 윤중輪中중학교는 영어로 HUB middle school? ㅎㅎ

HUB는 말 그대로 중심中心이다. 무엇인가의 중심은 center로서 매우 중요하다. HUB 시스템은 오늘날 운송물류 활동의 핵심이다. 우리가 알고 있는 DHL, UPS, Fedex 등 택배 비즈니스가 쓰고 있는 화물 집적/배송 집중 시스템이다. 중심이 되는 HUB 거점에 화물을 모아서 분류하고 배송하면 전체적인 물류비용을 크게 절감할 수 있단다. 왜 그럴까?

은행 등에 가면 번호표를 받고 일을 본다. 줄을 서서 서비스 차례를 기다리는 시스템인데, 이는 queueing theory로 입증된 가장 시간 효율적인 시스템이고, 바로 요 이론이 HUB 시스템의 요체란다.

물류는 물건을 싣고 나르고 내리면서 힘만 써서 이루어지는 기능이 아니고, 첨단 경영과학 기술과 정보 시스템이 어우러진 토탈 관리 시스템이란다. 와우~ 물류. 점점 땡기는데. 근데 혹시 물류도 한자 아닌가? 뭔 뜻이지?

Q38. 물류란 무엇인가?

물류物流(Business Logistics)는 물적物的 유통流通의 준말이다.

유통distribution은 상품 등이 생산자로부터 소비자에게 전달되기까지 여러 단계에서 교환되고 분배되는 활동을 뜻한다. 유통은 일반적으로 제조업체와 같은 생산자에서 1차 도매업자로 이동하며, 그후 2차 도매업자, 소매업자를 차례로 거쳐 소비자에게 최종적으로 전달된다. 유통은 상적 유통과 물적 유통으로 나뉜다.

상적商的 유통은 물건의 이동을 동반하지 않는 유통으로 돈, 정보, 서류의 이동에 해당하는 유통이다. 반면 물적物的 유통인 물류는 물건의 수송, 보관을 포함하는 유통을 의미하고, 영어로 Business Logistics라고 한다.

로지스틱스logistics는 본래 군사 용어로 그 의미는 병참兵站[1]이지만 유통 합리화의 수단으로 채택되어 원료 준비, 생산, 보관, 판매에 이르기까지의 과정에서 물적 유통을 가장 효율적으로 수행하는 종합적 시스템을 의미하게 되었다. 예를 들어 원료 준비의 측면에서만 물적유통의 합리화를 생각하면 그후의 과정에서 합리화를 방해하는 요인이 생기기 때문에 전체를 토털시스템으로 운영하려는 것이다.

미국은 제2차 세계대전에 뒤늦게 참전했다. 주 전쟁터인 유럽 등에 필요한 각종 군수물자를 대량으로 신속하고 안전하게 보내기 위하여 고도화된 로지스틱스 아이디어가 쓰였는데 이런 노하우가 종전 후 국제무역 거래에 광범위하게 활용되었다. Business Logistics의 시작이다.

---

1. 작전부대에 대해서 군사작전에 필요한 인원과 군수물자를 충원 또는 보급 지원하는 군의 기구. 작전부대로부터 치료를 요하는 부상병이나 수리 · 정비를 요하는 파손된 군수품 또는 폐품 등을 후송하기 위하여 작전부대와 지원시설 간에 도로나 철도 · 수로 · 공로의 교통로가 요구된다.

Q39. 물류의 여러 활동은 무엇인가?

물류활동에는 운송, 하역, 보관, 포장, 물류 정보 등 여러 가지 기능이 포함된다.

운송transportation은 물품을 장소적 · 공간적으로 이동시키는 것을 말한다. 통상 운송은 장거리의 두 지점 간 이동을 말하는데 반해, 배송은 단거리의 소량 운송을 의미한다.

하역荷役은 운송, 보관, 포장의 전후에 부수하는 물품의 취급으로서 선박 등으로 운송되는 물품의 적재loading, 양륙unloading 등의 일체의 작업을 말한다.

보관storage은 물품을 저장하고 관리하는 것으로 시간 조정과 가치 조정에 관한 기능을 담당한다. 수요와 공급 간의 시간적 차이를 조정함으로써 경제활동의 안정화와 촉진을 도모한다.

포장packaging이란 물품의 운송, 보관, 거래, 사용, 판매 등에 있어 적절한 재료 및 용기를 이용하여 그 가치와 상태를 유지하기 위하여 이에 따른 기술을 사용하여 물품을 보호한 상태를 말한다.

물류 정보logistics information는 컴퓨터 및 정보통신기술에 의한 고도의 시스템을 활용함으로써 수주, 재고관리, 주문품 출하, 상품 생산, 운송, 포장 등의 물류 기능에 관련되는 업무 과정의 일괄관리를 실현하는 것을 말한다.

Q40. 물류활동 중 운송의 중요성은?

제반 물류활동 중 운송이 가장 중요하다고 하겠는데, 전체 물류비 중 가장 큰 비중(국제적인 통계에 따르면 전체 물류 비중 50% 내외)을 차지한다.

기업 물류의 관점에서 운송은 물류비 절감과 고객서비스의 충족을 통해 이익을 극대화하는 데에 있어 절대적으로 중요하다.

오늘날 경제규모의 확대와 국제무역의 활성화로 인해 재화의 이동 범위가 전 세계로 확대됨에 따라 운송은 보다 많은 화물을 최소한의 비용으로 안전하고 신속하게 이동시킴을 기본 목적으로 하되, 물류서비스에 대한 고객의 니즈를 충족하는 등 물류시스템 내에서 그 역할이 많이 변화하고 있다. 즉, 단순히 재화의 공간적 이동이라는 과거의 운송 개념은 수송뿐만 아니라 보관과 유통 기능까지 포괄하는 통합물류 개념으로 확대되어 기업의 물류시스템 합리화를 위한 주요 요소로 인식되고 있다. 물류비용 절감과 고객서비스 향상이라는 목적을 달성하기 위해서 효율적인 운송시스템의 구축과 운영은 필수적이다.

Q41. 물류 허브Hub란?[2]

여러분, 자전거 바퀴를 살펴본 적이 있으신가요? 자전거 바퀴를 보면, 바퀴의 중심축을 주축으로 바퀴살이 여러 개로 분산되어 있는 것을 알 수 있습니다. 물류에서도 자전거 바퀴의 구조와 같은 시스템이 있는데요. 이를 '허브 앤 스포크Hub & Spoke' 시스템이라고 부릅니다. 즉, '허브 앤 스포크' 시스템이란 각 지점에서 발생되는 물량들을 중심이 되는 한 거점(허브)에 집중시킨 후, 각각의 지점(스포크)으로 다시 분류하여 이동시키는 시스템을 의미한다고 할 수 있습니다. 그렇다면 왜 이러한 시스템을 물류에서 사용하고 있는 것일까요? 그 이유는 운송비의 절감과 운송의 효율화에 있습니다.

운송수단이 대형화되고 물량이 늘어남에 따라 운송인들의 비용부담이 커지고 그 효율이 떨어지게 되었습니다. 따라서 규모의 경제를 통해 운송비를 절감하고 효율성을 창출하기 위해 항만이나 공항을 중심으로 '허브 앤 스포크' 시스템을 적용하게 된 것이죠.

이러한 '허브 앤 스포크' 시스템은 우리 주변에서 쉽게 확인할 수 있습니다. 바로 여러분이 인터넷으로 물건을 주문했을 때인데요. 예를 들어 용인에 사는 사람이 서울에 위치한 상점에서 물건을 주문했다고 가정할 때, 택배 주문 조회 시 대전이나 옥천 등과 같이 다른 지역을 거쳐 목적지로 배달되는 것을 알 수 있습니다. 서울에서 용인으로 바로 배달되는 것이 아니라 굳이 대전이나 옥천과 같은 허브를 거쳐서 다시 목적지까지 배달되는 이유, 혹시 눈치 채셨나요? 바로 '허브 앤 스포크' 시스템이 적용된 것입니다. 물량이 단 하나일 경우 곧바로 배송되는 것이 더 효율적이겠지만 전국 각지에서 많은 물량이 생겨나기 때문에, 이 물량들을 중심허

---

2. http://incheonport.tistory.com/2600

브로 집결시킨 후 분류하고 이를 지역(스포크)별로 묶어 다시 이동시키는 것이 규모의 경제를 실현하여 운송비를 줄일 수 있게 되는 것입니다.

'허브 앤 스포크' 시스템은 국내뿐만이 아니라 국제적으로도 적용됩니다. 국제적 교역이 이뤄질 때, 세계 각국의 지리적 위치를 고려하여 특정 나라의 공항이나 항만이 허브로 부상하면 이를 통해 또 다른 국가로 또는 각 국가 내 도시들이 스포크가 되어 화물이 운송되는 것이죠. 따라서 항만이나 공항이 허브로서 중요한 기능을 맡고 있다고 할 수 있습니다.

이처럼 '허브 앤 스포크' 시스템은 전 세계적으로 물류에서 유용하게 사용되고 있습니다. 이 시스템은 운송비를 절감할 수 있다는 가장 큰 장점으로 물류활동을 더욱 원활하게 하는 윤활유 역할을 하고 있는데요. 그러나 각 허브나 스포크가 서로의 수요를 감당할 능력을 갖추지 못한다면 비효율이 발생하기도 합니다. 또한 스포크끼리 매우 인접하게 위치한다 하더라도 허브를 거쳐야 하는 경우도 있어 시간적 비효율이 발생하기도 합니다. 하지만 이러한 단점들보다 장점을 통해 얻는 물류적 이익이 더 크기에 여전히 '허브 앤 스포크' 시스템이 사용되고 있는 것이죠.

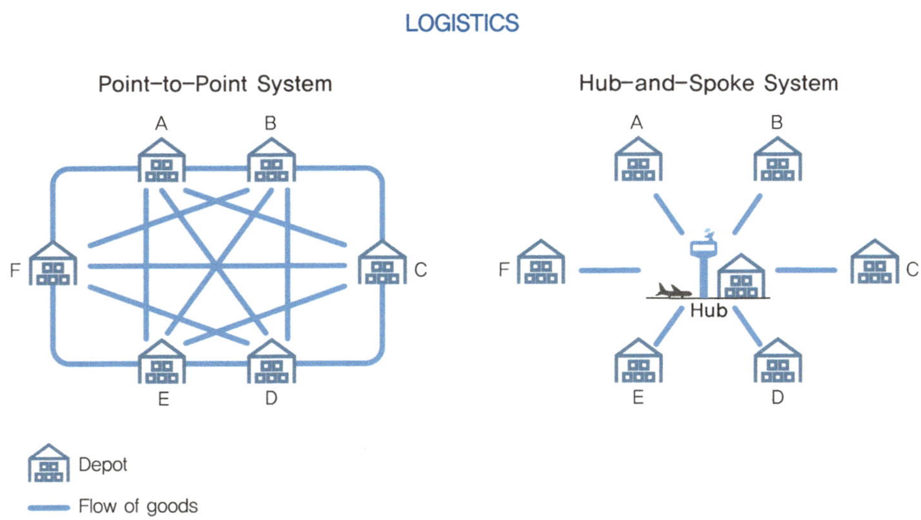

Tips DHL의 유래

1969년 미국에서 시작된 특급배달 서비스가 그 모체이다. 명칭 DHL은 창립멤버 3인의 성씨인 Dalsey, Hillblom, Lynn에서 각 머리글자를 따 조합한 것으로, 시작은 UC버클리 법대 학생이던 래리 힐블롬이 하와이 호놀룰루와 캘리포니아 샌프란시스코를 오가면서 부업삼아 서류 퀵서비스를 하던 것을 졸업 후 정식으로 회사를 차려 배달 서비스를 하게 된 것이다.

이후 급물살을 타기 시작하여, 1971년에는 아시아－태평양 지역의 국가에 서비스를 개시했으며, 3년 후인 1974년 유럽 지역으로 서비스를 확대했다. 1978년에는 중남미 지역을, 1979년에는 아프리카 전 지역을 아우르는 범국가적 통합 서비스 체인을 구축하기에 이르렀다. 1980년대에도 DHL의 성공적 발전 신화는 계속되어, 1983년에는 미국 오하이오 주 신시내티에 화물 집하 및 분류 센터를 개설해 동유럽 국가로 진출했으며, 1986년에는 업계 최초로 중국에도 화물 특송 서비스를 실시하였다. 이러한 확장과 더불어 1990년에는 세계적인 항공사인 루프트한자와 일본항공 등이 DHL에 투자했으며, 소련 붕괴 이후 1993년에는 또다시 업계 최초로 러시아를 비롯한 독립국가연합에 진출하기에 이른다.

Q42. 국제물류란?

국제물류國際物流란 생산과 소비가 2개국 이상에 걸쳐 이루어지는 경우 그 생산과 소비 간의 시간적 · 공간적 차이를 극복하기 위한 물류활동이다.

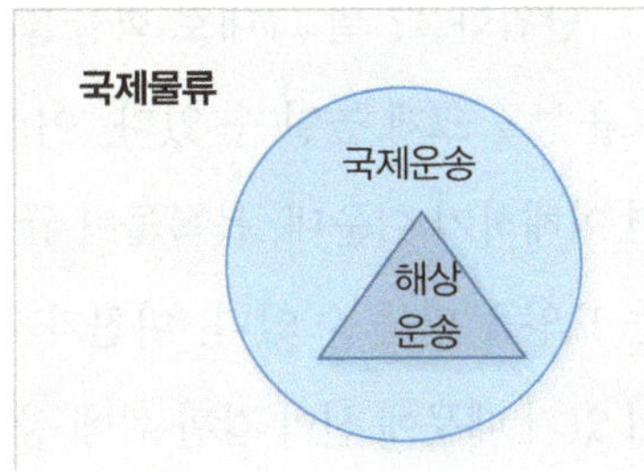

국제물류와 국내 물류의 차이는? 즉, 국제물류의 특성은 뭘까요?

- 한 가지 이상의 운송수단을 이용
- 절차 및 각종 서류의 복잡성에 기인하여 Freight Forwarder와 같은 전문 운송 중개업자의 역할이 중요
- 관세 부과 등 정부의 개입
- 운송, 하역, 보관, 포장, 정보 등 물류기능상의 차이
- 국제운송, 특히 해상운송의 중요성

국제물류의 중요성은 다음과 같다. 우선, 대고객 서비스를 향상시키고, 유통 효율성의 제고를 통해 기업의 국제경쟁력을 제고할 수 있다. 두말할 것도 없이 국제물류는 국제무역 거래를 활성화한다. 또한 사회간접자본의 확충을 통해 국민경제 발전에 이바지한다.

Q43. 단위화물 체계란?

단위화물? 말 그대로 화물을 일정하게 단위화하여 취급함으로써 물류활동의 효율성을 크게 높일 수 있다. 어린 애들이 많이 갖고 노는 레고lego 블록을 생각하면 이해하기 쉬운데, 블록들이 규격화 · 표준화되어 있기 때문에 애들도 쉽게 원하는 모양을 만들 수 있다. 마찬가지로 화물 컨테이너도 단위화 · 규격화 · 표준화되어 있기 때문에 선박 갑판 위에 상대적으로 쉽게 빨리 많이 쌓을 수 있는 것이다.

단위화물 체계Unit Load System란 화물의 운송에서 가능한 한 화물을 단위화하여 일관되게 Door-to-Door 서비스를 행하는 체계를 말한다. 이를 위해서는 다음 세 가지 요소가 필요하다. ① 단위규격의 적정화 · 표준화, ② 화물을 단위로 집하 · 하역 작업의 원활화, ③ 협동일관운송 체계의 확립 등이다. 단위화물 체계는 하역의 기계화, 에너지 절약, 화물 손상 방지, 적하의 신속화, 차량회전율의 향상 등을 가능케 하였다.

단위화물의 예로는 container, pallet, drum(액상 화물 포장단위) 등이 있다.

▲ container

▲ pallet

▲ drum

Q44. 표준화의 이점은?[3]

무릇 표준화standardization가 비즈니스의 대세가 되었다. 오늘날 표준화가 지향하는 목표를 정리해 보자.

1) 단순화와 호환성 향상

표준화는 본질적으로 사회 구성원의 노력과 합의의 결과로 나타난 단순화된 행위이다. 현재의 복잡성을 줄일 뿐 아니라 장래에 나타날 불필요한 복잡성을 예방하는 것을 목적으로 한다. 단순화는 호환성을 높인다.

2) 의사소통 원활화

표준의 제정은 관계자들의 전체적인 합의에 따라야 한다. 중요한 것은 모든 표준의 경우 원활한 의사소통을 목적으로 하며 그러한 목적을 위해서라도 표준의 제정은 암묵적 혹은 명시적인 합의에 입각해야 한다는 것이다.

3) 경제성의 추구

표준화는 전체적인 경제성과 합리화 및 능률화를 지향한다.

4) 공공이익의 증대

초기에 표준화, 특히 산업표준화의 목적은 작업의 효율성을 극대화하는 데 있었다. 즉, 생산의 주체인 기업을 보호하고 이익을 극대화하기 위해 실시되었다. 그러나 현대 사회로 들어와 인간의 생명과 복지 등이 우선시됨에 따라 공공의 안

---

3. 한국표준협회, 『글로벌 스탠다드』 149호, 1998.

녕과 이익에 관심을 기울이게 된다. 안전성 확보를 통해 공공의 생명을 보호하고 사고 발생에 따른 비용 손실을 줄이기 위한 제품안전표준이 대표적인 경우이다.

Tips QWERTY Economics

QWERTY Economics쿼티경제학라고 들어보셨는가?

Q-W-E-R-T-Y, 어서 많이 본 것 같긴 한데 ……

바로 여러분이 매일 아니 온종일 쓰는 휴대폰이나 컴퓨터의 영어 자판 배열이다. 기억나시는가? Function key 밑에 있는 영문 자판 말이다. 상단 맨 왼쪽부터 Q-W-E-R-T-Y 차례로 배열되어 있다. 이렇지 않은 자판 배열을 본 적이 있는가? 적어도 나는 없다.

그런데 왜 영문 자판은 Q-W-E-R-T-Y 배열일까?

아무런 이유가 없는 것 같다. 외우기 쉬운 것도 아니고 인체 공학적으로 손목의 스트레스를 덜 하는 배열도 아닌 듯하다. 그러면 Why?

컴퓨터 자판의 원조는 타자기다. 중요한 건 백여 년 전 타자기가 발명된 이래로 영문 자판 배열은 Q-W-E-R-T-Y였다는 점이다. 당시 기준으로 타자의 최대 고민거리는 오탈자 타이핑을 어떻게 줄이느냐의 문제였고 결국 특정한 기준을 벗어난 완전히 랜덤식의 알파벳 배열을 일부러 고안해 냈다는 것인데 그렇게 시작된 자판 배열이 국제 표준이 되어 타자기가 영원히 사라진 오늘날까지도 여전히 Q-W-E-R-T-Y라는 것이다. 세상에~

이렇게 표준화의 힘은 대단하다. 한 번 표준이 되면 시장을 독식하게 된다. 사용자의 선호와는 무관하게 시장을 독점할 수 있는 것이다. 이런 예가 영문 자판뿐일까? 한때 비디오 녹화 시장을 독점했던 VHSVideo Home System 테잎이나 국제무역 거래의 컨테이너 싸이즈 TEU, FEU가 좋은 예이다.

표준화의 독점력이 바로 Paul Krugman 교수가 명명한 QWERTY Economics이다.

Q45. 컨테이너 운송 혁명이란?[4]

볼품없는 강철 박스가 시장에 보급되면서 세계 화물 운송량은 5배나 증가됐다. 뿐만 아니라 해상운송비는 60%가 감소하고, 화물의 항구 체류시간도 4분의 1로 대폭 줄었다. 강철 박스, 즉 컨테이너가 만든 혁신이다. 이때부터 세계 물류수단은 선박이 세계 물류를 지배하는 원동력이 된다. 피터 드러커Peter Drucker는 컨테이너를 "세계 경제사를 바꾼 대혁신적 발명품"이라고 극찬했다.

컨테이너를 창안(1956년)한 것은 운송업자 말콤 맥린Malcom McLean이다. 그는 제2차 세계대전 때 사용됐던 유조선(T2 탱크선)을 개조하여 '아이디얼 X호' 라는 컨테이너선을 만들고 이 배를 뉴어크항에서 띄워 휴스턴까지 운송한다. 1956년 4월 26일 35피트 규모의 컨테이너 58대를 실은 아이디얼 X호는 운행에 성공한다. 이것이 컨테이너 선박 운송 시대가 열리는 첫 장면이다.

하역 인부들이 하루 종일 노동을 해야 겨우 선박적재가 가능했던 시대에, 오랜 시간 화물차 안에서 따가운 햇살을 맞지 않고도 빠르게 화물을 적재할 방도가 없는가를 고민했던 화물 운송업자 맥린의 신의 한 수가 세계 물류시장을 단번에 바꾸어 놓은 것이다. 2007년 포브스지는 맥린을 세계 경제사를 움직인 최고의 인물로 치켜세웠다.

컨테이너는 영국(1792년)에서 처음 만들어졌다. 석탄운반용 목재 컨테이너를 마차에 연결한 것이 그 시작이다. 목재가 아닌 철제 컨테이너가 등장한 것은 1900년대 초이다. 제2차 세계대전이 일어나자 컨테이너의 역할은 막중해졌다. 한국전쟁 때 컨테이너는 무한정 만들어졌다. 미국에서 한국까지 절도와 훼손을 방지하는 ConexContainer Express 컨테이너가 만들어진 것이다. 이후로 1960년대 중반

---

4. http://www.steelprice.co.kr/news/articleView.html?idxno=12432

까지 전 세계 운송량의 10%를 넘지 않았던 컨테이너는 베트남전쟁(1967년)에서 물자 운송용기로 보편화된다. 지금은 전 세계 물동량의 60% 이상이 컨테이너로 운송되고 있다.

선박용 컨테이너는 세계 공통이다. 길이 기준으로 20피트[6.1m]와 40피트[12.2m] 단 두 가지만 사용한다.

Tips TEU, FEU

TEU나 FEU를 아시나요?

신문, 특히 경제신문을 보다 보면 원어가 그대로 쓰이는 경우가 많은데 대표적인 예가 TEU, FEU로 국제무역 거래 관련 기사가 취급되는 경우 예외 없이 등장한다.

TEU는 Twenty-foot Equivalent Unit, FEU는 Forty-foot Equivalent Unit의 줄임말이다. 즉, 20′ 길이의 컨테이너와 40′ 길이의 컨테이너를 뜻한다. 선박용 컨테이너는 세계 공통으로 TEU, FEU만 사용된다.

1Foot(1′)는 12″로 대략 30cm에 해당되므로 TEU(20피트)는 6m 정도고, FEU(40피트)는 약 12m의 길이다. 도로를 달리는 컨테이너 차량 위에 얹혀 있는 대부분의 컨테이너는 TEU이다.

이런 컨테이너를 가득 실은 컨테이너 선박이 5대양을 누비고 있는데, TEU 2만 개 이상을 적재할 수 있는 초대형 컨테이너 선박들이 등장하고 있다.

Q46. 복합운송이란?

국제복합운송國際複合運送(Multimodal or Combined Transportation)이란 단일 운송계약에 의거 2종 이상의 운송수단에 의하여 이루어지는 일관운송 체계를 말한다. 복합운송의 특성은 다음과 같다.

- Container 운송을 통한 운송의 효율성 제고
- Unit Load System단위화물 체계
- 육 · 해 · 공 일관운송一貫運送 체계
- 운송책임의 일원화

국제무역 거래에 있어 운송수단을 선택하는 기준은 다음과 같다.

- 경제성(운송비용)
- 신속성(운송시간)
- 안전성
- 편의성
- 상품의 종류 · 중량 · 용적

Tips 일관운송一貫運送(Through Transportation)

화물의 출발지부터 목적지까지 다수의 운송업자가 참여하여 일정 운송로 전체를 담당, 연계 운송하는 것을 말한다. 통通운송으로 불리기도 한다.

일관운송에는 한 선박으로부터 다른 선박으로의 환적, 연계해 운송하는 Unimodal Transportation과 선박과 기차 또는 자동차 등 2개 이상의 운송수단을 연계하여 목적지까지 운송하는 Multimodal Transportation이 있다.

Q47. 해상운송 vs 항공운송?

물품 운송에 있어 운송수단 선택의 전통적인 기준은 경제성, 안전성, 신속성인데 최근 들어 Door to Door 운송이 크게 인기를 끌고 있는 것을 보면 물건을 쉽게 보내고 받을 수 있는 '편의성'이 크게 중요해지고 있음을 알 수 있다,

국제무역 거래의 대표적인 운송수단인 해상운송과 항공운송을 비교해 보자. 물동량 기준으로는 해상운송이 절대적 우위에 있다. 대량 화물의 장거리 운송에 있어서는 해상운송이 절대적으로 유리하다. 한편, 최근 들어 국내외적으로 택배 express delivery 운송이 크게 증가하고 있는데 상대적으로 고가의 소량 화물을 신속 배달한다는 점에서 항공운송을 많이 이용하고 있다. 즉, 물품의 가치 기준으로는 항공운송의 비중이 상당히 클 것임을 짐작할 수 있다.

운송수단별 특성 비교

평가항목 \ 운송수단	트럭	철도	선박	항공기
화물중량	소 · 중량 화물	대량 화물	대 · 중량 화물	소 · 경량 화물
운송거리	중 · 근거리	중 · 원거리	원거리	원거리
운송비용	단거리 운송 시 유리	중거리 운송 시 유리	원거리 운송 시 유리	가장 높음
기후 영향	조금 받음	별로 없음	많이 받음	대단히 많이 받음
안정성	조금 낮음	높음	낮음	낮음
일관수송	용이	미흡	어려움	어려움
중량제한	있음	없음	없음	있음
화물수취	편리	불편	불편	불편
운송시간	장기	장기	초장기	단기
하역 · 포장비용	보통	보통	고가	저렴
운송원가(ton-mile)	26.19	2.28	0.74	61.20

자료 : ENO Transportation Foundation(2000), Transportation in America, 2000.

Q48. 선하증권이란? 선하증권의 기능은?

선하증권Bill of Lading ; B/L은 해상운송계약의 증거서류이며 운송인이 화물을 인수 또는 선적했음을 증명하는 서류이다. 그리고 선하증권을 제시하면 화물을 인도하겠다는 운송인의 보증서이기도 하다. 선하증권은 운송인이 증권에 기재된 화물을 수령 또는 선적하였다는 사실을 확인하고, 지정된 목적지까지 운송하여 증권의 정당한 소지인에게 화물을 인도할 것을 약속하는 유가증권으로 운송 중인 화물에 대한 처분수단을 부여하여 자금융통의 편의를 도모한다.

선하증권은 화물의 수령 및 선적을 확인하는 증거문서로 증권에 당사자 사이에 약정된 운송조건이 기재되어 있어도 그 자체를 계약서로 보지는 않는다. 선하증권은 증권에 기재된 화물에 대한 재산상의 권리가 법률적으로 인정되어 있는 권리증권document of title이다. 그러므로 운송 중인 화물도 증권의 인도나 배서에 의해 소유권이 이전될 수 있고, 운송물을 처분할 때는 반드시 선하증권이 사용되어야 한다.

선하증권의 기능을 보자. 선하증권은 법적으로, 첫째 선하증권의 소지인이 선하증권상의 화물의 인도를 주장할 수 있는 권리증권이다. 따라서 선하증권 없이는 화물을 정상적으로 인도받을 수 없다. 둘째, 선하증권은 운송물의 수취영수증이며 동시에 선적화물의 수량과 상태에 대한 확인서이다. 셋째, 선하증권은 운송계약서 자체는 아니지만 선주와 화주 사이에 운송계약이 체결된 것을 증명하는 운송계약의 증거이다.

선하증권의 기능 가운데 가장 중요한 기능은 선하증권 자체가 화물을 대신하는 권리증권이라는 점이다. 선하증권 소지인에게 당해 화물이 인도되고, 선하증권에 배서하여 제3자에게 양도할 수 있는 유통증권이다.

Q49. 국제무역 거래의 3대 계약은?

Q50. 국제운송 중의 사고와 손실에 대한 운송인의 책임은?

Q51. 국제무역 거래에서 운송인 책임 강화의 변화는?

Q52. 해상보험이란?

Q53. 보험계약의 당사자들은?

Q54. 피보험자 = 보험계약자?

Q55. 해상보험의 부보 대상은 무엇인가?

Q56. CIF × 1.1은 무슨 뜻인가?

Q57. 보험가액 vs 보험금액?

Q58. 해상손해의 형태는?

Q59. ICC란?

Q60. ICC(C), ICC(B), ICC(A)의 차이는?

Q61. 국제무역 비즈니스가 당면하고 있는 리스크들은?

Q62. 국제무역 거래의 리스크 관리 방안은?

Q63. 국제무역 거래에서 환換리스크 관리의 중요성은?

Q64. 무역보험 중 수출보험의 기능은?

Q65. 무역보험과 수출보험은 어떻게 다른가?

Q66. 대표적인 무역보험 상품들은 무엇인가?

Q67. 보증 vs 보험?

해상보험 및 수출보험

International Trade
Ch. six

국제무역 비즈니스.

듣기엔 더 없이 멋지게 들리지만 과연 그 안엔 fancy한 일들만 있을까? 국제무역 비즈니스엔 어떤 어려움이 있을까? 위험은 없을까?

국제적인 사기꾼들도 있을 테니 터무니없는 물건을 사고팔자는 경우도 있을 것이고, 돈을 떼이는 상황도 적지 않을 것이다. 바다를 항해하다가 태풍을 만나 배가 깨지고 화물을 잃는 경우도 있을 터. 요즘처럼 달러 환율이 요동을 치면 무역업자들은 무척 곤란하지 싶다. 수입국에 정변이 발생해 대금을 못 받을 수도 있다. 전쟁, 내란, 폭동, 자연재해 등 생각해 보면 숱하게 많은 리스크들이 국제무역 비즈니스에 있지 싶다.

그런데 이런 리스크들을 어떻게 관리하지? 사기를 안 당하려면 애시당초 거래 상대방에 대한 신용조사가 철저해야지 싶다. 보험? 배가 깨지면 보상해 주는 보험이 있나? 화물보험? 환율 변동 손해를 커버해 주는 보험이 있다면 무척 좋을텐데 그런 상품이 가능할까? 고의적으로 손해를 부풀려 보험사에서 보상받으려는 나쁜 업자들은 없을까? 파생상품이란 금융상품이 있다는데 리스크 관리에 도움이 되나?

Q49. 국제무역 거래의 3대 계약은?

무역거래에 있어 3대 계약은 매매계약, 운송계약, 보험계약인데, 운송계약은 거래를 구체적으로 실현하기 위한 계약이고, 운송 도중의 리스크를 관리하기 위한 수단으로 보험계약이 있다.

매매계약은 당연히 수출상과 수입상 간의 계약이 되며, 운송계약은 운송인과 화물의 주인인 화주貨主 간의 계약이다. 화물에 대한 보험인 적하보험계약은 화주와 보험회사 간의 계약이 된다. 여기서 화주는 상황에 따라 수출상이 될 수도 있고 수입상이 될 수도 있다.

한 가지 유의할 점은 운송 도중에 생길 수 있는 화물 손해에 대해서 누가 책임을 지느냐의 문제이다.

- 운송계약에 따른 운송인의 책임은 여러 가지로 제한되어 있음
- 운송인이 면책免責되는 위험에 대해 화주는 별도의 리스크 관리 필요
- 보험의 필요성

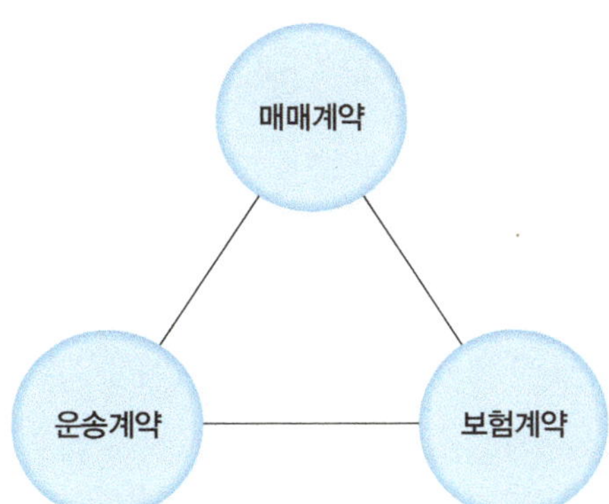

Q50. 국제운송 중의 사고와 손실에 대한 운송인의 책임은?

운송계약에 의거하여 운송인은 본인의 과실에 따른 화물의 피해에 대해 배상책임을 질 수 있다. 그러나 적지 않은 경우 운송인은 화물 피해에 대해 책임을 지지 않거나, 책임을 지더라도 책임 한도가 있는 경우가 일반적이다. 이럴 경우 화물의 주인인 화주는 고스란히 피해를 볼 수밖에 없는바 이런 리스크를 관리하기 위해 화주는 통상 보험에 가입한다. 무역거래에 있어 화물 피해를 보상하는 보험을 적하積荷보험cargo insurance이라고 한다.

운송 도중의 손실에 대해

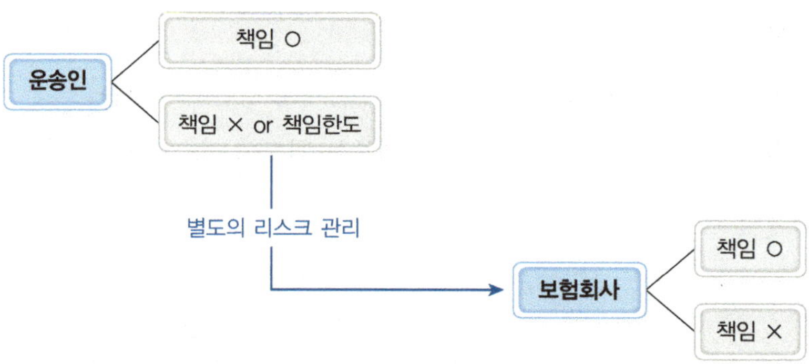

Q51. 국제무역 거래에서 운송인 책임 강화의 변화는?

국제무역 거래가 활성화되기 시작한 1900년대 초반 해상운송 시장은 어떤 상황이었을까? 무역거래 물동량이 증가하는 상황에서 선박의 공급은 한정되어 있었기 때문에 소위 공급자마켓sellers' market이 형성되었고 운송인은 많은 경우 화물의 피해에 대해 책임을 지지 않았다. 그들은 운송인의 면책 리스트를 길게 만들기도 했는데 이를 no liability catalogue라고 한다.

세월이 흐르고 선박 공급이 늘어나면서 운송인의 면책 내용은 점차 힘을 잃게 되었고, 반대로 수요자인 화주의 목소리가 커지면서 운송인의 책임은 강화되었다. 예전에 비해 오늘날 운송인의 책임은 많이 강화되었지만 여전히 운송인이 책임을 지지 않는 케이스들이 존재하고 많은 경우 운송인의 책임 한도가 적용되기 때문에 경우에 따라 화주의 피해가 클 수 있음이 사실이다.

Tips 해상운송인의 책임과 보험

- HAGUE 규칙(1921)의 운송인 면책免責 리스트
- HAGUE-VISBY 규칙(1968)에 Container 약관 신설
- HAMBURG 규칙(1978)에 따라 운송인의 책임이 강화됨
- 운송인이 면책되는 위험에 대하여, 또 운송인배상책임의 한도 때문에 화주는 별도의 리스크 관리가 필요
- 해상보험海上保險, 특히 적하보험積荷保險의 중요성

DHC News

한진해운 사태 1년 …… 국적 해운사 네트워크 붕괴 현실로[1]

지난 2월 한진해운 파산 이후 현대상선이 국내 1위 글로벌 해운사 자리에 올랐지만 세계 시장 점유율은 1.6%에 불과하다. 국내 시장 점유율도 떨어지고 있다. 지난 6월 기준 부산항에서 국적 해운사의 물동량 점유율은 1년 전 38.1%에서 34.2%로 줄었다. 반면 외국 선사 점유율은 61.9%에서 65.8%로 늘어났다. "이러다 국내 시장마저 외국 기업에 내어줄 수 있다"는 걱정이 나오는 이유다.

올해 들어 글로벌 해운 업황은 바닥을 찍고 반등하고 있다. 미국을 비롯해 세계 경제의 소비 · 생산 활동이 살아나면서다.

영국의 조선 · 해운 분석기관 클락슨 보고서에 따르면 올해 해상운송 거래량은 113억 4,100만t으로 전년 대비 2.3% 증가할 전망이다. 물동량이 늘면서 파나맥스(파나마 운하를 통과할 수 있는 최대 선박)급 선박의 하루 평균 사용료도 지난해 5,000달러에서 최근 1만 달러에 육박하고 있다.

문제는 업황 개선의 열매를 글로벌 '해운공룡'들이 싹쓸이할 수 있다는 점이다. 해운업은 역마다 들러 손님을 태우는 기차처럼 많은 정기노선을 확보한 해운사가 절대적으로 영업에 유리하다.

그러나 한국은 세계 7위인 한진해운의 파산으로 세계 168개 항만에 깔아놓은 해운서비스망이 사라지고, 국내 화주(화물의 주인)는 해외 선사를 이용하지 않을 수 없게 됐다. 미국 해운분석기관 피어스데이터에 따르면 올 2분기 미주 노선에서 현대상선의 점유율은 5.7%로, 1년 전 국내 선사 점유율 10.9%의 절반에 그쳤다.

대신 중국의 코스코(18.1%), 일본 선사 연합체인 오션네트워크익스프레스(16.5%), 프랑스의 CMA · CGM(14.3%) 등이 미주노선에서 맹위를 떨치고 있다. 모두 최근 1~2년 사이 인수합병(M&A)으로 몸집을 불린 선사들이다.

국내 선사들은 부랴부랴 '규모의 경제' 만들기에 나서고 있다. 지난 8일 현대상선 · 고려해운 · SM상선 · 흥아해운 등 국내 원양선사 14곳이 한국해운연합을 결성했다. 한국선주협회는 한진해운 사태를 반면교사로 삼기 위해 '한진해운 사태 백서' 제작에도 돌입했다.

'글로벌 환경규제'도 우리에겐 기회가 될 수 있다. 2019년 9월부터 국제 항해에 나서는 모

---

1. 한국에 본사를 두고 전 세계에 운송서비스를 하는 국적 해운사의 붕괴는 한 회사의 운명에 국한되지 않고 우리나라 모든 수출에 악영향을 주었다. 중국에서 먼저 선적하고 한국으로 오는 컨테이너 선박이 많아졌는데 중국발 화물 증가로 인한 선박 부족으로 선적예약이 바로 안 되거나 중국 항만의 적체나 기상악화로 일정 지연이 늘어나고 있다.

든 선박은 배의 균형을 맞추기 위해 채우는 평형수를 깨끗하게 처리하는 장치를 달아야 한다.

2020년부터는 대기오염을 막기 위해 선박연료기름에 든 황산화물(SOx) 함유량을 0.5% 이하로 줄여야 한다. 지금껏 써오던 값싼 벙커C유 대신 액화천연가스(LNG)를 쓰거나, 스크러버(저감장치)를 달아 오염물질을 걸러내야 한다. 평형수 처리장치나 친환경 기름, 스크러버 모두 배 한 척당 수십억원의 비용이 드는 문제다.

유창근 현대상선 사장은 "규모가 큰 외국 선사일수록 더 많은 리스크를 쥐는 구조라 상대적으로 규모가 작은 우리에겐 기회"라고 말했다.

문재인 정부도 '해운산업 경쟁력 강화방안'을 100대 국정과제 중 80호로 선정하고 ▶친환경 선박 건조기술 개발, ▶폐선보조금 지급, ▶100만 TEU(1TEU는 20피트 컨테이너 1개) 이상 원양 컨테이너 선사 육성 등을 목표로 내걸었다. 하지만 정부 지원 이전에 기업의 체질개선 등 자구노력이 우선돼야 한다는 목소리가 높다.

양창호 인천대 동북아물류대학원 교수는 "환경규제 시대를 앞두고 정부가 기업이 어려울 때 선박을 사주고 업황이 좋아지면 선사에 되파는 선박대여회사(토니지뱅크)를 운영할 필요가 있다"며 "해운사들도 컨테이너 · 벌크 · 자동차운반선 등 사업 구조를 다양화해 경기 리스크를 줄이고 서비스를 높여 시장점유율을 높여야 한다"고 말했다.

박상인 서울대 행정대학원 교수는 "한진해운 · 현대상선 등 대기업들은 업황이 가라앉고 있는데도 거꾸로 비싼 용선료 계약을 장기 계약하는 등 경영 실패를 초래했다"며 "정부가 '시스템 리스크가 있는 경우에만 지원한다'는 원칙을 세우고, 기업도 '도태되면 망한다'는 인식으로 책임경영을 할 때에만 재정투입 효과가 제대로 작동할 것"이라고 강조했다.

자료 : 이소아 · 김유경 기자 lsa@joongang.co.kr, 중앙일보, 2017. 8. 16.
http://news.joins.com/article/21845822#none

Q52. 해상보험이란?

해상보험海上保險(Marine Insurance)이란 해상사업에 관한 사고로 인하여 생기는 손해를 보상할 것을 목적으로 하는 손해보험이다. (상법商法 693조)

해상보험은 선박을 대상으로 하는 선박보험Hull Insurance과 화물을 대상으로 하는 적하積荷보험Cargo Insurance으로 나뉜다.

앞서 이야기한 것처럼 적지 않은 경우 운송인은 국제운송 중의 사고에 따른 화물 피해에 대해 책임을 지지 않거나, 책임을 지더라도 책임한도가 있는 경우가 일반적이다. 이럴 경우 화주는 고스란히 피해를 볼 수밖에 없는바 이런 리스크를 관리하기 위해 화주는 통상 적하보험에 가입한다.

해상보험은 기업보험에 속하고, 전 세계를 대상으로 하는 국제적 성격을 가지며, 국제물류를 촉진하는 중요한 제도이다.

Q53. 보험계약의 당사자들은?

무릇 계약은 일방의 제안과 상대방의 승낙으로 완성된다. 보험계약의 경우 정형화된 보험 내용과 보험 상품과 함께 특정 보험료insurance premium를 공급자인 보험자insurer가 수요자인 피보험자insured에게 제안하고 피보험자가 이를 받아들임으로써 체결된다.

보험계약 체결의 대가로 수요자는 보험료를 지불해야 하고, 보험자는 사고 발생 시 구체적인 보상을 하겠다는 약속을 하는데 이 약속의 증서로서 보험증권insurance policy과 보험약관insurance policy provisions ; insurance clause을 교부한다.

이때 보험료를 지불함으로써 보험증권을 확보하는 사람을 말 그대로 'policy-holder' 라고 하는데 우리말로 '보험계약자' 라고 한다. 보험계약자는 실제 피보험이익(부보 대상의 경제적 이해관계)을 갖고 있는 피被보험자와 동일인일 필요는 없다.

INSURANCE CONTRACT

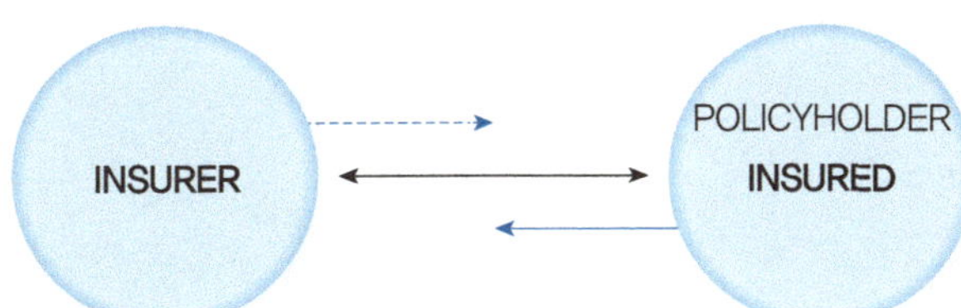

Insurance Policy &

Ins Policy Provisions

Q54. 피보험자 = 보험계약자?

피被보험이익insurable interest을 갖고 있으며 보험사고 발생 시 피해를 입게 되는 피被보험자insured와 보험료를 지불하고 보험계약 체결의 당사자인 보험계약자 policyholder는 상황에 따라 동일인일 수도 있고 다를 수도 있다.

무역거래에 따른 적하보험계약의 경우를 보자. FOB(부산)계약의 경우엔 외국의 수입업자가 피보험자인 동시에 보험계약자가 된다. CIF(부산)계약의 경우엔 외국의 수입업자가 한국의 수출업자에게 보험계약 및 운송계약을 의뢰하는바 보험계약자는 한국의 수출업자가 된다. 물론 피보험자는 여전히 수입업자이다.

	INSURED	POLICYHOLDER
FOB	수입업자	수입업자
CIF	수입업자	수출업자

Q55. 해상보험의 부보 대상은 무엇인가?

해상보험의 부보附保 대상은 선박보험hull insurance의 경우 선박이 된다. 적하보험cargo insurance의 경우엔 화물뿐 아니라 선납 보험료 및 선납 운임, 수입업자의 희망이익expected profits이 부보 대상에 포함된다.

수입업자의 희망이익? 수입업자는 외국의 특정 물건을 자기 나라에 수입해 판매하여 이익을 남기기를 희망할 것이다. 말 그대로 이를 '희망이익'이라고 하는데, 이런 미未실현이익unrealized profits도 보험의 보상 대상이 되는 것이다.

적하보험의 대표적인 보험가입금액 기준인 CIF × 1.1을 분석해 보면 이해가 빠르다.

Q56. CIF × 1.1은 무슨 뜻인가?

적하보험cargo insurance의 경우엔 화물뿐 아니라 선납 보험료 및 선납 운임, 수입업자의 희망이익expected profits이 부보 대상에 포함된다.

적하보험의 대표적인 보험가입금액 기준인 CIF × 1.1을 분석해 보자.

C = cost, 즉 FOB price화물 가치

I = Insurance premium보험료

F = Freight운임

0.1(CIF 가치의 10%)에 해당하는 희망이익

예) 수출화물의 FOB 가격이 $100,000이라고 하자.
보험료가 $1,000, 운임이 $3,000이라고 하면
'CIF × 1.1' 기준에 따른 적하보험의 보험가입금액은 얼마인가?

Hint : CIF 가격 = (100,000 + 1,000 + 3,000)
= 104,000

Q57. 보험가액 vs 보험금액?

보험가액保險價額(insurable value)은 보험목적물의 피보험이익 대상으로 보험에 가입할 수 있는 최대 가치이고, 보험금액保險金額(insured amount)은 실제 보험에 가입한 금액이므로 정의상으로는 보험금액이 보험가액을 초과할 수 없겠다. 즉, 보험금액 ≤ 보험가액.

그러나 보험금액은 상수이고 보험가액은 변수이므로 상황에 따라 보험금액이 보험가액을 초과하는 경우가 생길 수 있다. 예를 들어 특정 시점에 시장가치의 하락에 따라 보험가액이 크게 떨어지는 경우가 일어날 수 있는데 이런 경우엔 보험금액 > 보험가액.

Q58. 해상손해의 형태는?

해상위험marine adventure이란 해상사업에 관한 사고를 말한다.

해상손해는 해상사업 사고에 따른 피해를 말하는데, 구체적으로는 다음과 같이 분류된다.

1) 물적物的손해 :

- 현실전손現實全損(actual total loss)
- 추정전손推定全損(constructive total loss)
- 단독해손單獨海損(particular average)
- 공동해손共同海損(general average)

2) 비용費用손해

3) 배상책임賠償責任(liability)손해

현실전손은 말 그대로 의심의 여지 없이 특정 화물이 100%(전체 손실) 피해를 본 경우이다. 추정전손은 현실전손과 달리 100% 깨진 것은 아니고 일부 잔존가치가 남아 있긴 하지만 화물 원래의 기능을 실질적으로 잃은 경우로, 피보험자가 보험자에게 전손 처리를 요청하고 보험자가 전손 처리 보상을 약속하는 경우이다. 전손 보상을 전제로 잔존가치는 당연히 보험자에게 넘어간다.

단독해손과 공동해손은 둘 다 분손分損(partial loss)을 의미한다. 단독해손이 특정 화주의 특정 화물에 대한 분손을 의미하는 반면, 공동해손은 비상시에 공동의 이익을 위해 취해진 조치에 따라 생긴 사고 손해의 경우를 말한다. 예를 들어 폭풍우가 심해져서 배가 전복될 위험에 처한 경우 갑판 위의 화물을 밖으로 던져 버린다거나投下(jettison) 일부러 배를 좌초시키는 경우가 있다. 이렇게 공동의 이익을 위해 발생한 손해는 이해 당사자들이 공동으로 부담하는 게 옳고 이를 공동해손이라고 한다.

세계적으로 해상운송 물동량이 가장 많은 항구 중의 하나인 싱가포르 앞바다에 가보면 서울 시내 차량 정체와 흡사한 선박 정체 현상을 볼 수 있다. 상황이 이럴진대 선박끼리의 충돌 사고도 적지 않게 일어나고 서로의 과실에 대해 배상책임 liability을 지게 되는데, 이를 보험으로 일부나마 보상받을 수 있다.

Q59. ICC란?

ICC(Institute Cargo Clause)란 London Insurance Institute(런던적하보험협회)에서 만든 적하보험 약관을 말한다.

ICC(Institute Cargo Clause)에는 ICC(C), ICC(B), ICC(A) 세 가지가 있으며, 각각의 부보 위험은 다음과 같다.

적하보험약관 ICC(C), ICC(B), ICC(A) 상의 부보 위험

ICC(A) / ICC(B) / ICC(C)

ICC(C): 1~6 / ICC(B): 1~10 / ICC(A): 1~11

1. 화재 또는 폭발로 인하여 발생한 손해
2. 본선 또는 부선의 좌초, 침몰, 전복으로 인하여 발생한 손해
3. 육상운송용구의 전복 또는 탈선으로 인하여 발생한 손해
4. 피난항에서 화물의 하역 중 발생한 손해
5. 공동해손으로 인한 손해
6. 투하로 인한 손해
7. 지진, 분화, 낙뢰로 인한 손해
8. 갑판 상 유실로 인한 손해
9. 본선, 부선, 선창, 운송용구, 컨테이너, 지게차 또는 보관장소에 해수, 호수, 강물의 침입으로 인한 손해
10. 본선, 부선으로의 선적 또는 하역작업 중 바다에 떨어지거나 갑판에 추락하여 발생한 포장당 전손
11. 다음을 제외한 모든 손해
    가. 일반면책
        ① 피보험자의 고의적 비행에 의한 손해
        ② 보험목적물의 통상적 손해
        ③ 포장부적합으로 인한 손해
        ④ 보험목적물의 고유의 하자 또는 성질에 의한 손해
        ⑤ 지연으로 인한 손해
    나. 선박 및 운송용구의 불내항(不耐航) 및 부적합 면책
    다. 전쟁위험(War Risk) 면책
    라. 동맹파업위험(Strikes Risk) 면책

Q60. ICC(C), ICC(B), ICC(A)의 차이는?

ICC(C) 및 ICC(B)는 Positive(열거주의) 시스템을 사용하고 ICC(A)는 Negative(포괄주의) 시스템을 사용한다.

열거주의를 따르는 ICC(C) 약관은 1～6번까지의 위험들만 커버하고, 역시 열거주의를 따르는 ICC(B)는 1～10의 보다 많은 위험들을 커버한다.

반면 포괄주의를 따르는 ICC(A) 약관은 가, 나, 다, 라. 네 가지 면책위험을 제외한 (모든) 위험들을 커버한다. 네 가지 면책免責 상황들이 중요한데 이는 다음과 같다.

가. 일반 면책general exclusion : 화주의 고의적인 손해, 자연적인 손해 등

나. 선박의 불내항不耐抗(특정 선박이 항해를 감당하지 못할 지경에 따른 손해) 면책 un-seaworthiness exclusion 및 운송용구의 부적합 면책

다. 전쟁 면책war exclusion : 전쟁 상황에서의 손해

라. 동맹파업 면책strike exclusion : 동맹파업 행위에 따른 손해

Tips Positive 시스템 vs Negative 시스템

정부의 비즈니스 규제 시스템을 예로 들어 보자. 대한민국의 규제는 대표적인 Positive 시스템으로 정부가 구체적으로 적시한 비즈니스만 허용된다. 구체적으로 열거된 리스트에 포함되지 않은 비즈니스는 불허한다.

반면 선진국형 규제 시스템은 소위 Negative 시스템을 사용하는데, 구체적으로 명시된 불허 비즈니스(예, 밀수, 마약, 무기 거래 등)를 제외하고 그 외의 비즈니스는 모두 허용하는 매우 포괄적인 시스템이다.

따라서 Positive 시스템을 '열거주의'라 하고, Negative 시스템을 '포괄주의'라 한다.

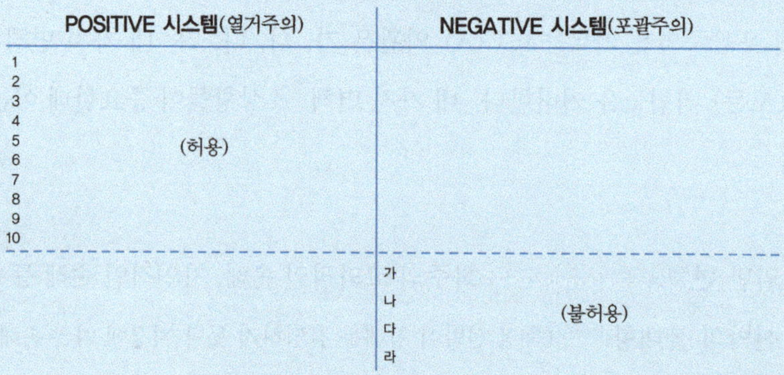

Tips 보험자의 면책免責(Exclusion)

보험사고는 우연한 것이어야 하는데, 보험계약자 등의 고의나 중대한 과실로 사고를 발생시킨 경우에는 보험사고의 우연성이 결여되어 보험사고성이 없으므로 보험자의 책임을 인정할 수 없다. 또한 보험계약자 등의 고의 또는 중대한 과실로 인한 사고까지 보험사고로 인정하는 것은 보험사기나 보험의 도박화로 악용될 염려가 있어 이를 방지할 필요가 있다. 따라서 보험사고가 보험계약자 · 피보험자 · 보험수익자 등의 고의 또는 중대한 과실로 인해 발생한 경우 보험자는 보험금지급의무를 면책받는다. 이때 고의라 함은 보험사고 발생을 인식하면서 감히 그 행위를 하는 것을 말하고, 피보험자가 고의적으로 일으킨 자동차 사고 · 보험수익자에 의한 피보험자의 살해 · 방화 등이 이에 해당한다. 중대한 과실이란 현저하게 주의를 다하지 아니하여 보험사고가 발생한 경우를 말하고, 횡단보도 이외의 도로에서의 무단횡단 · 신호위반 · 음주운전 등이 이에 해당한다. 특히 피보험자가 고의로 보험사고를 일으키고 보험자로부터 보험금을 지급받아 편취하면 사기죄로 처벌받을 수 있다.

Q61. 국제무역 비즈니스가 당면하고 있는 리스크들은?

국제무역 비즈니스는 일반 비즈니스와 비교할 때 훨씬 더 다양하고 위중한 리스크들을 당면하고 있는데, 주요 리스크는 다음과 같다.

- **운송 리스크** : 장거리로 오랜 시간을 이동하는 국제무역의 경우 선박이나 화물을 잃거나 피해를 볼 가능성이 커진다.
- **신용 리스크** : 수입업자의 신용 상태를 파악하기 어려운 수출업자의 경우 물건을 보내고 수출대금을 회수하지 못할 가능성이 있다.
- **화물의 퀄러티**quality **리스크** : 수입업자의 입장에선 거래 물건의 수량이나 품질을 확인하기 어렵다.
- **환율 변동 리스크** : 변동환율제도 하에서 외환 가격의 변동에 따라 환차손을 볼 가능성이 있다.
- **법적 리스크** : 무역 분쟁이 생길 경우 어떤 나라의 어떤 법을 준수할지가 중요하다.
- **정치적 리스크** : 거래 상대국 내의 전쟁, 폭동, 정정 불안, 일방적이고 급격한 규제 강화나 재산 수용 등이 있다.
- **기타 비즈니스 리스크**

Tips 리스크란?

리스크Risk는 통상 우리말로 '위험'으로 번역되는데 엄격히 얘기해서 리스크와 위험은 다르다고 하겠다. 위험은 최종 결과가 부정적인 반면, 리스크는 최종 결과가 부정적인 결과뿐 아니라 긍정적인 결과까지를 포함한다.

예를 들어 외환 리스크의 경우 환차손損으로 돈을 잃기도 하지만 환차익益을 통해 이익을 얻을 수도 있다. 주식 투자의 경우도 그렇다. 사실 이익을 추구하는 비즈니스의 경우 거의 대부분의 활동에 리스크가 따른다고 하겠다.

Q62. 국제무역 거래의 리스크 관리 방안은?

국제무역 거래의 제반 리스크들에 대한 주요 리스크 관리 방안을 검토해 보자.

- **운송 리스크** : 해상보험
- **신용 리스크** : 신용장 거래, 무역보험
- **화물의 퀄러티 리스크** : 화물 상태 검사 증명
- **환율 변동 리스크** : 외환파생상품을 이용한 금융 리스크 관리, 환변동보험
- **법적 리스크** : 중재仲裁 등 ADR Alternative Dispute Resolution

RISK MGT. for INT'L TRADE

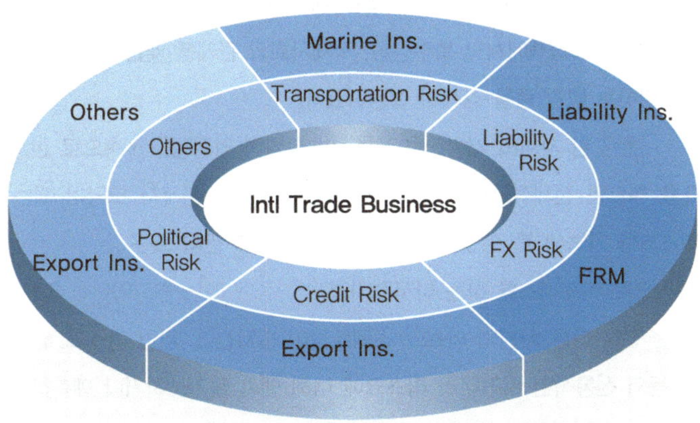

DHC 라이브러리

J 커브J curve

『J 커브』는 한 국가의 개방성과 안정성이 국제정치 무대에서 어우러지면서 그 나라 국민들은 물론 다른 나라 사람들과 어떤 영향을 주고받는지를 설명하는 패러다임을 제시한다. 북한과 중국을 비롯해 정치적 리스크 비중이 큰 나라들을 설명하는 패러다임으로, 국제정치의 현주소를 파악하고 리스크를 체계적으로 이해할 수 있도록 한다.

이언 브레머 지음 | 진영욱 옮김
베리타스북스 | 2007년

본문은 J 커브 왼쪽 꼭대기 근처에 위치한 3국(북한, 쿠바, 이라크), J 커브 왼쪽 아래에 위치해 불안정한 진행을 보이는 3국(이란, 사우디아라비아, 러시아), J 커브 아래로 미끄러진 2국(남아프리카와 유고슬라비아), 커브 오른쪽에 위치한 3국(터키, 이스라엘, 인도), 세계에 지대한 영향을 미칠 중국의 순서로 설명되어 있다.

이렇게 각 장을 J 커브의 순서대로 구성하여 일반인들이 최대한 쉽게 이해하고 세계 사회를 전체적으로 머릿속에 그릴 수 있도록 하였다. 특히 개별 국가에 초점을 맞추고 J 커브에서 그들의 위치, 역사적 상황, 대외정책에서의 특수상황, 국제사회와 관계를 맺을 경우 발생하는 기회와 위험의 다양성, 지향하는 방향 등을 상세히 설명하였다.

'J 커브J CURVE'란? 한 사회의 개방성을 X축, 현 정권의 안정성을 Y축으로 한 그래프에 전 세계 국가 좌표를 찍으면 전체적으로 오른쪽으로 비스듬하게 누운 J자 모양이 되는 것에서 유래. 정치경제 리스크를 가늠해 볼 수 있게 하는 유용한 리스크 관리 도구.

전 세계를 대상으로 비즈니스를 하는 다국적기업Multi National Corporations 입장에서는 일반 로컬 비즈니스와는 전혀 다른 차원의 리스크 스펙트럼이 펼쳐진다. 영업 리스크, 법적 책임 리스크, 재무 리스크 등의 전통적인 비즈니스 리스크에 더해 예측 불가능하거나 예측하기 어려운 정치적 리스크Political Risks가 매우 중요하다.

느닷없는 내란이나 폭동, 정치적 수용이나 몰수, 정권의 몰락 등 다국적기업의 존폐를 좌우할 수 있는 Killer Risk로서 정치적 리스크는 다국적기업에 간과할 수 없는 중대 리스크이다. 이런 정치적 리스크도 위험한 비즈니스의 회피나 사전 예방, 신속하고 현명한 사후 대처와 같은 적극적인 관리를 통해서 피해를 최소화할 수 있어야 하겠다.

자료 : http://book.naver.com/bookdb/book_detail.nhn?bid=2926081

Q63. 국제무역 거래에서 환[換]리스크 관리의 중요성은?

중소기업 CEO들을 만나 지난 시절 그들이 겪었던 이야기를 듣다 보면 몇 가지 공통된 주제가 있다. 역대 정부가 펼쳤던 기업 관련 정책들, 중국이 가져온 기회와 경쟁, 전문인력에서 외국인 노동자에 이르기까지의 인력 확보 문제, 그리고 빠지지 않는 또 하나가 있다면 바로 환율[換率]이다. 1990년대 후반의 대환란[大換亂]과 10년 후 다시 찾아온 글로벌 신용위기에서의 환율 급등, 그리고 그 와중에 있었던 연쇄도산 사태와 일부 금융상품들의 어이없는 손실의 기억들은 그 시대를 겪었던 기업인이라면 누구에게나 가히 트라우마라 할 만한 암울한 기억으로 남아 있다. 2010년대에 들어서 달러/원 환율은 비교적 긴 시간 안정적인 흐름을 보이기도 했지만, 기업인들에게 환율문제는 여전히 언제 다시 타오를지 모르는 휴화산처럼 그저 불안한 평화일 뿐이다.

일반적으로 수출업체의 경우 달러/원 환율이 내려갈 경우(원화 강세) 가격경쟁력을 잃으면서 어려움에 처하게 된다. 그래서 수출 비중이 절대적인 우리나라에선 흔히 환리스크라 하면 환율 하락 리스크를 의미하는 경우가 많고, 따라서 헷지(위험회피) 거래 역시 달러매도 거래를 중심으로 이루어지고 있다.

그렇다면, 환율 상승(원화 약세) 국면에선 수출기업들이 가격경쟁력을 높이며 마냥 행복할까? 수출증가율과 달러/원 환율의 관계를 보면 꼭 그렇지는 않다는 것을 알 수 있다. 오히려 몇몇 환율 급등(원화 약세) 국면에서는 경기급락과 함께 기업들이 큰 난관에 처했었음을 알 수 있다.

단순한 환율관리는 선물환 거래 등으로 미래의 거래조건을 미리 확정하는 것이지만(물론 이 역시 환율위험을 그냥 방치하는 것보다는 훨씬 안전한 관리방법임에는 틀림없다), CEO는 환율 급변 시에 기업이 맞게 되는 더 큰 어려움을 예상하고 미리 대비해야만 한다. 단순한 거래환율 확정을 넘어 '회사의 이익에 대한 환율 영향의 최소화' 라는 관점에서 좀 더 전문적이고 고차원적인 환율관리가 이루어져야 한다.

DHC News

트럼프 보호무역주의, 45년 전 '닉슨 쇼크' 데자뷔

도널드 트럼프가 미국 대통령에 당선되고 며칠 뒤, 국제금융통으로 잘 알려진 경제부처 전직 고위 관료는 평소 친분이 깊던 뉴욕 월가의 경제 전문가로부터 e메일 한 통을 받았다. 트럼프를 잘 안다는 월가의 지인은 "트럼프가 닉슨 방식을 따라 할 가능성이 크다"며 "트럼프의 무기는 '환율과 세금(관세)' 인데 최악의 경우 닉슨 쇼크의 데자뷔가 우려된다"고 말했다.

리처드 닉슨 대통령의 1971년 '닉슨 쇼크'는 금태환제 중단이 그 핵심인 것으로 알려져 있다. 하지만 닉슨 쇼크에는 수입품에 추가 관세를 부과하는 내용이 포함돼 있다. 닉슨 쇼크Nixon Shock는 1971년 미국의 리처드 닉슨 대통령이 발표한 경제정책으로 세계 경제가 받은 충격을 뜻한다. 경제사에 쇼크는 늘 있었지만 트럼프의 당선으로 무려 45년 전 닉슨 쇼크가 회자되는 이유는 무엇일까. 바로 1960년대 분열된 미국 사회를 '종말론적' 모습으로 표현하며 대중의 불안 심리를 끌어내 대통령에 당선된 닉슨의 캐릭터와 그가 미국 경제를 살리기 위해 사용한 보호주의적 경제 기조가 지금의 트럼프와 매우 닮았기 때문이다.

닉슨은 당시 미국에서 가장 인기 있던 카우보이 드라마 '보난자Bonanza' 정규 방송을 중단시키고 긴급성명을 통해 '신新경제정책'을 발표했다. 금과 달러의 교환을 중단하고 모든 수입품에 10%의 관세(수입과징금)를 매기는 것이 골자였다. 닉슨의 발표 전까지 국제통화 시장은 '브레턴우즈 체제' 아래 있었다. 브레턴우즈란 순금 1온스를 35달러로 고정시키고 다른 나라의 통화는 달러에 일정한 비율로 고정시키는 달러 중심 금본위제 체제다. 당시 미국은 세계 금 보유량의 80%를 독식하고 있었기에 이런 시스템이 가능했다.

그런데 1950~1960년대를 거치며 미국 내 상황이 변했다. 베트남전쟁에 너무 많은 달러를 썼고 국내 복지비용 지출도 만만치 않았다. 필요한 달러를 마구 찍어내다 보니 달러 가치는 떨어지고 금 보유량은 줄어들었다. 여기에 독일 · 일본의 수출 경쟁력이 높아지며 상대적으로 무역적자까지 심해져 수년 만에 처음으로 국제수지(무역수지를 포함한 경상수지 + 자본수지)가 적자를 기록했다.

이에 닉슨은 '환율과 관세'라는 칼을 빼 들었다. 금본위제를 폐지해 '강달러'에서 '약달러'로 갈 수 있음을 선언하고 미국 제품의 가격 경쟁력을 높여 제조업을 살리겠다는 계획이었다. 여기에 나라를 막론하고 모든 수입 제품에 10%의 관세까지 매겨 외국 제품의 가격 경쟁력 약화를 유도했다. 전형적인 보호무역주의이자 트럼프 경제공약과도 유사하다. 트럼프는 기본적으로 미국 기업에 도움이 되는 약달러를 선호한다. 중국을 환율조작국으로 지정하고 중국산 수입품에 45%의 관세 부과와 멕시코산 수입품에 35%의 관세 부과를 공약했다. 일본에 대해선 아베노믹스를 통해 엔화 가치가 40%나 절하되도록 조작했다고 압박을 가하고 있다. 트럼프는 당선 뒤에도 주요 자유무역협정FTA의 재검토를 주장하고 있다. 한·미 FTA도 재협상 가능성을 배제할 수 없다. 닉슨 쇼크에 버금가는 '트럼프 쇼크' 우려가 나오는 이유다.

당시 닉슨은 무역흑자를 기록하던 일본과 독일을 눈엣가시로 여겼다. 트럼프 정부 역시 미국이 무역적자를 많이 보는 국가를 겨냥할 수 있다. 블룸버그에 따르면 미국이 가장 많은 무역적자를 보는 나라는 중국으로 2015년 적자 규모는 3,660억 달러(약 431조원)다. 한국은 280억 달러로 5위다.

닉슨의 신경제정책은 엄청난 연쇄작용을 낳았다. 닉슨 발표 10일 만에 일본은 달러화에 대한 엔화의 변동 환율을 허용한다고 발표한다. 그 즉시 달러화 대비 엔화 가치가 7% 급등했고 여기에 10% 관세까지 더해져 미국으로 수출되는 일본 제품의 가격은 삽시간에 17%나 오르게 됐다. 수출로 먹고사는 한국만 해도 1971년 3분기에 전년 대비 11.3%였던 경제성장률이 그 해 4분기엔 6%로 반토막이 났다. 막대한 부채를 껴안고 있었던 국내 기업들은 대외 충격으로 휘청거렸고 급기야 정부는 금리를 내리고 기업과 사채권자의 채권·채무관계를 전면 무효화하는 '8·3 긴급경제조치'를 단행했다.

더욱이 닉슨의 발표는 오일쇼크의 도화선이 됐다. 금과 달러 간 연결고리가 끊어지자 달러 가치는 떨어지고 금값은 치솟기 시작했다. 산유국들은 원유를 팔아 달러를 벌어 봤자 예전만큼 충분한 금을 살 수 없게 되자 원유 가격 인상 카드를 만지작거렸다. 석유수출국기구OPEC가 1973년 10월 16일 원유 고시가격을 17% 인상한 것은 사실상 달러 가치의 하락분만큼 올렸다고 볼 수 있다. 오일쇼크의 직접적 원인은 중동 국가 간 전쟁이지만 닉슨의 발표가 쇼크를 가능하게 했던 실질적 배경이 된 것이다. 원유 가격이 오르면 모든 물가가 오른다. 물가가 오르니 소비는 줄어들었다. 1차 오일쇼크가 터진 1973년부터 세계 경제는 내리막길로 치달았다. 경기는 침체됐는데 물가만 계속 오르는 불황, 즉 스태그플레이션stagflation : stagnation + inflation이 이때 악명을 떨쳤다.

이상재 유진투자증권 연구위원은 "미국의 보호무역주의는 필연적으로 통상마찰과 환율전쟁을 불러 결국 전 세계 교역에 위협 요인이 될 것"이라고 경고했다.

세계 교역량 둔화는 세계 성장률 둔화로 이어질 수 있다. 지난해 세계 교역액은 12.2% 줄어 금융위기에 따른 2009년 급감(−23%)에 이어 6년 만에 최대 폭을 기록했다. 국제통화기금IMF은 그 원인으로 보호무역주의와 반反세계화를 거론했다. 트럼프 정부가 보호무역주의와 고립주의를 지속할 경우 세계 교역량이 줄고 세계적으로 저성장 기조가 심화되는 국면을 맞을 수도 있다.

특히 한국은 일명 '최순실 정국'을 맞고 있다. 과거 닉슨 발표 이듬해에도 10월 유신으로 헌

법의 효력이 정지되고 국내 정치와 경제가 급속도로 얼어붙었다. 당시 한국은 국제수지 · 물가 · 고용 · 소비 · 생산 등 경제 전반에 걸쳐 전례 없는 위기를 맞게 됐다. 이후 1978년 이란이 미국에 원유 수출을 금지하면서 원유 가격은 다시 한 번 폭등해 세계 경제에 충격을 줬다. 결국 미국은 달러 가치 추락과 엄청난 인플레이션을 막기 위해 기준금리를 20% 가까이 올리고 기업 규제 철폐, 감세정책을 펴 로널드 레이건 정부 시절 세계적인 '소비강국'으로 호황기를 누리게 된다.

물론 45년 전과 지금은 세계 경제가 매우 다르다. 트럼프가 환율조작국으로 지명하겠다고 공언한 중국은 미국과 함께 주요 2개국(G2)으로 성장했다. 월스트리트저널은 "중국산 수입품에 45%의 관세를 부과할 경우 월마트 등에서 판매되는 대부분의 상품 가격이 올라 미국 서민들의 피해가 불가피하다"며 "자국 우선주의 확대는 아시아 지역 공급 위축을 유발해 특히 미국 노동자의 충격이 클 것"이라고 우려했다. 통상마찰과 환율전쟁은 미국 노동자들에게 부메랑으로 돌아올 수 있어 섣불리 공약을 실행하기 어려울 것이란 얘기다.

양준모 연세대 경제학부 교수는 "트럼프가 한 · 미 FTA나 중국과의 관계를 깰 수는 없고 결국 주고받는 협상으로 갈 것"이라며 "한국 입장에선 농축산물이나 서비스 부문이 약한 고리가 될 수 있겠지만 협상에 시간이 걸리는 만큼 지금부터 준비를 해야 한다"고 말했다. 그는 "트럼프는 기업가 성격이 강한 만큼 수세적으로 가면 불리하고 오히려 내줄 것은 내주고 챙길 것은 챙기겠다는 식으로 명확히 자세를 잡고 '윈-윈 상황'을 만들어 대응해야 한다"고 조언했다.

자료 : 이소아 기자 lsa@joongang.co.kr, 중앙일보, 2016. 11. 21.
https://news.joins.com/article/20900290#none

Q64. 무역보험 중 수출보험의 기능은?

수출보험이란 수입자의 계약 파기, 파산, 대금지급 지연 또는 거절 등의 신용위험과 수입국에서의 전쟁, 내란 또는 환거래 제한 등의 비상위험 등으로 수출자 또는 수출금융을 제공한 금융기관이 입게 되는 손실을 보상하여, 궁극적으로 우리나라의 수출을 촉진하고 진흥하기 위한 수출지원제도이다. 수출보험에 가입하면 수출한 이후에 수입자가 고의로 지불을 않거나 망하거나, 또는 신용장 거래 시 신용장 발행은행이 파산하는 등의 사유로 수출대금을 못 받게 되더라도 보상받을 수 있으므로 안심하고 수출할 수 있다. 수출상이라면 수출보험 가입은 필수이다.

수출자는 수출대금을 받지 못하여 발생한 손실을 보상받을 수 있기 때문에 위험성이 있는 외상거래나 신규 수입자의 적극적인 발굴을 통한 신 시장 개척 및 시장다변화를 도모할 수 있다. 금융기관은 담보능력이 부족한 수출업체에 대해서도 수출보험증권이나 수출신용보증서를 담보로 활용하여 무역금융 지원 확대 및 위험도가 높은 수출거래에 대한 지원이 가능하다.

현재 우리나라에서 수출보험은 한국무역보험공사[K-sure]가 제공한다. 한국무역보험공사는 무역보험법에 의거 1992년 7월에 설립되었으며, 무역과 해외 투자 촉진을 통한 국가경쟁력 강화라는 설립 목적 달성을 위해 무역보험, 해외투자보험 및 신용보증 등의 제도를 시행하고 있는 산업통상자원부 산하의 무역투자보험기관이다.

Q65. 무역보험과 수출보험은 어떻게 다른가?

수출보험 제도는 수출기업이 물품을 수출하고 수출대금을 지급받지 못하거나, 수출금융을 제공한 금융기관이 대출금을 회수하지 못하는 손실을 보상해 주는 정책보험제도로 ① 비상위험과 ② 신용위험을 보장한다. 일반 사람들이 재산상의 손실에 대비 손해보험에 들고 신체 건강상의 문제에 대비 상해보험이나 건강보험에 가입하는 것과 같이 수출대금을 받지 못해서 생기는 손해에 대비하여 수출보험에 가입하는 것은 같은 원리이다.

수입보험 제도는 국내 수입업자의 자금조달을 지원하는 것은 물론 해외 수출자의 계약불이행으로 적기에 화물을 인도받지 못하거나 선불금을 회수하지 못하는 경우의 손실을 보상하는 제도이다.

무역보험 이용업체 수 추이

(단위 : 개사)

구분	2012년 말(A)	2013년 12월	2014년 12월(B)	최근 3년 증가율 ((B – A)/A)
대기업	285	268	264	Δ7.4%
중견기업	363	435	464	27.8%
중소기업	9,049	11,391	13,583	19.2%
합계	9,697	12,094	14,311	50.1%

자료 : 한국무역보험공사

무역보험은 2012~2014년 3년간 이용업체 수가 50% 증가하는 등 점점 더 많이 이용되고 있으나 전체 수출 비율로 보면 예상 외로 적다. 2018년 말 기준 수출보험 이용률은 19.2%(전체 수출통관 금액 중 무역보험공사 직수출 지원금액의 비율)에 머물고 있다.

대기업과 중소기업은 물론 국내외 금융기관 등이 수출보험의 주요 고객이며 수출보험을 이용하는 수출상품도 다양하다. IT와 일반 소비재 상품(반도체, 휴대폰, LCD TV, 의류 등)에서부터 자본재 수출(선박 · 플랜트 등) 및 지식 · 문화컨텐츠 상품 수출(기술 · 소프트웨어, 영화, 게임 등), 그리고 해외 투자와 해외 자원개발까지 수출보험으로 지원하였다.

수출보험과 수입보험을 결합하여 무역보험이라 하고, 대한민국의 공적수출신용기관인 K-sure를 한국무역보험공사라고 한다.

Tips 세계의 공적수출신용기관

공적수출신용기관Export Credit Agency ; ECA은 상업은행들이 금융을 제공하지 못하는 수출거래에 대해 주로 정책보험 · 보증의 형태로 수출신용을 제공함으로써 시장실패를 보완하고 자국 수출기업의 경쟁력을 높이는 정책보험기관을 말한다.

전 세계의 대표적인 공적수출신용기관은 다음과 같다.

- **G7** : 미국 US EXIM, 일본 NEXI, 영국 UKEF, 프랑스 COFACE, 독일 Euler Hermes, 이탈리아 SACE, 캐나다 EDC
- **BRICs** : 브라질 ABGF, 러시아 EXIAR, 인도 ECGC, 중국 SINOSURE
- **한국** : K-sure한국무역보험공사, 한국수출입은행EXIM

국제신용 · 투자 보험자 연맹 : 1934년에 설립된 전 세계 무역 · 투자 관련 무역보험기관 연맹체로 40개국 49개의 회원사가 참여하고 있다. 정식 명칭은 'The International Union of Credit and Investment Insurer'이나, 설립 장소인 스위스 Berne을 따라 'Berne Union'으로 불리기도 한다.

Q66. 대표적인 무역보험 상품들은 무엇인가?

K-sure의 수출보험 및 서비스는 다음과 같다. 단기성 종목은 결제기간 2년 이내의 수출거래를 대상으로 하는데, 단기수출보험, 수출신용보증(선적 전, 선적 후, Nego), 중소기업Plus+보험 등이 있다.

중장기성 종목은 결제기간 2년 초과 수출거래를 대상으로 하는데, 중장기수출보험(선적 전, 공급자 신용, 구매자 신용), 해외사업금융보험, 해외투자보험(주식, 대출금, 보증채무, 부동산에 대한 권리), 해외자원개발펀드보험, 해외공사보험, 수출보증보험, 이자율변동보험 등이 있다.

기타 보험종목 및 서비스로는 환변동보험, 신뢰성보험, 수입자 신용조사 서비스, 해외 채권 추심대행 서비스가 있다.

수입보험이란 원유, 철, 시설재 등 국민경제에 중요한 자원이나 물품을 수입하는 경우 국내 기업이 부담하는 선급금 미회수 위험을 담보하거나 국내 기업에 대한 수입자금 대출지원이 원활하도록 지원하는 제도이다.

수입보험상품은 다음과 같다. 수입자용 수입보험은 국내 기업이 주요 자원의 수입을 위하여 해외에 소재하는 수입계약 상대방에게 선급금을 지급하였으나 비상위험 또는 신용위험으로 인하여 선급금이 회수되지 못함에 따라 발생하는 손실을 보상한다.

금융기관용 수입보험은 금융기관이 주요 자원의 수입을 위하여 필요한 자금을 국내 수입기업에 대출하였으나 국내 기업의 파산 등으로 대출금이 회수되지 못함에 따라 발생하는 손실을 보상한다.

Tips 만화로 공부하는 수출보험

* 수출보험공사는 2010년 무역보험공사로 명칭이 변경되었다.

• 네고 : 수출거래에 대하여 수입자가 결제하기 전에 국내은행에 이를 미리 매입요청하는 행위 . 만약 수입자가 미결제하는 경우 수출자는 네고은행에 대출원금에다 이자와 패널티를 합하여 상환하여야 함

이에 김사장은 수출보험공사 차대리에게 전화로 도움을 요청하게 되었는데 ...
지점장님, 걱정말고 이분께 대출해 드리세요.
앗!
정말?
저희 수출보험공사에서 이분께 보증서를 발급해 드렸거든요.
진작 얘기 하시지.
흥!
보증서
저희가 이분의 전년도 수출실적과 수출기업의 신용도를 평가하여 담보없이 발급해드린 이 보증서만큼 좋은 담보가 없잖아요.
그럼, 그렇고 말고.
무담보
공사에서 2억원의 보증서(수출신용보증(선적전)종목을 이용)를 발급 받았으니 안심하고 무역금융을 담보없이 당연히 대출해드려야죠.
우와~ 2억 대출받았다!
여기서 잠깐!
공사에서 운영하는 무역금융 대출용 보증서를 "수출신용보증(선적전)"이라고 하는데 여기서 선적전이란 이름이 붙은 이유는 그 자금이 물품 선적전에 필요한 자금이라 해서 붙인 것이다. 나중에 얘기하는 "수출신용보증(선적후)"과 혼돈하지 말자.
선적전
선적후
KOREA
드디어 김치를 다 만들어 선적을 완료하고 만 김사장!
잘가~ 잘팔려~
그는 이전에 수출보증서(선적후)를 발급 받았으므로 은행에 달려가 선적서류를 제출하고 네고대출을 받았다.
선적서류
OO은행
여기서 환율을 정하고, 수출보증서(선적전)를 이용해서 대출받았던 2억원을 상계처리하고 은행비용을 공제하고나니 2억 2천만원을 현금으로 받을 수 있었다.
김사장 내 몸값 받기도 전에 돈벌었네!!
푸하하하
KOREA
이제서야 김사장은 한시름 놓고 수입자가 물건 잘 팔아 주기를 기다리는데 ...
따르르릉
하지만 ...
아~김치야! 네 웬일이니?
저기_저 사장님 이 일을 어쩌죠_

'수출 단계별 수출자의 위험'과 이에 대처할 수 있는 '공사의 서비스'

위험과 대처방안 \ 수출 단계	수출계약 체결	계약후 물품조달 . 제조	선적 및 네고	선적후 대금회수
수출자의 위험	- 불안한 수입국 사정 - 수입자와 첫거래 - 바이어 신뢰성	- 원자재 조달 - 원자재 수입	- 선적후 대금회수까지 장기간으로 자금부담	- 수입자의 대금미지급 - 환율변동위험
공사의 서비스	- 수입자 신용조사	- 무역금융 활용을 위해 수출신용보증서 (선적전) 제공	- 은행 네고를 위해 수출신용보증서 (선적후) 제공	- 대금 미회수시 단기수출보험 (선적후) 제공 - 환변동보험

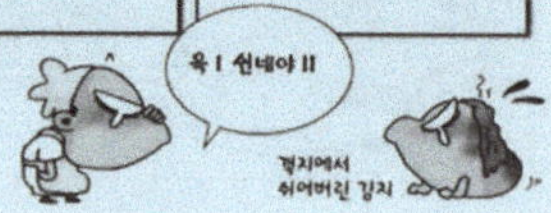

Q67. 보증 vs 보험?

보증과 보험, 비슷하지만 다르다. 보증保證은 보통 채권자와 채무자 사이에서 제3자인 보증인이 보증 채무를 약속하는 것이다. 예를 들어 수출업자가 물건을 생산하기 위해 은행에서 대출을 받는다고 하자. 수출업자의 신용을 걱정하는 은행은 제3자의 지급 보증을 원하는 경우가 일반적인데 수출 비즈니스의 경우는 K-sure가 보증인이 되는 경우가 많다.

보증과 보험의 차이를 알아보자.

보험保險계약은 보험자와 피보험자 2인의 계약인 반면, 보증保證계약은 보증인, 채무자인 피보증인, 채권자 3인 간의 계약이다.

보증 사고가 발생하는 경우 채무자를 대신하여 채권자에게 보증 채무를 이행한 보증인은 채무자에게 구상권求償權을 행사하여 원금을 회수할 수 있다. 보험 사고의 경우 보상을 한 보험자가 피보험자에게 구상권을 행사할 수 없다. 따라서 보증인의 경우는 이론적으로 손해 볼 일이 없겠으나, 실제적으로는 구상권을 행사하더라도 채무자가 보상능력이 없거나 구상권 행사 제한 사유에 해당되면 손해를 볼 수 있다.

보증 계약의 경우는 사기 방지 차원에서 필히 서면으로 작성되어야 한다. 보험 계약은 서면을 원칙으로 하지만 경우에 따라 구두로 성립되기도 한다.

Tips 단기수출보험 + 수출신용보증

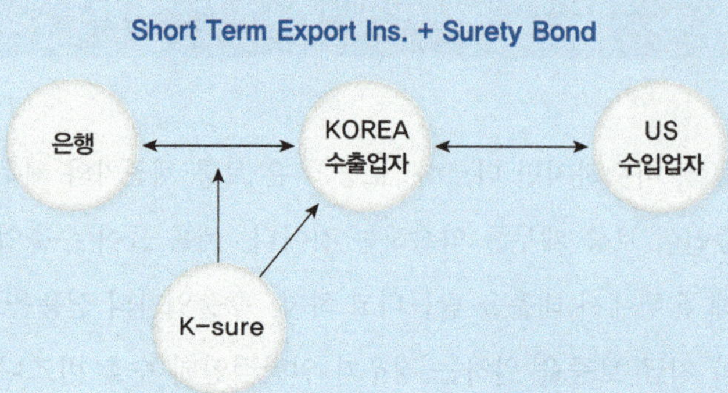

수출보험 만화의 예에서 김치를 수출하는 김 사장은 김치 생산 자금으로 은행에서 대출을 받는데 K-sure가 보증인이 되는 수출신용보증에 가입했다.

수출대금 회수가 걱정되는 김 사장은 별도로 수출보험에 가입하는데 수출보험 거래 시 통상 수출신용보증을 자동적으로 같이 가입하게 된다.

미국 수입업자의 부도로 수출대금을 회수하지 못하게 되는 김 사장은 은행 대출도 갚지 못할 상황에 빠진다. 이때 김 사장을 대신해 K-sure가 보증 채무를 이행하고, 구상으로 김 사장에게서 받아야 할 회수금과 수출보험 사고에 따라 김 사장에게 보상해야 할 보험금을 상계相計 처리하게 된다.

수출보험과 수출신용보증 서비스를 수출업자에게 패키지로 제공함으로써 사고 발생 시 수출업자를 훌륭하게 보호할 수 있는 것이다.

Q68. 우리 경제에서 국제무역의 역할은?

Q69. 앞으로 세계 무역은 어떻게 변할까요?

Q70. 세계 경제 변화의 큰 특징은?

Q71. 기술혁신이 우리 경제에 미치는 영향은?

Q72. 디지털 경제화는 국제무역에 어떤 영향을 줄까요?

Q73. 신흥국 경제의 변화 특징은?

Q74. 기후변화는 우리 경제에 어떤 영향을 미칠까요?

Q75. 미래의 통상질서 전망은?

Q76. 미래의 한국 무역 전망은?

국제무역의 미래

* 선진화된 구조로 세계 경제와 조화되는 한국무역 : 2030 한국무역 미래비전(한국무역협회 국제무역연구원, 2016) 내용을 재정리함.

7

학부제로 상경대에 입학한 택이는 2학년 올라갈 때 국제무역학을 전공하기로 했다. 이번 학기 무역학원론 수업을 통해 국제무역에 대한 관심이 커졌는데 경제, 경영, 실무를 공부해 이론과 현실을 이해하는 전문인이 되고 싶어졌다. 덕선이도 국제무역학을 부전공으로 하겠단다. 자기 전공 패션디자인과 Merchandising을 접목하면 유망할 것이란 구체적인 계획을 얘기하는데 솔직히 놀랐다. 별생각 없이 학교 다니고 공부에도 관심 없는 줄 알았더니 ……

국제무역 비즈니스 전문인이 되려면 어떤 역량이 필요할까? 고등학교 1학년 때 시중에 한창 인기였지만 공부하느라 제대로 못 봤던 드라마 '미생'을 보면 영어 포함한 외국어 구사 능력이 절대로 필요하지 싶다. 당근 무역실무 이해가 엄청 중요하다. 또 국제 정세 등 시사에도 밝아야 할 것 같다. 근데 제일 중요한 건 아마도 본인의 open mind와 global mind이지 싶다. 세계를 대상으로 외국인들과 제대로 된 비즈니스를 하려면 스스로의 국제화 마인드와 역량이 필수일 것이다. 이런 기준에서 보았을 때 난 자격이 있나? 어떤 점이 부족하고 어떤 역량을 키워야 하는지 자기 파악부터 해야겠다.

국제무역 비즈니스의 미래는 여전히 밝을까? 예전에야 많은 사람들이 외국 물정에 어두워 중개인으로서 상사맨들이 득세했겠지만 요새야 쉽게 외국과 접하고 거래도 비교적 용이하게 직접 할 수 있지 않은가? 직판이나 직구가 유행이라는 말도 꽤 됐는데 …… 국제무역 비즈니스 전문인이 되고 싶은 나로서는 보통 궁금한 일이 아니다.

Q68. 우리 경제에서 국제무역의 역할은?

무역은 광복 이후 70년 동안 한국 경제 발전의 원동력이었으며, 국민소득 3만 달러 시대 진입을 앞당기는 견인차 역할을 수행했다. 특히 오일쇼크, 아시아 외환위기, IT버블 붕괴, 글로벌 금융위기 등 경제위기 때마다 우리 경제 회복을 주도했다.

한국 경제는 무역을 통해 세계 역사상 유례가 없는 짧은 기간에 빈곤과 저개발에서 탈피하고 무역대국, 경제대국으로 변모하여 세계에서 7번째로 30-50클럽[1]에 가입했다.

한국 무역 성장 과정에서 온 국민의 '무역입국貿易立國'에 대한 의지와 자유무역 흐름에 적절히 대응하는 올바른 정책 선택이 주효했다. 근로자, 기업, 정부가 한마음으로 '무역입국'을 지향했고, 높은 교육열과 우수한 인적자원을 배경으로 세계시장을 무대로 경쟁에 나선 기업가정신이 큰 몫을 했다. 한편, 개도국 경제발전 전략의 주류였던 수입대체에서 벗어나 수출 주도 성장export-led growth 전략을 추진한 것이 주효했다. 또한 우호적인 국제경제 환경을 슬기롭게 활용한 것도 간과할 수 없다. 제2차 세계대전 후 세계 경제는 전례 없는 고도성장과 무역 확대를 경험했는데, GATT 체제에서 선진국-개도국 간 무역의 비대칭적 혜택을 입었고, 중국과 동유럽이 뒤늦게 세계 무역체제에 편입된 데 따른 유리한 경쟁 환경도 매우 중요한 점이다. 이로써 한국 무역은 세계에서 9번째로 무역 1조 달러를 달성하고, 경상수지 흑자 기반을 구축하는 성과를 거두었다.

우리 수출은 글로벌 금융위기 이후 성장 속도가 눈에 띄게 느려지고 있다. 수출 부진은 한국 경제에도 그림자를 드리우고 있다. 무엇보다 수출의 경제성장, 일

1. 국민소득 3만(30 thousand) 달러 이상 + 인구 5천만(50 Million) 명 이상.

자리 창출에 대한 역할이 줄어들고 있으며 고령화와 총요소 생산성 향상 저하, 가계부채 부담과 같은 구조적 문제가 함께 맞물리면서 경제 전반에서 활력이 떨어지고 있다.

한국 무역 성장 정체를 초래한 원인으로 대외 경기적 요인Cyclical Factor보다 고비용 산업구조, 신성장 동력산업 창출 미흡, 중소기업 및 서비스 수출 기반 취약, 창조적 역량 축적 부재 등 구조적 한계를 직시해야 한다.

세계 경제의 구조적 저성장, 제4차 산업혁명 진입, 기후변화 대응과 같은 새로운 도전이 대두되고 있다. 중국 등 신흥국에 대해 경쟁우위를 유지하는 것도 끊임없이 제기되어 온 도전과제이다.

한국 무역이 안고 있는 한계와 거세질 도전에도 불구하고 앞으로도 무역이 한국 경제 성장전략의 중심이 되어야 한다. 수출 부진과 함께 수출 주도에서 내수 중심 성장으로 전환해야 한다는 주장도 제기되고 있지만 국가 간 경계가 희석되고, 승자독식의 무한경쟁 시대가 예상되는 미래 글로벌 경제에서 무역의 역할과 중요성은 더해질 수밖에 없다.

세계 경제 뉴노멀New Normal의 흐름과 제4차 산업혁명의 새로운 물결은 앞으로 우리 무역 전략이 양적으로나 구조적으로 과거와 크게 달라져야 한다고 요구하고 있다.

Q69. 앞으로 세계 무역은 어떻게 변할까요?

세계 무역이 둔화되고 글로벌 가치사슬이 변화한다

1985~2008년 세계 무역은 중국 · 인도의 세계시장 참여와 글로벌화로 인한 국제 분업구조 확대로 큰 호황을 누려왔다. 그러나 2010년경이 세계 GDP 대비 세계 무역 비중이 정점이었다는 주장이 제기되고 있다.

앞으로 세계 무역은 과거와 같은 빠른 성장세를 기대하기는 어렵다. 세계 경제 저성장과 저유가 등 경기적 요인과 중국의 자급률 상승, 글로벌 가치사슬[2] 성숙 등 구조적 요인과 더불어 새로운 다자간 무역협상의 진전이 어렵고 보호무역조치도 완화될 가능성이 높지 않기 때문이다.

글로벌 가치사슬Global Value Chain ; GVC은 지난 30년간 세계 무역의 성장세를 주도해 왔으며, 수직적 분업vertical specialization은 세계 무역 참여 국가와 비교우위 구조를 크게 변화시켜 왔다. 글로벌 가치사슬은 수송비용 하락, 통신수단 발달, 중국 등 신흥국의 세계 경제 편입에 따라 아시아를 중심으로 급성장했다.

앞으로 글로벌 가치사슬은 리쇼어링re-shoring이 진전되거나 각 거점 도시 · 경제권역에서 수요와 공급이 동시에 이루어지는 지역거점형 체제로 변화될 가능성이 크고, 이에 따라 이전과 같이 고도로 분산된 가치사슬은 축소될 가능성이 크다. 그동안 글로벌 기업은 GVC를 이용한 원가절감에 집중해 왔으나, 향후 생산 및 유통 과정에서의 유연성과 지정학적 리스크에 대한 관리가 중요해질 것이다.

---

2. 가치사슬(value chain)은 기업에서 경쟁전략을 세우기 위해 자신의 경쟁력 지위를 파악하고 경쟁력을 향상시킬 수 있는 point를 찾기 위해 사용하는 모형이다. 가치사슬의 각 단계에서 가치를 높이는 활동을 어떻게 수행할 것인지, 또 비즈니스 과정이 어떻게 개선될 수 있는지를 분석한다.

Q70. 세계 경제 변화의 큰 특징은?

세계 경제 불확실성이 확대되고 중국 경제가 달라진다

세계 경제의 '뉴노멀New Normal' 시대가 도래하고 있다. 세계 경제는 공급 과잉과 수요 부족, 중국의 성장전략 변화 등 불확실성이 높아지면서 장기적 저성장에 대한 우려가 커지고 있다. 세계 경제는 금융위기 이전(2001~2007) 연평균 4.4% 성장했으나 금융위기 이후 3%대 저성장에서 벗어나지 못하고 있다.

선진국 경기회복세 둔화, 중국 및 신흥국의 성장 모멘텀 약화, 주요국 정책수단 한계 및 효과에 대한 의구심, 금융시장에 대한 불안감으로 향후 저성장 국면이 상당 기간 지속될 전망으로 장기적 침체 가능성이 제기되고 있다.

중국 경제의 성장 둔화와 구조 변화는 앞으로 상당 기간 계속될 것이다. 지난 1990년대부터 2005년 무렵까지 중국 경제가 수출과 투자를 중심으로 급성장하면서 한국 무역에 특수를 가져왔으나 이제 더 이상 중국 효과를 기대하기 어렵다. 중국은 2015년 경제성장률이 1990년 이후 가장 낮은 6.9%로 중속성장 시대로 진입했다. 중국은 수출, 투자 중심 경제에서 내수, 서비스업 위주로 성장전략을 수정하고 과잉 생산설비 해소 등 구조개혁을 추진 중이다. '세계의 공장'으로 불리며 조립·가공 중심 제조업을 주도했던 중국은 기술고도화를 추진하여 높은 부가가치를 창출하는 제조업 강국으로 도약하고 있다.

Q71. 기술혁신이 우리 경제에 미치는 영향은?

파괴적 기술로 지각변동이 시작된다

"인류는 지금껏 경험하지 못한 우리 삶의 양식을 송두리째 뒤바꿀 기술 혁명의 초입에 있다" (Klaus Schwab, World Economic Forum 의장)

현재 세계는 로봇, 인공지능AI, 사물인터넷IoT, 빅데이터 등 최첨단 기술 융합을 통해 4차 산업혁명의 초입에 진입 중으로 미래 환경은 불가측 · 불확실 · 불연속적인 방향으로 전개될 것이다.

최근 제조업은 글로벌 가치사슬, 금융네트워크, 무역시스템의 관점에서 재조명되고 있으며, 서비스화 · 맞춤화로 빠르게 진화 중이다. 미래 제조업은 기술변화에 따라 주문형 대량 생산, 생산 분산화, 가치사슬의 디지털화라는 특징을 갖게 될 것이다. ICT를 기반으로 기존 산업의 재편과 와해, 산업 간 경계의 붕괴가 나타나고 있다. 특히 IoT, 빅데이터, 클라우드, 소프트웨어는 전 산업의 융합화를 촉진하는 핵심 기술로 볼 수 있다.

Q72. 디지털 경제화는 국제무역에 어떤 영향을 줄까요?

디지털 경제로 국제무역 패러다임이 바뀐다

전자상거래, e-Business로 대표되는 디지털 경제 확산은 국제 비즈니스 환경의 급격한 변화를 초래하면서 21세기 글로벌화를 주도할 것으로 전망된다. 디지털 경제의 특징은 인터넷 플랫폼에 의한 거래비용 하락과 시장에 대한 즉각적 접근, 네트워크 효과로 인해 거리와 국경의 개념이 약화되고 실시간 정보 교류와 판매가 가능하다는 것으로 경쟁의 본질을 '승자독식', '네트워크 효과', '빠른 혁신'으로 전환시키고 있다. 디지털 경제는 무형데이터 교역, 소기업 및 개인 참여 확대, 아이디어의 자유로운 이동, 무료 콘텐츠의 증가 등 21세기 글로벌화를 새롭게 규정하고 있다.

국경 간 전자상거래Cross-border e-Commerce는 인터넷 사용자 증가, 모바일 확대로 인한 편의성과 IT 성장으로 배송 및 결제 시스템의 국경이 없어지며 더욱 빠르게 확대될 전망이다. 상품, 게임, 음원, 영상 등 디지털 재화, 디지털로 전송 가능한 서비스, 정보의 교역이 확대될 것이고 앞으로 국경 간 전자상거래 규모는 매년 20% 이상 성장할 전망이다. 특히 기업, 상품, 비즈니스가 경쟁력 있는 디지털 플랫폼을 중심으로 모이게 될 것이며 플랫폼의 구축, 차별화된 아이디어, 어떤 네트워크에 들어가 있는지가 비즈니스의 핵심이 될 것이다.

Q73. 신흥국 경제의 변화 특징은?

신흥국 소비시장이 빅뱅Big-Bang한다

앞으로 급속한 도시화 진전과 함께 신흥국 중산층이 소비 핵심으로 부상할 전망이다. 특히 세계 중산층의 66%가 아시아에 거주할 전망이다. 세계 국내총생산GDP에서 신흥국 비중은 2015년 39%에서 2030년 63%로 확대될 전망이며 중국, 인도, ASEAN의 빠른 성장으로 세계 경제의 무게 중심이 아시아로 이동된다.

미래 소비를 주도할 중국, 인도 등 아시아 신흥국 중산층과 함께 2050년경 16억 명에 이를 전망인 액티브시니어active senior와 개인 중심 신소비 계층의 부상에 주목해야 한다.

소비자의 구매 방법, 구매 대상, 구매 동인 등 소비 트렌드도 빠르게 변화할 전망이다. 대중大衆소비가 아닌, 개인의 가치와 개성을 중시하는 취향소비 확대, 개인화 확대로 개인 정체성과 개인주의를 기반으로 자신만의 독특한 가치를 추구하는 소비가 심화될 것이다. 대량 생산, 대량 판매에서 개인 취향을 고려한 맞춤형 상품과 서비스로 변화하고 개별 소비자 선호에 맞는 제품을 만드는 과정에서 소비자가 직접 생산에 참여하게 되어 생산과 소비의 결합이 발생할 것이다.

Q74. 기후변화는 우리 경제에 어떤 영향을 미칠까요?

기후변화 대응과 함께 화석연료 시대가 퇴조한다

기후변화에 대한 위기감으로 글로벌 온실가스 감축 요구가 확산되고, 2015년 11월 파리협정 채택에 따라 국제 비즈니스 환경 변화가 예상된다. 국제사회가 요구하는 수준의 온실가스 감축을 위해서 산업혁명에 비견되는 산업구조 변화와 함께 행동 방식 및 문화의 변화가 요구된다.

환경 상품의 무관세화를 통해 교역을 촉진하기 위한 논의가 WTO 복수주의 차원(한국 포함 17개국 참여)에서 진행 중이다.

기후변화체제 출범 이후 온실가스 감축이 세계적인 이슈로 부상하였고, 세계 에너지 체계가 신재생에너지로 전환되고 있다. 에너지 체계 변화는 산업혁명 초기부터 지금까지 이어져 온 경제구조에 근본적인 변화를 초래할 전망이다.

Q75. 미래의 통상질서 전망은?

21세기형 신통상질서가 등장한다

환태평양경제동반자협정TPP, 포괄적경제동반자협정RCEP, 범대서양무역투자동반자협정TTIP, 일-EU FTA 등 메가 FTA가 확산되고 있으며, 사람 · 지식 · 자본 · 기술 · 서비스 이동 확대로 비관세 장벽 분야와 전자상거래가 주요 통상이슈로 대두될 것이다.

WTO 다자간 차원뿐 아니라 지역무역협정에서도 상품 분야는 통상 아젠다로서 중요성이 약화되고 있는 반면 경쟁정책, 자본이동, 지식재산권, 투자 등 새로운 분야의 통상규범 제정이 활발히 진행되고 있다.

WTO에서 다루고 있지 못한 새로운 통상규범이 개별 FTA를 통해 새롭게 제정되고 있다. 지역무역협정 무역규범의 수준이 점차 높아지는 가운데 경쟁정책, 자본이동, 지식재산권, 투자 등의 규범이 등장하고 있다. 상품뿐 아니라 지식, 자본 및 사람의 국경 간 이동, 국경 내 외국인의 재산권(지식재산권 등)과 비즈니스 환경에 대한 장벽을 완화시키기 위한 국제무역 규범이 요구된다. WTO 다자간 서비스협정, TPP 등 메가 FTA, 양자간 FTA 협상에서 디지털시장과 관련된 전자상거래 협상이 주요 의제로 부상하고 있다.

21세기형 통상규범은 신기술 발달과 무역 형태 변화에 따라 무역-투자-서비스가 결합된 국제거래를 통합적으로 규율할 수 있는 형태로 발전되어 나갈 것이다.

Tips 자유무역협정

자유무역협정Free Trade Agreement ; FTA은 회원국 간 상품, 서비스, 투자, 지재권, 정부조달 등에 대한 관세 · 비관세 장벽을 완화함으로써 상호 간 교역 증진을 도모하는 특혜무역협정을 의미하며, 특히 관세철폐에 주요 초점이 맞춰져 있다.

지역무역협정Regional Trade Agreement ; RTA의 주류를 이루고 있으며, 자유무역협정 → 관세동맹 → 공동시장 → 단일시장 등의 단계를 통해 경제통합으로 나아간다.

2018년 1월 기준 WTO를 통해 파악된 지역무역협정RTA 발효건수는 455건이며, 이 가운데 상품무역을 다룬 자유무역협정FTA이 251건으로 가장 많은 비중을 차지하고 있다. 시기별로 보면 지역무역협정은 1995년 WTO 출범 이후 급증하기 시작하여 전체 455건의 협정 중 1995년 이후에만 전체의 89.0%에 해당하는 405건이 발효된 것으로 파악되고 있다.

단계별 경제통합단계

STEP 1	STEP 2	STEP 3	STEP 4
회원국 간 관세철폐 중심 (예 : NAFTA)	역외국에 대해 공동관세율을 적용(예 : MERCOSUR)	회원국 간 생산요소의 자유로운 이동이 가능(예 : EEC)	단일통화, 회원국의 공동의회 설치와 같은 정치 · 경제적 통합(예 : EU)
			초국가적 기구 설치 · 운영
			역내공동경제정책 수행
		역내생산요소 자유이동 보장	역내생산요소 자유이동 보장
	역외공동관세 부과	역외공동관세 부과	역외공동관세 부과
역내관세 철폐	역내관세 철폐	역내관세 철폐	역내관세 철폐
자유무역협정 FTA	관세동맹 CUSTOMS UNION	공동시장 COMMON MARKET	완전경제통합 SINGLE MARKET

Q76. 미래의 한국 무역 전망은?

선진화된 구조로 세계 경제와 조화되는 한국 무역

미래 한국 무역은 새로운 가치 창조 전략을 통해 새롭게 바뀐 무역의 틀을 바탕으로 세계시장과 자유롭게 연결됨으로써 국민 모두가 가치를 창출하고 세계인들과 성장을 공유하는 '선진화된 구조로 세계 경제와 조화되는 한국 무역' 의 비전에 이르게 될 것이다.

또한 세계와 자유무역의 가치를 공유하면서 무역을 통한 규모의 경제 실현, 경쟁 촉진과 생산성 향상을 통해서 우리나라는 물론 무역상대국과 상호 win-win 하는 한국 무역을 실현해야 할 것이다.

세계 무역전쟁

2016년 말, 교역액 상위 20개국 기준

(단위 : 달러 | 자료 : WTO·IMF)

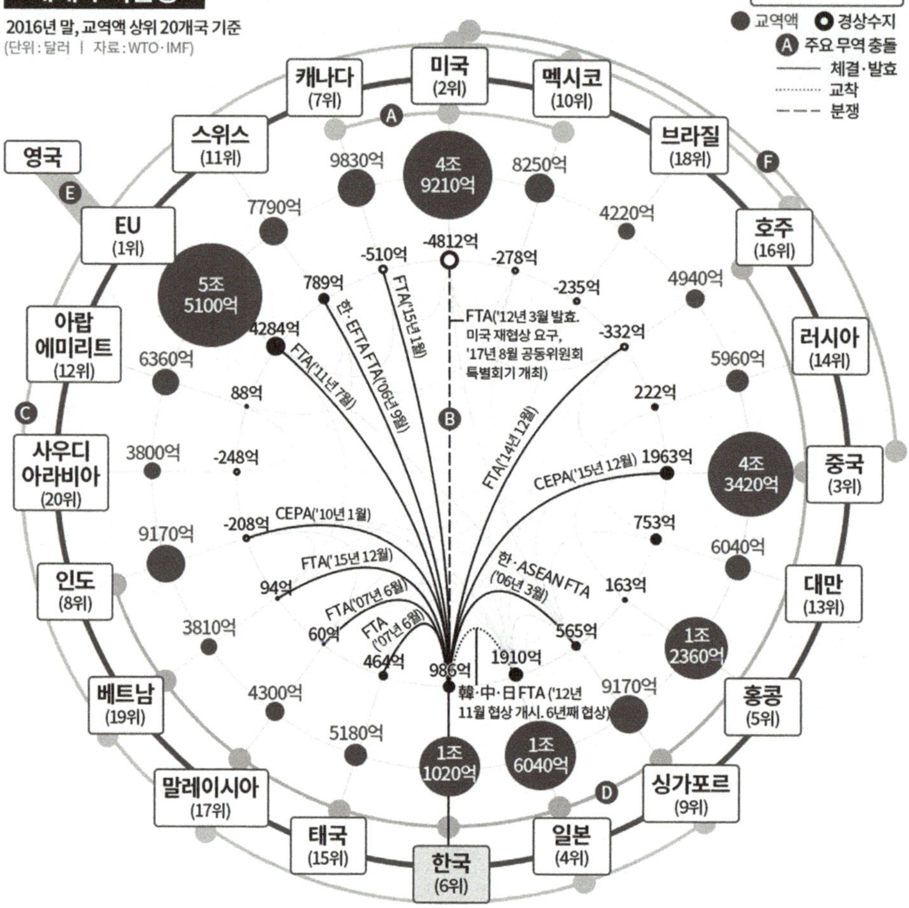

자료 : http://biz.chosun.com/site/data/html_dir/2017/09/22/2017092201079.html

부록

A.1 국제무역 비즈니스의 실제

A.2 국제무역의 역사

APPENDIX

A.1 국제무역 비즈니스의 실제

1987년 한국무역협회가 실시한 대학생 무역실무 특강에서 무역실무를 처음 배운 이후 30년 동안 무역을 접해 왔습니다. 대우그룹의 모기업이며 종합상사인 (주)대우를 다닐 때는 그룹의 모든 수출입이 (주)대우를 통하게 되어 있어서 큰 자부심을 가졌습니다. 수출에서 종합상사가 시장 개척을 하여 주문을 받으면 계열사가 생산을 하여 납품하는 방식에서 상사맨이 세상의 중심이었고 주인으로 느껴졌습니다. 그런데 창업 후 자동차부품을 수출하면서 그런 자부심이나 자신감이 줄기 시작했습니다. 제조업체들이 무역을 배워가면서 영어 좀 한다거나 해외출장을 간다거나, 신용장을 해석한다거나 하는 게 별다른 능력이 아니게 되었습니다. 바이어를 어렵게 개발하여 공장 방문 후 거래를 몇 번 하다가 어느 날 주문이 끊겨서 살펴보니 바이어와 제조업체 간 직거래를 하는 걸 알았을 때는 무역회사는 더 이상 설자리가 없구나 하는 절망감에 빠지기도 했습니다.

과연 무역회사의 역할이나 기능이 없어졌다면 제조업체 이외 무역회사는 모두 사라졌겠지요. 무역을 꾸역꾸역 하면서 깨닫게 된 건 '여전히 무역인이나 무역회사가 할 일이 있고 더 전문적이어야 한다' 입니다. 제조업체는 기본적으로 제품의 개발과 생산을 중심으로 생각하고 작동되는 반면 무역회사는 시장과 고객을 중심으로 움직입니다. 아주 큰 제조업체면 내부의 무역인으로서 할 일이 있고, 무역회사라면 어떤 지역이나 제품에 특화하여 제조업체를 대신하여 전문적 마케팅 행위를 할 수 있습니다. 무역실무는 여전히 배울 만하고 배워야 합니다.

1. 무역실무일기(T/T 거래)

※ 국제거래에서 점점 늘어가는 선적 후 송금Open Account 방식

청산결제 방식이나 청산계정으로 해석되는 O/AOpen Account는 무역실무에서 선적 후 일정 기한 후 송금하는 외상거래를 뜻하는데 수입상에게 유리하고 수출상에게는 불리하지요. Transfer란 돈을 보내는 건데 국제 은행 간 통신협정SWIFT의 전신으로 돈이 보내지는 걸 전신환Telegraphic Transfer ; T/T이라 하고 무역에서 주로 쓰입니다. 선적을 먼저 하고 나서 나중에 송금을 하니 수출상이 수입상을 믿고 신용을 부여하는 신용거래인데 이 거래방식이 점점 늘어가고 있습니다. 갈수록 수출상 간 경쟁이 치열해지니 수입상에 더 유리한 결제방식을 받아들이게 됩니다. 거래계약을 하고 나서 수입상에게서 어떤 결제 담보를 받지 않고 선적을 하고 선적서류를 보내줍니다. 결제기일인 돈 보낼 때까지 기다립니다. 아무런 담보 없이 거래하니까 불안하지 않냐고요? 무역보험에 가입하여 선적 후 결제 위험에 대한 대비를 합니다. 이걸 위해 새로운 거래처가 신용거래를 요청하면 무역보험공사에 수입상 정보를 제공하고 보증한도 책정 신청을 합니다. 이미 무역보험에 거래내역이 있을 경우 신용평가등급을 금방 확인할 수 있어서 한도신청을 하면 되고, 없을 경우 신용평가 신청도 해야겠지요. 한도책정이 되고 나서 수출보증서를 발급받은 후 거래를 시작하면 됩니다.

중미에 있는 ABC사는 제법 규모가 큰 에콰도르 제조업체로 저희로부터 GS 윤활유를 공급받아 자기 제품을 생산합니다. 콜롬비아에서 매년 개최되는 국제전기전시회La Feria Internacional del Sector Eléctrico ; FISE (www.fise.co)에 참가했을 때 알게 되었습니다. 전문 품목의 전시회는 동종 업계의 동향을 파악하고 참가업체들과 인사 나누는 데 참 유용합니다. ABC사가 생산하는 제품에 꼭 들어가야 하는 윤활유가 있는데 모두 미국에서 수입 중이라고 하여 같은 품질이면서 가격을 더 싸게 한국에서 공급할 수 있다고 GS 윤활유를 제시하니 관심을 보였습니다. 원가 절감은 누구나 늘 원하지요. 첫 주문 협의를 하는데 다른 해외 공급상들과 모두 신용거래를 하고 있으니 이 결제조건이 아니면 거래를 할 수 없다고 요구하여 무역보험공사에서 신용한도를 책정 받고 거래를 시작하였습니다. 외상거래이니 어떤 사정이 생겨서 어쩔 수 없이 또는 고의적으로 결제를 하지 않을 때 무역보험공사로부터 대신 외상대금을 받을 수 있는데 이는 국가에서 무역을 지원하는 방식입니다. 처음에는 선적일로부터 60일 이내WITHIN 60DAYS FROM B/L DATE로 하다가 판매가 늘어가면서 결제기한을 늘려달라고 하여 선적일로부터 90일 이내로 바꾸었습니다. 미국 수출상으로부터 주로 공급을 받다가 일부를 저희 회사로 전환하였기에 가격과 결제방식에서 늘 비교를 당하며 큰 압박을 받았습니다.

거래는 기본적으로 수요와 공급 간 관계에 따라 상세 사항이 달라집니다. 만약 시장에서 매우 수요가 증가하는데 공급이 한정적으로 모자라는 제품이 있고 이 제품을 독점적으로 공급할 수 있다면 외상거래가 아니라 선금 100%를 입금토록 요구할 수 있겠지요. 선금을 보내고도 물품을 받고 싶고 다른 공급자에게서 그 물품을 받을 수 없다면 이 요구를 따르지 않을까요?

이 ABC고객사와 최근 주문의 건을 실제 사례를 제시하며 설명을 드리겠습니다.

■ 2017년 7월 19일

ABC사로부터 주문서PURCHASE ORDER ; P/O를 접수받았습니다. 이제 무역교신은 거의 대부분 전자우편으로 합니다. 이 주문서도 전자우편으로 받았지요. 남미 회사이니 주문서도 스페인어로 보내어 제목이 'ORDEN DE COMPRA IMPORTACIONES' 입니다. 중남미에서는 브라질과 수리남 이외 모든 나라가 스페인어를 공용어로 사용합니다. 이 고객사는 주문서를 문서양식으로 발행하지만, 많은 고객들은 무역교신상 주문 내역을 전달합니다.

■ 7월 19일

주문서에 따라 같은 날짜로 견적송장PROFORMA INVOICE ; P/I을 발행하였습니다. 신용장이나 선수금ADVANCE TRANSFER 방식 거래에서는 수출상이 보낸 P/I에 수입상이 서명하더라도 신용장이나 선수금이 도착할 때까지 주문이 확약된 걸로 볼 수 없지만, O/A 방식 거래에서는 P/I에 수입상이 서명하여 보내오면 주문확약된 걸로 저희 회사는 고객사와 합의하여 업무를 진행 중입니다. P/I에 기재할 기본 사항은 원산지, 결제방식, 선적기일, 검사방식, 포장, 유효기일, 적하항, 도착항, 물품명세, 단가, 총액 등입니다. 수출상이 서명하여 보내기도 하는데 저희 회사는 서명하여 보내지 않습니다. P/I를 받은 고객사가 수량 등을 고치고 싶어할 때 서로 쉽게 하도록 엑셀파일로 작성하여 파일째 보내고 있습니다. 서명과 회사도장STAMP 찍은 걸 요구하는 고객사에는 그렇게 하여 스캔하여 PDF 파일로 보내기도 하지요.

제품은 대기업인 GS CALTEX가 생산하는 윤활유인데 포장단위가 일반적이지 않지요. 윤활유는 무게가 많이 나가는 상품으로 40ft 컨테이너에는 가득 실을 수 없습니다. 우리나라는 도로를 주행하는 자동차에 무게 제한이 있는데, 화물과 차량 순중량, 운전자 등을 합한 총 중량Gross Vehicle Weight ; GVW의 한계가 40톤으로 이를 감안하여 일반 도로나 다리를 만듭니다. 컨테이너 제작회사마다 무게가 조금씩 다른데 일반적으로 20ft 컨테이너 순중량이 2.23톤, 40ft가 3.7톤 가량 되고 컨테이너를 운반하는 트랙터와 뒷부분 트레일러의 중량이 10톤 이상 되므로 40ft 컨테이너에 26～27톤이 넘는 화물을 선적할 수 없습니다. 윤활유는 40ft 컨테이너에 가득 실으면 30톤을 넘게 되고, 그보다 적게 실으면 경제적이지 않기도 하거니와 빈 공간 때문에 운송 중 화물이 많이 움직이며 부딪혀 파손되기 쉬워서 20ft 컨테이너로 싣습니다. P/I의 수량Q'TY에 나오는 Flexi bag은 윤활유나 팜유와 같은 액상유를 운송하기 위해 컨테이너 안에 풍선같이 설치하는 것입니다. 1회용으로 방수 기능이 있겠지요. 이와 같이 운송하는 화물의 특성에 따라 다양한 포장방식이 쓰입니다.

이 고객과 합의한 가격조건은 CFR Guayaquil seaport입니다. 물품대와 한국 내 내륙운송비, 수출통관비, 적하료 등과 에콰도르 주항구까지 컨테이너 해상운송료를 포함하였습니다. 수출상의 위험부담은 컨테이너 CY까지이고 비용부담은 에콰도르 주항구까지이지요. 도착지 항구에서 선박 도착 이후에 발생하는 비용은 수입상 부담입니다.[1] CFR 가격조건에 따라 해상운송비 포함freight prepaid이기에 수출상이 해상운송사를 정하고 운송계약을 한 다음 운송료를 지불합니다.

▪ 7월 21일

제조사인 GS CALTEX에 해당 주문을 하고 출고일을 정하였습니다. 저희 회사는 제조사가 아니며 GS CALTEX가 생산한 윤활유 완제품을 구매하여 수출합니다. GS CALTEX는 대기업으로서 180가지가 넘는 세계 최상품의 다양한 윤활유를 생산하여 직접 수출하지만, 일부 지역은 저희와 같은 전문 수출상을 통해 해외시장 개척 및 공급을 합니다. 규모가 작은 소기업이라도 해외 마케팅을 위한 전문 실력을 갖춘다면 특화된 시장에서 대기업을 대신하여 수출할 수 있습니다. 결국 실력이나 실적이 인격이나 인품으로 해석되는 게 영업의 세계입니다. 현대자동차도 대부분 지역에 독점판매점을 정하여 직접 수출하지만 일부 지역은 한국의 수출상을 통해 수출하는 것과 비슷합니다.

1. 본선 적재 시가 아니라 선적항 CY까지만 수출상이 위험부담하는 컨테이너 운송은 CPT로 표기해야 하지만, 관습적으로 CFR(CNF라고도 함) 조건을 사용한다.

■ **7월 31일**

해외 고객과 주문 확정 후 국내 제조사에 발주를 하였고, 운송사와는 CFR 가격조건에 따라 컨테이너 운송 계약을 맺습니다. 본건은 제작사와 합의에 따라 국내 가격조건도 CFR로 하였습니다. 이익률이 너무 낮은 건이라 수출상인 저희 회사가 해상운송료 변동에 노출되지 않기 위해 제조사와 이렇게 합의하였고 운임이 갑자기 오르더라도 제조사가 부담하게 됩니다. 보통은 EXW이나 FOB, FCA 가격조건으로 국내 제조사들이 공급계약을 맺으려 하지요. 선적일정과 함께 컨테이너의 국내 운송 및 적재에 필요한 정보를 담아 운송사는 운송계약을 맺은 제조사와 수출상에게 통보를 합니다. 출하지와 출하일, 예약번호, 선박명 및 항차VSL NAME & VOY., 적재항POL, 목적항POD, 출발예정일ETD/도착예정일ETA, 서류마감시각DOC CLO.TIME, 화물마감시각CARGO CLO. TIME, 상차지, 하차지 등이 필수 기재사항이지요.

■ **8월 1일**

국내 제조사는 거래 초기에는 주문 시 물품매도확약서OFFER SHEET를 받으면서 주문 확정을 하나, 거래가 반복되고 가격이 같을 시에 출고 전에 서로 합의한 때 물품매도확약서를 받아서 은행에 제출하여 내국신용장LOCAL L/C를 발행합니다. 내국신용장 발행을 위하여 은행과 별도 약정이 필요합니다. 지급보증을 하게 되므로 부동산이나 예금 담보, 무역보험공사의 보증서를 담보로 내국신용장을 발행하는데 거래실적이 좋으면 신용으로 하기도 합니다. 내국신용장은 이제 U Trade Hub의 시스템을 통해 전산으로 발행되어 제조사로 통보됩니다. 과거에 종이 양식에 은행 직인 찍어 발행되는 것과 다르지요. 원본을 잃어버릴 염려도 없고요. 내국신용장 개설수수료 30,066원을 냈는데, 0.4%의 요율이 적용되었습니다. 제조업체인 GS가 수출업체 지원을 위해 선적 후 바로 내국신용장 매입신청을 하지 않고 양사 간 약정한 기일에 맞춰 매입신청을 하고 있습니다. 내국신용장 발행일 8월 1일부터 10월 15일까지 75일이 적용된 겁니다.

■ 8월 1일

수출신고를 하고 수출신고필증을 받았습니다. ⑧ 신고구분이 '일반 P/L 신고' 인데 서류제출을 따로 하지 않고 관세청 전산망 UNI-PASS 전자통관시스템 https://unipass.customs.go.kr를 통해 무서류 Paper Less ; P/L 전자서류 신고를 하였음을 뜻합니다. ⑫ 결제방법은 TT 단순송금 방식이고, ⑲ 운송형태 FC는 Full Container 단위 운송을 말합니다. 수출신고일 후 30일 이내에 적재를 마쳐야 합니다. 본건은 8월 31일이 적재의무기한입니다.

상업송장 COMMERCIAL INVOICE와 포장명세서 PACKNG LIST도 작성하였습니다. 상업송장은 국내 거래 시 거래명세서와 가장 유사한데, 청구서의 기능을 주로 하며 선적서류 중 가장 중요합니다. 포장명세서에는 단가와 총액이 나오지 않으면서 포장 내역이 상세히 적혀 있습니다. 화물 하역 시 알아두어야 할 사항을 상세하고 정확히 기재하는 게 좋습니다.

■ 8월 2일

전날 수출신고를 마친 후 컨테이너 적재가 계획대로 잘 되어 CY에 입고까지 마친 걸 확인하였습니다. 그때까지는 마음을 놓을 수 없습니다. CFR 가격조건에서 수출상의 위험부담은 CY Container Yard(출발항에서 선박에 컨테이너가 선적되기 전까지 보관되는 장소)에 컨테이너가 안전하게 입고될 때 끝나기 때문입니다. 본건은 부산항에서 선적되는데 CY는 운송사의 선적일정 통보서의 하차지로 나온 부산신항입니다.

이제 선하증권BILL OF LADING ; B/L의 초본을 운송사에서 받아 고칠 게 있는지 살펴야 합니다. 이 초본을 CHECK B/L 또는 DRAFT B/L이라고 실무상 부르는데, 수출상이 보낸 포장명세서 또는 선적예약 시 보내는 S/RSHIPPING REQUEST에 기재된 사항대로 운송사는 자기 양식에 작성합니다. 화물의 수탁인인 CONSIGNEE는 보통 수입상을 명기하고 NOTIFY PARTY는 화물도착 시 연락할 상대를 적는데 수입상이 될 수도 있고 수입상의 운송주선인CARGO FORWARDER이 될 수도 있습니다. CHECK B/L에서 새로운 사항은 컨테이너 번호와 컨테이너 적재 후 채우는 1회용 자물쇠인 SEAL의 번호입니다. 컨테이너와 SEAL 모두 전 세계에서 유일한 고유번호가 찍혀 있어서 이를 B/L에 적어서 화물 운송에서 혼동을 피하고 있습니다. 컨테이너 적재 시 적재 장면도 사진을 찍지만 컨테이너와 SEAL의 번호도 사진을 찍어서 수입상에게 보내줍니다. 컨테이너를 받아서 하역하기 전에 SEAL이 파손되었는지 꼭 확인을 하지요. 수출상이 적재한 상태 그대로 인수한다면 SEAL이 채운 상태로 있어야 하고, 중간에 컨테이너 문을 열었다면 SEAL이 파손되었거나 다른 번호의 SEAL이 있기 때문입니다.

사례로 든 B/L상 포장물과 상품의 내역DESCRIPTION OF PACKAGES AND GOODS에서 'SHIPPER'S LOAD AND COUNT' 조항은 대부분 컨테이너 운송 시 발행되는 B/L에 나오는 문구입니다. 부지약관UNKNOWN CLAUSE이라고도 하는데, 운송사가 컨테이너 적재 시 수출상 또는 제조사의 작업 장소에 와서 적재작업을 참관 또는 감독하면서 적재되는 상품의 상태와 수량을 점검할 수 없기 때문에 운송사가 적재된 화물의 내용을 알지 못한다고 적습니다. 이는 물품을 받은 수입상 등이 B/L상 기재된 내용물의 상태나 수량 등이 실제와 다르다고 운송인에게 책임을 물으려 할 때 책임을 지지 않으려는 면책문구이며, 이런 문구가 있는 B/L을 부지약관선하증권이라 부르기도 하지요.

또한 다른 적재와 달리 이 B/L에는 'FLEXI BAG SUPPLIED, LOADED,

PACKED AND SECURED INSIDE CONTAINER BY SHIPPERS AT THEIR SOLE RISK AND RESPONSIBILITY' 라고 추가하여 기재하였습니다. 이는 FLEXI BAG에서 간혹 발생하는 누유로 인한 손실에 대해서도 책임을 지지 않으려 '송하인이 자기 단독의 위험과 책임 하에 컨테이너 내부에 FLEXI BAG을 공급하고 설치하고 포장하고 안전하게 마무리하였다' 라고 적은 것입니다. 그 밑에 기재된 'FREIGHT PREPAID SAY : TWO (20DRX2) CONTAINERS ONLY' 문구는 '운임 선지불, 즉 20FT 일반 (DRY) 컨테이너 2개만' 이란 뜻입니다. 이 B/L로서 운송의 대상물품과 운송의 댓가로서 운송료의 지불 상태를 보여줍니다. CY/CY는 출발항 CY에서 컨테이너를 인수하여 도착항 CY에서 컨테이너를 인도하고 그 구간에 대하여 운송인은 운송서비스를 한다고 말합니다. 컨테이너 운송 시 가장 일반적인 조건입니다.

▪ 8월 9일

CHECK B/L상 선적일ON BOARD DATE이 2017년 8월 8일이었지만 하루 늦어져 8월 9일에 실제 선적이 되었고 B/L 원본은 선적이 완료된 날 또는 다음날 발급됩니다. 이번 경우는 7월 31일 운송사 통지에서 예상된 날자 하루 후에 선적이 되었지만 8월 하순에는 홍콩에 온 강력한 태풍 때문에 홍콩항의 작업이 지연되면서 한국에서 선적이 3일이나 미뤄지기도 했습니다. B/L은 원본이 있어야만 화물을 찾는 유통성 또는 유통식Negotiable이 대부분이나 B/L 원본을 도착지에서 제시하지 않고 B/L 수탁인consignee으로 지정된 자가 그냥 화물을 찾을 수 있는 지정식도 있습니다. B/L이 선하증권으로 불리는 것은 화물의 소유권을 나타내는 권리증서이기 때문이며 선적서류 중 가장 중요한데 원본 3부 중 1부만 있어도 화물을 찾을 수 있습니다. 선적이 되었음을 확인하고 운송사에 B/L 발급을 요청하였습니다. 저희 회사가 운송계약을 맺는 경우 운임이나 관련 비용을 입금해야 B/L 원본을 받을 수 있는데, 이번 건은 제조업체인 GS가 저희와 맺은 CFR 조건에 따라 운송비를 지불하므로 그냥 B/L을 받을 수 있었습니다. 늘 시간을 다투는 무역현장이니 퀵서비스로 B/L을 받지요.

■ 8월 9일

운송사에 B/L 발급을 요청한 다음에 무역보험공사에 수출통지 및 보험료 납입을 했습니다. 선적일로부터 90일 이내에 결제가 되는 외상거래 조건이니 대금을 못 받는 상황에 대비하여 '단기수출보험(일반수출)'에 가입하고, 고객이 돈을 입금할 때까지 기다릴 수 없어 미리 은행에서 대출을 받는 매입Nego을 신청하면서 무역보험공사가 연대보증을 해주는 '수출신용보증(선적 후)'도 가입하였습니다. 매입이란 O/A 거래에서 해외의 바이어가 결제기일에 돈을 송금하는 것을 전제로 은행이 선적서류를 근거로 수출업체의 매출채권에 상응하여 돈을 빌려주는 행위입니다. 해당 해외 바이어에 대해 무역보험공사의 한도책정도 받아야 하지만 돈을 빌려주는 은행도 동의를 하여야 매입이 가능합니다. 국가기관인 무역보험공사가 보증을 선다고 하더라도 은행 자체의 결정으로 매입을 하지 않겠다고 하면 매입이 안 됩니다.

ABC사와 거래 시작할 때 저희 회사의 주거래은행인 기업은행이 O/A를 받아주겠다고 동의하였기에 외상을 줄 수 있었지요. 돈 들어올 때까지 기다리면 되지 않냐고요? 자체 자금이 충분하면 은행 눈치 안 보고 매입하지 않아도 되지요. 무역보험공사의 전산에서 보이는 '선적후보증대출통지상세'는 보통 따로 출력하지 않습니다. 화면으로 보험가입만 확인하면 되니까요. ABC사는 30만 달러 한도책정이 되었는데 이전에 선적된 건들이 있어서 남은 한도가 U$135,157.88이지요. 외상거래니까 고객이 주문을 확 늘려도 마냥 기뻐할 수 없습니다. 이번 선적 금액이 U$33,120으로 남은 한도 범위에서 진행할 수 있었지만 이보다 큰 주문을 하려 하다면 그 전에 선적한 건의 외상금을 미리 송금해야 한다고 통보할 수밖에 없지요. 무역보험공사가 한도를 더 늘려주면 좋겠으나 무역보험 사기 사건이 자꾸 발생하여서 무척 까다로와졌습니다. 무역보험공사가 매년 보증하는 한도는 국회 승인을 받고 감사도 계속 받을 정도이니 철저하게 확인하는 건 맞겠는데 나쁜 한 사람이 사기를 치면 착한 수천 명, 수만 명이 피해를 보는 식이니 힘들기도 합니다. U$33,120 선적건의 수출신용보증(선적 후) 보험금액은 100%인 U$33,120이 되고 보증료율 0.13%가 적용되어 보증료 48,450원을, 연계되는 단기수출보험(일반수출)도 부보율 100%에 대해 보험료율 0.664%로 보험료 247,490원을 합쳐 총 295,940원을 납부하였습니다. 자기 자본이 충분하다고 외상거래에서 무역보험을 가입하지 않는 건 자살행위입니다. 바이어가 결제를 하려고 해도 그 나라의 사정으로 외환통제를 한다면 결제를 못 받을 수도 있는데 그럴 때도 무역보험공사는 보험금을 지급해줍니다. 참 고맙고 꼭 필요한 무역보험입니다.

■ 8월 9일

O/A 거래에서 B/L을 포함한 선적서류 원본을 특사우편 중 하나인 DHL로 ABC사에 직접 보냈습니다. 가장 비싸면서 가장 빠른 게 DHL인 듯 합니다. EMS가 싸기는 한데 아주 가끔 무척 늦게 도착하거나 중간에 배달사고가 나기도 합니다. 국제 간 우체국과 우체국으로 운송이 이뤄져서 그런가 봅니다. 선적서류 원본은 잃어버리면 무척 곤란해지니 좀 비싸더라도 확실하게 운송이 되는 편이 좋겠습니다.

■ 8월 9일

이날 여러 업무가 많이 일어나지요? 선적이 되면 은행 매입으로 자금회전을 빨리 하고 고객에게도 선적통보를 하는 등 해야 할 일이 참 많습니다. 선적날이나 다음날 무역 담당자는 엄청 정신이 없지만 모두 끝내고 나면 아주 상쾌한 기분이 듭니다. 기업은행에 수출환어음 매입신청서를 상업송장 사본 2부, 포장명세서 사본 2부, 선하증권B/L 사본 2부와 함께 제출했습니다. 제출하면 즉시 은행에서 입금해 줄까요? 아닙니다. 기업은행은 O/A 거래 시 5만 달러 이상은 본점 승인을 받아야 해서 1～2일 후에 입금해 주고, 5만 달러 미만은 지점에서 바로 입금해 주기는 하는데 서류 검토 및 자체 결제 절차를 거쳐야 하므로 매입신청하고 몇 시간 후에 입금해 줍니다. 그런데 실제 물건을 싣지 않고 가짜 선적서류로 은행에 제출하면서 무역보험보증을 이용하여 대출을 받는 사기사건이 자꾸 발생하여 실제 선적이 되었는지 은행에서 확인을 합니다. 실제 선적이 되었는지 확인할 수 있는 곳은 유니패스UNI-PASS, 해양수산부가 운영하는 항만운영정보시스템PORT-MIS, 본건의 선적항을 관할하는 부산지방해양수산청 홈페이지(www.portbusan.go.kr)인데 은행은 관세청 전산망인 UNI-PASS만을 기준으로 합니다. 부산항만 자료를 조회하였는데 해당 선박이 2017년 8월 9일에 출항했다고 검색됩니다.

마침내 은행에서 매입신청 서류를 모두 검토하고 입금해 주었습니다. 돈을 빌려준 겁니다. 외국환 거래 계산서를 발행해 주는데, 본건은 90일 결제기일에 해당하는 환가료 U$365.09, 원화로 410,881원이 비용으로 발생되어 매입 총액 U$33,120에서 뺀 나머지 U$32,754.91이 입금되었습니다. 환가료는 돈을 빌려주는 은행 입장에서 이자에 해당하며, 미리 공제하는 건 선이자 떼는 것과 같습니다.

매입금액 U$33,120.00 − 환가료 U$365.09 = 실제 입금액 U$32,754.91

대체료 0.1%가 발생되었지만 감면해 주었습니다. 대체료는 은행과 외환거래 시 원화로 바꾸면 은행은 환율차이로 수익을 얻지만 바로 외화로 입금을 받으면 그 수익이 없기 때문에 자기들 수고료로 받는데, 저희 회사가 우수고객이라고 감면을 해주었습니다. 은행도 상대에 따라 수수료 할인을 해줍니다.

본건의 이익은 아주 적습니다. 매출액 U$33,120.00에서 매입액 U$32,160.00

을 뺀 U$960이 이윤처럼 보이나, 여기에서 아래의 각종 비용을 빼면 291,510원이 본건의 매출이익입니다. 매출액 37,260,000원(U$33,120 × 환율 1,125.00) 대비 0.78%로서 1%도 안 됩니다. 이런 장사를 왜 하냐구요? 얼마라도 벌었으니 안 버는 것보다는 낫고요, 제조업체와 실적 관리의 의미도 있습니다. 그래도 이익률을 올리도록 방법을 찾아야지요.

내국신용장 개설수수료	30,066원
무역보험료	295,940원
환가료	419,881원
DHL 요금	42,987원

■ 11월 6일

선적일 2017년 8월 9일로부터 90일이 되는 결제기일이 11월 6일입니다. 이때까지 돈이 들어오지 않으면 문제가 생기지요. 당장 해당 고객의 다른 O/A건의 매입을 은행이 받아주지 않습니다. 결제기일 며칠 전에 고객에게 기일이 다가왔음을 알리면서 결제 요청을 해야 합니다. 고객이 알고 있다고 하더라도 요청은 하는 게 낫지요. 입금이 되면 무역보험공사에 결제통지를 함으로써 본건이 마감됩니다.

이렇게 무역은 고객, 국내 제조업체, 관세사, 운송사, 은행, 무역보험공사 등과 계약을 맺고 돈을 지불하면서 한 건을 진행합니다. 여러 당사자들과 원만하고 효율적 업무관계를 유지하면서 진행단계별 서류를 잘 챙기고 업무정보 정리도 잘 해야겠지요. 당연히 대부분의 무역회사는 자체 또는 외부 전산으로 업무를 진행합니다. 그게 없더라도 서류와 정보를 체계적으로 정리하는 방식을 만들어 활용하지 않으면 업무 혼선이 발생하기 참 쉽습니다.

ORDEN DE COMPRA IMPORTACIONES

ABC S.A.

NIT

Dirección: ECUADOR

Teléfono: **Fax:**

Número: 001-COI-0000****

Fecha: 19/07/2017

Proveedor: 112-81-***** PAUL TRADING CORP.

Contacto:

Dirección:

Ciudad:

Teléfono: **Fax:**

Comprador: ABRIL SANCHEZ IRMA VERONICA

Forma de pago: C23 CREDITO 90 DIAS

Moneda: USD

Docto Referencia:

Item	Bodega	U.M.	Cantidad	Precio unit.	IVA %	Descuentos	Valor total
R-05020127 ------ ------------ -------- ---- -	EC001	LTS	48.000,000(	$	0,00	$0,000(	$33.120,0(

Sol.: 00000476 Fecha entrega: 20/10/2017

Total bruto	Dscto x linea	Dscto global	Sub Total	Vlr. Impuestos	Total
$33.120,0(	$0,0(	$0,0(	$33.120,0(	$0,0(	$33.120,0(

Observación:

vabril	vabril	
Elaborado por	**Aprobado**	**Recibido**

PAUL TRADING CORP.

Progressive As yoU Like since 128

Baek-kwang BD., 10th FL., 874-9, TEL: 82-2-878-

Bongcheon 10dong, Kwanak-ku, Seoul, Korea

E-MAIL: paul128@dreamwiz.com HOME PAGE:www.paul128.co.kr

PROFORMA INVOICE (48TH ORDER)

MESSRS. ABC S.A. PL-PIJH17071902

19-Jul-17

ADDRESS: ECUADOR

* CONSIGNEE : ABC S.A.

DEAR SIRS, WE ARE PLEASED TO OFFER THE UNDER-MENTIONING ARTICLES AS PER CONDITIONS AND DETAILS DESCRIBED AS FOLLOWS.

1. ORIGIN : KOREA
2. PAYMENT : T/T 90 DAYS FROM B/L DATE
   BANK: SEOULDAE BRANCH, INDUSTRIAL BANK OF KOREA, SEOUL, KOREA
3. SHIPMENT : BY SEAFREIGHT WITHIN 4 WEEKS AFTER OUR RECEIPT OF YOUR ORDER CONFIRMATION WITH YOUR SIGNING AT THIS PROFORMA INVOICE
4. INSPECTION : MAKER'S PRIOR TO SHIPMENT TO BE FINAL
5. PACKING : EXPORT STANDARD (2 CONTAINER)
6. VALIDITY : BY 31TH AUGUST, 2017
7. DESCRIPTION : GS OIL
8. PORT OF LOADING : BUSAN, KOREA 9. PORT OF DESTINATION : GUAYAQUIL, ECUADOR

CFR GUAYAQUIL SEAPORT

CODE	DESCRIPTION OF GOODS	Q'TY	GRADE	PRICE PER LITER (USD)	AMOUNT(USD)
000	GS OIL (24.000L FLEXIBAG)	2 FLEXIBAG(=48.000L)		US$	USD 33,120.00
TOTAL AMOUNT (CFR GUAYAQUIL SEAPORT)					USD 33,120.00

CONFIRMED BY BUYER

BUYER SIGNATURE:

DATE(YYYY/MM/DD): 2017-07-20

NAME:

TITLE: Analista de Importaciones

ABC S.A.

P/O(PURCHASE ORDER) No.: 001-COI-0000****

CONFIRMED BY SELLER

SELLER SIGNATURE:

DATE(YYYY/MM/DD): 2017-07-20

NAME: JUNY NAM

TITLE: PRESIDENT

PAUL TRADING CORP.

P LOGISTICS CO.,LTD.

TEL : FAX :

EMAIL : PRINT DT :

수 신 : 지에스칼텍스(주) 윤활유 사업부

참 조 : 서류 좋은차닷컴

발 신 :

서 류 :

제 목 : SHIPPING SCHEDULE TO GUAYAQUIL

1. 귀사의 일익 번창하심을 기원합니다.
2. 아래와 같이 SHIPPING SCHEDULE을 알려드리오니 업무에 참조하시어, 많은 지원 바랍니다.

== 아 래 ==

1. OFFER NO. / ITEM : / E / FLEXI BAG / EX-H088 / 운송사 : / 상차일자 : 8월 01일 / 상차지 : 부곡

2. 출하 공장 / 담당자 :

3. 출하일 (작업일) : 20170801

4. CONTAINER SIZE & Q'TY : 20'FLEXI BAGx2

5. 운송사 :

BOOKING NO	096KR057****
VSL NAME & VOY.	CMA CGM TIGRIS/731E
LINE	엠에스씨코리아(주)
POL	BUSAN,KOREA, REPUBLIC OF
POD	GUAYAQUIL
F.DEST	GUAYAQUIL
ETD/ETA	2017.08.08/2017.09.15
DOC CLO.TIME	2017.08.02 11:00
CARGO CLO.TIME	2017.08.05 11:00

* 상차지 : PNC[03077102]부산신항
* 하차지 : PNC[03077102]부산신항/반입포트코드: MXZL0

* REMARK :

★ 감사합니다.

취소불능 내국신용장

전자문서번호 : LOCAPPGOODBYECAR- 통지일자 : 2017-08-01

< 개설내역 >

개설은행 : 기업은행 서울대역
개설일자 : 2017-08-01
신용장번호 : L04B5170
개설의뢰인 : 좋은차닷컴(주)

1128135951
서울 관악구 봉천동 874-9 백광빌딩
10층 좋은차닷컴(주)

수혜자 : 지에스칼텍스(주)

(원창동)

내국신용장 종류 : 외화표시내국신용장
개설외화금액 : USD
개설원화금액 :
허용오차 : (+)/ (-) (%)
매매기준율 : 0
물품인도기일 : 2017-10-15
유효기일 : 2017-10-15
제출서류 : 물품수령증명서 1 통
공급자발행 세금계산서 사본 1 통
공급자발행 물품매도확약서 사본 1 통
본 내국신용장의 사본 1 통

기타 구비서류 :

당행은 귀하(사)가 위 금액의 범위에서 상기의 서류를 첨부하여 물품대금 전액의 일람출급식 판매대금추심의뢰서 발행할 수 있는 취소불능내국신용장을 개설합니다. 당행은 이 신용장에 의하여 발행된 판매대금추심의뢰서가 당행에 제시된 때에는 이를 이의없이 지급할 것을 판매대금추심의뢰서의 발행인에게 확약합니다.

대표공급물품명 : LUBRICANTS
2017-EX-H088 (HS부호: 2710197120)
분할인도 허용여부 : 허용
서류제시기간 : 물품수령증명서 발급일로부터 5 영업일이내
개설근거별 용도 : 완제품(실적)
기타 : TOLERANCE +/- 10%
개설수수료 = 30066
* 요율: 0.4%* 일수: 75* 환율: 1121.900000

< 원수출신용장 등 내역 >

개설근거서류 종류 :
신용장(계약서)번호 :

< 발신기관 전자서명 >

발신기관 전자서명 : 중 소 기 업 은 행

1. 이 전자문서는 「전자무역 촉진에 관한 법률」에 따라 발행된 내국신용장으로서 이 문서를 전송받은 개설의뢰인 또는 수혜자는 같은 법률 시행규정 제12조 제3항의 별표4에서 따라 신용장 여백에 정당발급문서임을 표시하는 적색 고무인을 날인하여야 합니다.
2. 이 신용장에 관한 사항은 다른 특별한 규정이 없는 한 국제상공회의소 제정 화환신용장 통일규칙 및 관례에 따릅니다.

- 1 / 1 -

COMMERCIAL INVOICE

<table>
<tr><td colspan="2">1) Seller / Beneficiary
PAUL TRADING CORP.
BAEK-KWANG BD. 10TH FL., 874-9,
BONGCHEON-10 DONG, KWANAK-KU,
SEOUL, KOREA
TEL : 82-2-878-   FAX : 82-2-878-</td><td>8) No & Date of Invoice
PL-LRYJ17049-1   2017-07-21

9) No & Date of L/C</td></tr>
<tr><td colspan="2">2) Buyer / Applicant
ABC S.A.
ECUADOR</td><td>10) L/C Issuing Bank</td></tr>
<tr><td colspan="2">3) Notify party
ABC S.A.
ECUADOR</td><td>11) Consignee
ABC S.A.
ECUADOR</td></tr>
<tr><td>4) Port of Loading
BUSAN, KOREA</td><td>5) Final Destination
GUAYAQUIL, ECUADOR</td><td rowspan="2">12) Remarks
WE HEREBY INSTRUCT YOU TO PAY ANY PORTION OR ALL OF THE PRICE OF SUCH GOODS TO THE BENEFICIARY BANK:</td></tr>
<tr><td>6) Vessel / Flight
CMA CGM TIGRIS
731E</td><td>7) Sailing on / about
2017-08-09</td></tr>
</table>

```
Marks & Numbers of PKGS Description of Goods      Quantity/Unit    Unit Price      Amount
- N/M -   LUBRICANTS
                                                       CFR GUAYAQUIL SEAPORT, ECUADOR
                                                       ==============================
  L3902000    GS OIL      (24,000L FLEXI BAG)        48,000L      U$0.         U$33,120.00
             =========================================================================
             TOTAL AMOUNT (CFR GUAYAQUIL, ECUADOR)                             U$33,120.00
             =========================================================================
             * SAY, TOTAL U.S. DOLLARS THIRTY THREE THOUSAND, ONE HUNDRED TWENTY ONLY.
///////////////////////////////////////////////////////////////////////////////////////
```

Signed by

PACKING LIST

1) Seller / Beneficiary PAUL TRADING CORP. BAEK-KWANG BD. 10TH FL., 874-9, BONGCHEON-10 DONG, KWANAK-KU, SEOUL, KOREA TEL : 82-2-878-.... FAX : 82-2-878-	**8) No & Date of Invoice** PL-LRYJ17049-1 2017-07-21 **9) No & Date of L/C**
2) Buyer / Applicant ABC S.A. ECUADOR	**10) L/C Issuing Bank**
3) Notify party ABC S.A. ECUADOR	**11) Consignee** ABC S.A. ECUADOR
4) Port of Loading BUSAN, KOREA **5) Final Destination** GUAYAQUIL, ECUADOR **6) Vessel / Flight** CMA CGM TIGRIS 731E **7) Sailing on / about** 2017-08-09	**12) Remarks** WE HEREBY INSTRUCT YOU TO PAY ANY PORTION OR ALL OF THE PRICE OF SUCH GOODS TO THE BENEFICIARY BANK: INDUSTRIAL BANK OF KOREA, SEOUL,KOREA

```
Marks & Numbers of PKGS Description of Goods  Quantity  Unit Weight  Gross Weight  Measurement
- N/M -  LUBRICANTS
                                                       CFR GUAYAQUIL SEAPORT, ECUADOR
                                                       ==============================
    GS OIL      (24,000L FLEXI BAG)          1 UNIT  20,472.00KGS   20,577.00KGS  23.00CBM
    ----------------------------------------------------------------------------------
    SUB TOTAL 1(TCLU19529** & FJ009461** )   1 UNIT  20,472.00KGS   20,577.00KGS  23.00CBM
    ==================================================================================
    GS OIL      (24,000L FLEXI BAG)          1 UNIT  20,472.00KGS   20,577.00KGS  23.00CBM
    ----------------------------------------------------------------------------------
    SUB TOTAL 2(TCLU19502** & FJ009461**)    1 UNIT  20,472.00KGS   20,577.00KGS  23.00CBM
    ==================================================================================
    TOTAL AMOUNT                             2 UNITS 40,944.00KGS   41,154.00KGS  46.00CBM
    ==================================================================================
    * SAY, TOTAL TWO(2) CONTAINERS ONLY.
      CONTAINER & SEAL NO.: (TCLU19529** & FJ009461**)/ (TCLU19502** & FJ009461**)
//////////////////////////////////////////////////////////////////////////////////////////
```

Signed by

0001/0001

USD 1,116.55
USD 1,116.55

UNI-PASS

수출신고필증(적재전, 갑지)

※ 처리기간 : 즉시

① 신고자 관세사	⑤ 신고번호 11065-17-	⑥ 세관.과 020-15	⑦ 신고일자 2017-07-25	⑧ 신고구분 H 일반P/L신고	⑨ C/S구분 A

② 수출대행자 좋은차닷컴(주) (통관고유부호) 좋은차닷 수출자구분 C 수 출 화 주 좋은차닷컴(주) (통관고유부호) 좋은차닷 (주소) 서울특별시 관악구 남부순환로 1793 (봉천동) (대표자) 남준희 (소재지) 08758 (사업자등록번호) 112-81-	⑩ 거래구분 11 일반형태 ⑬ 목적국 EC ECUADOR ⑯ 선박명(항공편명) ⑲ 운송형태 10 FC ㉑ 물품소재지 GS칼텍스윤활유공장	⑪ 종류 A 일반수출 ⑭ 적재항 KRPUS 부산항 ⑰ 출항예정일자 ⑳ 검사희망일 2017/07/25	⑫ 결제방법 TT 단순송금방식 ⑮ 선박회사 (항공사) ⑱ 적재예정보세구역 03099999
③ 제 조 자 지에스칼텍스(주) (통관고유부호) 지에스칼 제조장소 산업단지부호	㉒ L/C번호 ㉔ 사전임시개청통보여부 N	㉓ 물품상태 N ㉕ 반송 사유	
④ 구 매 자 ABC S.A. (구매자부호)	㉖ 환급신청인 2 (1:수출대행자/수출화주, 2:제조자) 자동간이정액환급 NO		

●품명 · 규격 (란번호/총란수 : 001/001)

㉗ 품 명 GS OIL ㉘ 거래품명 GS OIL	㉙ 상표명 GS

㉚ 모델 · 규격	㉛ 성분	㉜ 수량(단위)	㉝ 단가(USD)	㉞ 금액(USD)
(NO.01) *48,000L		48,000 (L)		33,120

㉟ 세번부호	2710.19-	㊱ 순중량	40,944.0 (KG)	㊲ 수량	48,000 (L)	㊳ 신고가격(FOB)	$31,920 ₩35,640,276
㊴ 송품장부호	PL-LRYJ17048-1	㊵ 수입신고번호		㊶ 원산지	KR---N	㊷ 포장갯수(종류)	2(GT)
㊸ 수출요건확인 (발급서류명)							
㊹ 총중량	41,154.0 (KG)	㊺ 총포장갯수	2(GT)	㊻ 총신고가격 (FOB)			$31,920 ₩ 35,640,276
㊼ 운임(₩)	1,339,860	㊽ 보험료(₩)	0	㊾ 결제금액			CFR-USD-33,120.00
㊿ 수입화물 관리번호				51 컨테이너번호			N

※신고인기재란	52 세관기재란 INCHEON MAIN CUSTOMS 인천세관 THE REPUBLIC OF KOREA

53 운송(신고)인 54 기간 부터 까지	55 적재의무기한	2017/08/24	56 담당자		57 신고수리일자	2017/07/25

발 행 번 호 : **(2017.07.25)** Page : 1/1

(1) 수출신고수리일로부터 30일내에 적재하지 아니한 때에는 수출신고수리가 취소됨과 아울러 과태료가 부과될 수 있으므로 적재사실을 확인하시기 바랍니다.
(관세법 제251조, 제277조) 또한 휴대탁송 반출시에는 반드시 출국심사(부두,초소,공항) 세관공무원에게 제시하여 확인을 받으시기 바랍니다.

(2) 수출신고필증의 진위여부는 관세청 인터넷통관포탈에 조회하여 확인하시기 바랍니다.(http://unipass.customs.go.kr)

P ; LOGISTICS CO., LTD. (PLIHQ)

BILL OF LADING

SHIPPER/EXPORTER PAUL TRADING CORP. BAEK-KWANG BD. 10TH FL., 874-9, BONGCHEON-10 DONG, KWANAK-KU, SEOUL, KOREA TEL : 82-2-878 FAX : 82-2-878-	BL NO. PLIHQ**0000000** EXPORT REFERENCES
CONSIGNEE **ABC S.A.** **ECUADOR**	FORWARDING AGENT POINT AND COUNTRY OF ORIGIN
NOTIFY PARTY **ABC S.A.** **ECUADOR**	TO OBTAIN DELIVERY CONTACT * SEE THE ATTACHED RIDER CHECK

PRE-CARRIAGE BY	PLACE OF RECEIPT BUSAN, KOREA		
EXPORTING CARRIER CMA CGM TIGRIS 731E	PORT OF LOADING BUSAN, KOREA		
PORT OF DISCHARGE GUAYAQUIL, ECUADOR	PLACE OF DELIVERY GUAYAQUIL, ECUADOR	FOR TRANS SHIPMENT TO	FINAL DESTINATION(FOR THE MERCHANT'S REF) GUAYAQUIL, ECUADOR

PARTICULARS FURNISHED BY SHIPPER

CONTAINER NO / SEAL NO MARKS AND NUMBERS	NO. OF CONT OR OTHER PKGS	DESCRIPTION OF PACKAGES AND GOODS	GROSS WEIGHT	MEASUREMENT
TCLU19529**/FJ009461** (20577KG/23M3/1PK)/ TCLU19502**/FJ009461** (20577KG/23M3/1PK)/ N/M		SHIPPER'S LOAD AND COUNT SAID TO CONTAIN 2 PACKAGES LUBRICANTS GS **OIL** (24,000L FLEXI BAG) 1 UNIT GS **OIL** (24,000L FLEXI BAG) 1 UNIT FLEXI BAG SUPPLIED, LOADED, PACKED AND SECURED INSIDE CONTAINER BY SHIPPERS AT THEIR SOLE RISK AND RESPONSIBILITY FREIGHT PREPAID SAY : TWO (20DRX2) CONTAINERS ONLY.	KGS 41,154.000	CBM(M3) 46.000 CY / CY

According to the declaration of the consignor(see clause 8)

FREIGHT AND CHARGES	PREPAID	COLLECT
FREIGHT PREPAID	PREPAID	
TOTAL CHARGES		
FREIGHT PAYABLE AT SEOUL, KOREA		
NO OF ORIGINAL B/L ZERO(0)		

The surrender of the original order bill of lading properily endorsed shall be required before the delivery of the properily Inspection of properily covered by this bill of lading will not be permitted unless provided by law or unless permission is endorsed in this original bill of lading or giving in writing by the shipper

IN WITNESS WHEREOF THE UNDERSIGNED. SIGNING ON BEHALF OF THIS CARRIER OR AGENT.HAS SIGNED THREE(3) BILLS OF LADING ALL OF THE SAME TENOR AND DATE ONE OF WHICH BEING
'LISHED THE OTHERS TO STAND VOID.
; LOGISTICS CO., LTD. (PLIHQ)

AS A CARRIER

DATE AUG/08/2017

ATTENTION OF SHIPPER ; the term and conditioons of lading under which this shipment is accepted are printed in the back hereof. Note unless otherwise specified the charges listed above do not include customs duties, taxes customs clearance charges and similar non transportrations which are for thr account of the cargo.

PLACE AND DATE OF ISSUE	ON BOARD DATE
SEOUL, KOREA AUG/08/2017	AUG/08/2017

ATTACHED RIDER

VESSEL : CMA CGM TIGRIS 731E BL : PLIHQ0000000

END OF RIDER

P ; LOGISTICS CO., LTD. (PLIHQ)

P LOGISTICS CO., LTD. (PLIHQ)

BILL OF LADING

SHIPPER/EXPORTER	BL NO. PLIHQ0000000
PAUL TRADING CORP. BAEK-KWANG BD. 10TH FL., 874-9, BONGCHEON-10 DONG, KWANAK-KU, SEOUL, KOREA TEL : 82-2-878-.... FAX : 82-2-878-....	EXPORT REFERENCES
CONSIGNEE **ABC S.A.** **ECUADOR**	FORWARDING AGENT POINT AND COUNTRY OF ORIGIN
NOTIFY PARTY **ABC S.A.** **ECUADOR**	TO OBTAIN DELIVERY CONTACT T LOGISTICS CORPORATION GUAYAQUIL - ECUADOR

PRE-CARRIAGE BY	PLACE OF RECEIPT BUSAN, KOREA		
EXPORTING CARRIER CMA CGM TIGRIS 731E	PORT OF LOADING BUSAN, KOREA		
PORT OF DISCHARGE GUAYAQUIL, ECUADOR	PLACE OF DELIVERY GUAYAQUIL, ECUADOR	FOR TRANS SHIPMENT TO	FINAL DESTINATION(FOR THE MERCHANT'S REF) GUAYAQUIL, ECUADOR

PARTICULARS FURNISHED BY SHIPPER

CONTAINER NO / SEAL NO MARKS AND NUMBERS	NO. OF CONT OR OTHER PKGS	DESCRIPTION OF PACKAGES AND GOODS	GROSS WEIGHT	MEASUREMENT
TCLU19529**/FJ009461** (20577KG/23M3/1PK)/ TCLU19502**/FJ009461** (20577KG/23M3/1PK)/ N/M		SHIPPER'S LOAD AND COUNT SAID TO CONTAIN 2 PACKAGES LUBRICANTS GS OIL (24,000L FLEXI BAG) 1 UNIT GS OIL (24,000L FLEXI BAG) 1 UNIT FLEXI BAG SUPPLIED, LOADED, PACKED AND SECURED INSIDE CONTAINER BY SHIPPERS AT THEIR SOLE RISK AND RESPONSIBILITY FREIGHT PREPAID SAY : TWO (20DRX2) CONTAINERS ONLY.	KGS 41,154.000	CBM(M3) 46.000 CY / CY

According to the declaration of the consignor(see clause 8)

FREIGHT AND CHARGES	PREPAID	COLLECT
FREIGHT PREPAID	PREPAID	
TOTAL CHARGES		

The surrender of the original order bill of lading properly endorsed shall be required before the delivery of the properly Inspection of properly covered by this bill of lading will not be permitted unless provided by law or unless permission is endorsed in this original bill of lading or giving in writing by the shipper

IN WITNESS WHEREOF THE UNDERSIGNED SIGNING ON BEHALF OF THIS CARRIER OR AGENT HAS SIGNED THREE(3) BILLS OF LADING ALL OF THE SAME TENOR AND DATE ONE OF WHICH BEING ACCOMPLISHED THE OTHERS TO STAND VOID

AS A CARRIER

BY

DATE AUG/09/2017

FREIGHT PAYABLE AT
SEOUL. KOREA

ATTENTION OF SHIPPER ; the term and conditioons of lading under which this shipment is accepted are printed in the back hereof. Note unless otherwise specified the charges listed above do not include customs duties, taxes customs clearance charges and similar non transportrations which are for thr account of the cargo.

NO OF ORIGINAL B/L	PLACE AND DATE OF ISSUE	ON BOARD DATE
THREE(3)	SEOUL. KOREA AUG/09/2017	AUG/09/2017

선적후보증대출통지상세

매뉴얼 다운로드

1. 선적후보증 증권번호를 입력(변경포함) 후 반드시 조회버튼을 클릭하시기 바랍니다.
2. 수출상품코드 10자리 미만 입력시 aT 및 산림조합중앙회 보험료 지원사업 적용이 불가합니다.
3. 수출신용보증(선적후) 대출통지 시, 운송증권발행일자 대신 선적일자 값을 입력해주시기 바랍니다. (2014.12.30 시행)
4. 수출신용보증(선적후) 보증(료)기간 : 발송일~보험만기일, 연계단기수출보험 보험(료)기간 : 선적일~보험만기일
5. 계약서번호에는 P/O 등 개별 계약서의 번호를 입력합니다.
6. 수출신용보증(선적후)의 경우 공사측 수납 완료 확인 후 대출(네고) 신청하여 주시기 바랍니다.
   (보험료지원건의 경우 필요시 보험료 전액납부 후 지원보험료 추후환급)

? 도움말

*보험증권번호	15-[illegible]

청약내용

청약번호	[illegible]		
보험종목	수출신용보증(선적후)		
수출자	00[illegible]	좋은차닷컴(주)	
평가등급		등급(2015.04.07)	
수입자	525	ABC S A	
평가등급		등급(2014.05.26)	
LC은행			
한도책정금액	USD	300,000.00	
잔여한도금액	USD	135,157.88	
대행구분	직접수출		
본지사구분	본지사아님		
결제방법	T/T	90	Days From B/L Date
수출금액	USD	48,200.00	
* SMS수신	● 예 ○ 아니오 (보증료 수납처리에 대한 SMS)		
*담당자연락처			

대출통지

대출통지번호	
인수부서	구로디지털지사
* 선적일자	2017.08.09
발송일	2017.08.09
수출자	좋은차닷컴(주)
평가등급	등급(2017.04.07)
수입자	525 ABC S A
평가등급	등급(2017.04.10)
수입국가	525 에콰도르
평가등급	등급(2016.11.04)
LC은행국가	
평가등급	등급( )
보증은행	003 기업 서울대역 (지)
*대출금액	USD 33,120
LC하자여부	정상 하자
*결제조건	T/T 90 Days From B/L Date
결제확정일자	
*운송증권	선하증권
*운송증권번호	PLIHQ478
운송증권발행일자	
*INVOICE번호	PL-LRYJ17049-1
*수출상품	2710195020 윤활유기유

*수출지역	그 외 모든 지역 ▾
*수출신고번호	11065-17-0000
*계약서번호	PL-PIJH1707
보증비율	100.00 %

대출통지성립내용

	보증기간	2017.08.09 ~ 2017.11.06
	보증료기간	2017.08.09 ~ 2017.11.06 90 일
	보험금액	USD 33,120.00
	환율	1,125.40 원
	보증료율	0.130% 기본(0.130%) / 할인(0.000%) / 할증(0.000%) / 차감(0.000%) / 가감(0.000%)
보증료	기본보증료	48,450 원
	추가보증료	0 원
	지원보증료	0 원
	납부보증료	48,450 원
	성립일자	2017.08.09

대출통지반송사유

반송사유	반송유형	반송내역
데이터가 없음		

연계단기수출보험 수출통지

보험종목	단기수출보험(일반수출)
수출통지번호	
선적일자	2017.08.09
발송일자	2017.08.09
수출자	좋은차닷컴(주) 등급 (2017.04.07)

수입자	525 [illegible] 등급 (2017.04.10)
수입국가	525 에콰도르 등급 (2016.11.04)
LC은행국가	등급 ( )
수출금액	USD 33,120.00
LC하자여부	정상
결제조건	T/T 90 Days From B/L Date
결제확정일자	
운송증권	선하증권
운송증권번호	PLIHQ478
운송증권발행일자	
INVOICE번호	PL-LRYJ17049-1
수출상품	271019 윤활유
수출지역	그 외 모든 지역
수출신고번호	11065-17-[illegible]
계약서번호	PL-PIJH1707[illegible]
특례인수여부	
부보율	100.00 % 이내
보험료율특례	

유망서비스수출지원특약

유망서비스수출지원(보험료 할인)	☐
유망서비스수출지원(연속수출인정 및 사고통지 기간연장)	☐
유망서비스수출지원(부보율 상향)	☐

ⓘ 유망서비스수출지원(보험료할인)은 타 협약 또는 지침에 의한 특별할인과 중복하여 적용되지 않습니다.

수출통지성립내용

	보험기간	2017.08.09 ~ 2017.11.06
	보험료기간	2017.08.09 ~ 2017.11.06 90 일
	보험금액	USD 33,120.00
	환율	1,125.40 원
	보험료율	0.664% 기본(0.949%) / 할인(44.000%) / 할증(25.000%) / 차감(0.000%) / 가감(0.000%)
	기본보험료	247,490 원
보험료	추가보험료	0 원
	지원보험료 ?	0 원
	납부보험료	247,490 원
	성립일자	2017.08.09

납부내역정보

납부보험료	295,940 원
가상계좌번호	국민은행

수출통지자

통지자	
연락처	

수출통지반송사유

반송사유	반송유형	반송내역
데이터가 없음		

보증료계산

목록 새로입력 동일증권번호입력 임시저장 저장

동일증권번호입력 : 동일증권번호로 수출통지시 클릭
새로입력 : 다른 증권번호로 수출통지시 클릭

수출자별 보험료 조회

수출자	좋은차닷컴(주)	수납예정일자	2017.08.09

보험종목	수입자	수입국	결제조건	보험기간	수출금액외화	기본요율	인수보험료	수납여부	개포구분
	L/C은행	보증은행	수출통지번호 (상업송장번호)	성립일자	보험금액미화	최종요율	수납보험(증)료	지원보험료	환율
수출신용보증(선적후)	525-000000 ABC S A	에콰도르	T/T 90 Days From B/L Date	2017.08.09~ 2017.11.06	USD 33,120.00	0.130%	48,450	Y	개별
		003- ; 기업 서울대역 (지)	15201 '-000 (PL--LRYJ17049--1)	2017.08.09	USD 33,120.00	0.13%	48,450	0	1,125.40
단기수출보험(일반수출)	525-000000 ABC S A	에콰도르	T/T 90 Days From B/L Date	2017.08.09~ 2017.11.06	USD 33,120.00	0.949%	247,490	Y	개별
		-	11201.......-000 (PL--LRYJ17049--1)	2017.08.09	USD 33,120.00	0.664%	247,490	0	1,125.40
총계					USD 66,240.00		295,940.00		
					USD 66,240.00		295,940.00		

Shipment Receipt

Shipment From

PAUL TRADING CORP.

BAEK-KWANG BD. 10TH FL., 874-9
BONGCHEON-10DONG, KWANAK-KU

SEOUL 08758
Korea, Republic Of (South Korea)

Shipment To

ABC S.A.

ECUADOR

Ecuador

Shipment Details

Date of Shipment : 2017-08-09
Air Waybill Number : 76170C****
Service Type : EXPRESS WORLDWIDE(DOX)
Number of Pieces : 1
Total Weight : 0.5 kg
Insured Amount :
Volumetric Weight :
Estimated Charges :
RAS :
Fuel Surcharge :

International Information

Declared Value :
Duties and Taxes :N/A

Special Services

Delivery Notification Service

Billing Information

Payment Type : Shipper Account
Billed Account :
Shipper Account :

Reference Information

Reference :

Description of Contents

SHIPPING DOCUMENTS

Piece ID (ISO_LP)	Piece Weight
JD01 4600 0046 6099 3629	0.5

수출환어음 매입(추심)신청서

◉ 매입
○ 추심

팀원	대리급 팀원	팀 장	부점장

중소기업은행 앞

B/L첨부확인필	

(1) L/C(계약서)내용

Mail To		매입(추심)일	
		Ref No	
		Nego Amount	USD 33,120.00
Interest	(Days %P.A) Our Comm	Less Comm	
Issuing Bank		Total Amount	USD 33,120.00
L/C(Contract)No		Issuing Date	
Tenor		Maturity	
Beneficiary			
Accountee			
Drawee Bank			
Depo Bank		Postage	
		추가전신료(NA등)	
		하자 Code	

(2) 제출서류 및 매입(추심) 신청내용

발행은행 제출서류		Draft	Comm Invoice	Packing List	B/L	AWB	InsPol	Cert Origin	Insp Cert	State	Bene Cert	Cert	SUR COPY B/L	Extra COPY		
고객작성란	1st		2C	2C	2C											
	2nd															
은행확인란	1st															
	2nd															

Issuing Bank		L/C No	
매입(추심)신청금액	USD 33,120.00	Tenor	

(3) 신용장(계약서)조건과의 불일치 내용

(4) 수수료 환출 입금계좌등록

계좌번호	☐ [ ]
	☐ 지정된 외환연동출금 계좌와 동일한 계좌로 신청합니다
지급정지 등의 이유로 입금이 불가한 계좌는 입금이 지연될 수 있음	

위와 같이 화환어음의 매입(추심)을 신청함에 있어서 따로 제출한 외국환거래약정서의 해당조항에 따를 것을 확약하며 신용장(계약서)조건과의 불일치 내용이 상대은행에서 통보되어온 경우 매입신청시 불일치 내용을 신고한것으로 인정하여도 이의를 제기하지 않겠습니다. 아울러 위 수출품목에 대한 모든권리를 은행에 양도하겠습니다.

112-81-

신청인 : 좋은친딧컴(주) 남준희 (인)

주 소 : 서울시 관악구 봉천동 874-9

인감대조

< 주의 > : 점선 아래부분을 훼손하지 마세요.

IBK 기업은행

2. 무역실무일기(L/C 거래)

※ 신용장 거래는 무역의 시작

신용장Letter of Credit ; L/C은 은행이 영어로 발행하는 조건부 지급보증서로, 무역의 결제수단에서 점점 줄고 있습니다만 여전히 무역인으로서 꼭 이해하고 있어야 합니다. 수입상이 신용장 개설 의뢰인Applicant이 되어 수입국의 은행에 신용장을 열어 달라고 신청하여 받아들여지면 그 수입국 은행은 발행은행Opening Bank(개설은행이라고도 부름)이 됩니다. 거래 당사자들끼리 서로 믿을 수 없을 때 믿을 만한 제3자를 중간에 세우는 건 일상에서도 자주 있지요. 부동산을 사거나 임차할 때 부동산 중개업소를 이용하는 것과 크게 다르지 않습니다. 신용장은 결제수단의 하나로 개설은행이 어떤 조건을 수출상이 문서로서 충족하면 지급을 해주게 됩니다. 수입상을 믿을 수 없어도 개설은행은 믿을 수 있으면 신용장 원본을 받은 다음에 계약한 물품의 구매나 생산을 진행할 수 있겠지요. 수입상 입장에서는 수출상에게 선금을 보냈다가 물건을 못 받고 돈만 날릴 수 있는 상황을 피하는 데 신용장이 유용합니다. 계약한 물품이 신용장에 기재된 대로 선적이 되어 이를 증명할 선적서류가 제시될 때 결제를 개설은행에 하면 되니까요.

저희 회사의 칠레 고객 DEF S.A.사는 신용장 결제를 선호합니다. 저희들로서는 다행이지요. 선적 후 송금Open Account ; O/A은 무역보험공사에서 한도를 책정받고 은행의 승인도 받아야 하니 번거롭기도 하거니와 이자도 발생하고, 뭐니뭐니 해도 결제일까지 불안한 상태이니까요. 신용장 거래와 선적 후 송금 조건 중 선택하라고 하면 당연히 신용장 거래의 손을 들어야겠지요.

■ **2017년 6월 27일**

발주서P/O를 받았습니다. 물품은 소포장 윤활유로 품목과 포장에 따라 아주 종류가 많으며, 20ft 컨테이너 두 개에 가득 싣는 분량입니다.

■ **6월 28일**

발주서에 따라 P/I를 발행하여 서로 서명을 했습니다. 이 고객은 P/I에 쌍방 서명하는 걸 원합니다. ABC S.A가 자기 서명만 한 P/I를 보내오는 걸로 주문확정을 짓는 것과 다르지요. 계약의 형식과 절차는 거래 당사자들에 따라 아주 다양하게 할 수 있는데 쌍방의 의사를 명료하게 문서로 드러내는 게 중요합니다. 발주서의 총액이 U$70,742.90이었고 P/I상 할인 전 총액이 U$71,652.50로서 서로 다른데 주문 시 품목별 수량을 컨테이너 적입 계산을 해보니 일부 늘리거나 줄일 필요가 있어서 고객의 동의 하에 조정을 했기 때문입니다. 컨테이너 적입은 빈 공간 없이 가득 싣는 게 좋은데 운송 중에 빈 공간으로 화물이 움직이며 파손되는 걸 방지하기 위해서도 그렇고, 화물당 운송비를 최소로 하기 위해서도 중량 과적이 되지 않는 범위에서 꽉 실어야지요. 제품별 단가는 영업비밀이어서 가린 건 이해하시겠지요?

P/I에서 U$3,000을 총액에서 할인하였는데 판매촉진 비용을 일부 지원하였습니다. GS의 자동차윤활유는 Kixx 상표를 쓰는데 수입상의 홍보와 판촉을 지원하고 있습니다. 금액이 작을 때는 저희 회사가 이윤의 일부를 줄여 부담하고, 금액이 클 때는 제조사에 지원을 요청합니다.

거래조건이 FOB Busan Port, Korea로 적혀 있습니다. 국제상업회의소ICC가 작성한 무역조건Trade Terms에 대한 국제규칙인 인코텀즈Incoterms, ICC rules for the use of domestic and international trade terms 2010년판에서 정한 11가지 무역거래 조건 중

가장 많이 쓰이는 FOB는 Free On Board의 약자로 본선인도조건으로 해석됩니다. 컨테이너 운송 시 운송인이 관장하는 출발항 CY에 컨테이너를 입고시키면 수출상의 위험부담이 끝나는데 본선Main Ship 위로 인도될 때에 수출상의 위험이 끝난다는 FOB 조건을 P/I에 적은 게 뭔가 이상하지 않습니까? 정확히 하자면 FCA Free CArrier(운송인인도조건)로 하여야 하나 FOB 조건이 관습적으로 워낙 익숙해져서 서로 합의 하에 이렇게 적고 있습니다. FCA 조건과 같이 운송인에게 물품을 인도할 때 수출상판매자/매도인의 책임 또는 위험이 끝나면서 운임 포함하는 가격조건이 CPTCarriage paid to(운송비지급 인도조건)인데 관습적으로 CFRCost and FReight(운임포함인도조건)로 대신 씁니다. 이전에 실례로 든 ABC S.A사와 거래조건 CFR은 CPT가 더 정확히 맞으나 관습상 CFR로 쓴 거지요. CFR 조건은 FOB와 마찬가지로 본선 위로 화물을 인도할 때 수출상의 책임이 끝나기 때문에 CY에 컨테이너를 인도하면 책임이 끝나는 거래에는 엄밀히 말해 맞지 않습니다. CNF 또는 C&F로 쓰기도 했었지요. 결론적으로 컨테이너운송이나 항공운송, 복합운송에서는 FCA와 CPT가 더 맞으나 관습적으로 FOB와 CFR 조건을 여전히 쓰고 있습니다. 적하보험료를 가격에 포함하는 거래조건 CIP와 CIF도 이와 같으니 찾아보시길 바랍니다.

■ 6월 29일

해외 고객과 P/I에 서로 서명하며 주문을 확정하였기 때문에 국내 제조업체에 발주를 하였습니다. 이 고객과 거래를 시작했을 때 신용장 원본을 받은 다음에 국내 발주를 했는데 몇 년간 거래에서 DEF S.A는 선적 전에 제때 신용장을 개설하였기 때문에 신용장을 받기 전이지만 국내 발주를 한 거지요. ABC S.A가 발주하는 건처럼 Flexi Bag이라는 특수포장 형태로 윤활유를 받을 때는 제조업체와 CFR 조건으로 거래하지만, 1lit, 3lit, 4lit 단위의 플라스틱 통 여러 개가 골판지 상자에 담기는 형태의 소포장으로 공급받을 때는 공장도EX Work ; EXW 조건으로 거래합니다. 인코텀즈 무역거래 조건 중 EXW는 판매자의 위험과 비용 부담이 가장 적습니다. 공장이나 창고에서 물품을 넘겨주는 시점에서 판매자 부담이 끝납니다. 제조업체로부터 EXW 조건으로 물품을 구매하기 때문에 공장에서 출발항 CY까지 내륙운송비, 수출통관수수료, B/L 발행에 필요한 각종 비용은 수출상이 부담합니다. FOB 조건으로 해외 고객과 계약하였으므로 컨테이너 해상운송료는 가격에 포함되지 않았고 수출상이 운송인 지정과 운송계약도 하지 않습니다. 운임을 내는 수입업자가 운송인을 정하여 운송 계약을 하는 거지요.

▪ 8월 1일

공장 출고 및 선적이 다가오자 DEF S.A사가 운송계약을 체결하여 한국 운송사가 저희에게 선적일정 통보를 하도록 하였습니다. APL이라는 선박회사의 MSC Ruby라는 선박의 731항차에 선적하는데, 8월 6일까지 선적서류를 제출해야 하고, 8월 10일까지 주문된 상품이 적재된 컨테이너를 부산신항 PNC의 CY로 입고시켜야 합니다. 부산항 출발예정시간Estimated Time of Departure ; ETD은 8월 11일이고, 칠레항 도착예정시간Estimated Time of Arrival ; ETA은 9월 13일입니다. 항해일수가 한 달이 넘는 걸로 보아 중간에 다른 항구를 거치나 봅니다.

▪ 8월 2일

DEF S.A사는 늘 선적일 일주일 정도 전에 신용장을 개설하는데 이번에도 어김없습니다. 8월 2일 신용장이 한국에 도착했다고 WELLS FARGO 은행이 신용장 내도 통지Letter of Credit Arrival Notice를 팩스로 보내왔습니다. 대부분 무역업무가 전자우편과 각종 전산망을 통해 이루어지지만 외국계 은행의 신용장 통지는 주로 팩스로 오네요. 우리나라 은행은 신용장 통지를 전산으로 하지만, 해외에서 열리는 신용장은 외국계 은행이 더 많이 도착통지를 해줍니다. 통지료는 35,000원이며, 이 은행에 직접 가서 원본을 받아올 겁니다. 40,000원을 보내면 등기우편으로 받을 수 있지만 급한 마음에 직접 가서 찾아옵니다. 회사 명판과 도장, 받은 내도통지서를 가지고 갈 겁니다. 통지 내용을 보면 8월 1일에 신용장 번호 CD4007110****로 열렸고, 지급보증서인 신용장의 지급 혜택을 받는 수익자Beneficiary는 저희 회사 Paul Trading Corp. 입니다. 신용장은 2017년 10월 30일까지 유효하니 그때까지 선적을 마치고 선적서류를 은행에 제출해야 합니다.

■ 8월 4일

제조업체로부터 내국신용장 개설을 위한 물품매도확약서OFFER SHEET를 받고 내국신용장을 열었습니다. 신용장은 취소 가능하면 지급보증수단으로서 의미가 없어지니 취소불능으로 하여야겠지요.

■ 8월 4일

관세사를 통해 수출신고를 하였습니다. 관세청 전산망 UNI-PASS에서 관세사를 통하지 않고 수출상이 직접 수출신고를 할 수도 있으나 관세청의 실물검사 또는 수출신고 사항 수정과 같이 예상치 않은 상황 발생 시 관세사가 대응을 잘 해주므로 통관수수료를 부담하더라도 관세사를 이용합니다. 이번 건은 품목이 아주 많아 수출신고필증이 을지로 열 장 넘게 출력이 되었는데 갑지 한 장만 예시하였습니다.

선적서류 작성도 같이 하였는데 상업송장이나 포장명세서 모두 한 장을 넘어갑니다. 신용장 번호를 모든 선적서류에 꼭 보이게 입력합니다. 상업송장 중간 왼쪽에 보이는 N/M는 NO MARK의 뜻으로 상품에 별도로 눈에 뜨게 선적표식 또는 화인SHIPPING MARK을 찍지 않았음을 뜻합니다. Remark에서 DOCUMENTARY CREDIT NUMBER는 선적서류를 제시할 때 결제해 주는 화환신용장으로 신용장에 표시된 고유번호를 뜻합니다. 상업송장은 총액을 숫자로도 적지만 글자로 모두 풀어서 적는데 상품의 가치액이면서 결제액을 뜻하기에 정확하게 하기 위해서입니다. 은행에 가서 송금 신청할 때 한글로 액수를 적거나 수표에 한글로 액수가 인쇄되어 있는 이유와 같습니다. 포장명세서에는 제품별 단위 무게, 총무게, 용적을 적습니다. MEASUREMENT에는 용적을 적는데 포장된 화물의 부피이며, 가로와 세로 높이가 각각 1M일 때 1 CBMCuBic Meter이라 부릅니다.

칠레는 우리나라와 FTA 협약을 맺어 시행 중인데 이에 따른 별도의 원산지 증명서를 작성해 선적서류에 포함하여 제시해야 합니다. 빈 양식에 해당되는 내용을 하나씩 입력하면 됩니다. HS NO.는 국제협약으로 거래상품마다 정한 열 자리의 고유번호인데 나라마다 수출입 통관 및 통계, 관련 업무에 활용하는 Harmonized Commodity Description and Coding System에서 나왔습니다. 윤활유는 2710.19.7120인데 우리나라나 칠레나 모두 같습니다. 세계 공용의 상품분류번호가 HS CODE NO.입니다.

▪ 8월 7일

이번 거래조건에서 내륙운송비는 수출상인 저희가 지불하는데 평소 거래하는 내륙운송사에 20FT 컨테이너 두 개를 제조업체의 출고지로 입고시키도록 요청하였습니다. 또한 수입상이 지정한 해상운송사의 한국 파트너에 최종 선적요청을 하였습니다. 다른 양식으로 S/RSHIPPING REQUEST를 보내지 않고 운송사가 이전에 보내온 선적일정 통보를 출력하여 컨테이너와 SEAL 번호를 적고 수출신고필증 및 포장명세서와 함께 보냈습니다. CHECK B/L을 받아서 틀린 게 없나 확인하였습니다.

■ **8월 8일**

신용장L/C 원본을 찾아왔습니다. 신용장이 도착했다는 통지를 받고 일주일이 지나서 찾은 건 여름휴가로 직접 찾아갈 시간 내기가 어려웠기 때문입니다. 신용장은 무역실무를 배우는 초기에 전문을 몇 번만 완역해 보면 금방 파악이 됩니다. 신용장 통일규칙Uniform Customs and Practice for Documentary Credits ; UCP600 해설집을 한 권 사서 필요 시 보는 것도 권할 만하지요.

40A : 화환신용장 형태 — 취소불가

20 : 화환신용장 번호 — CD4007110****

31C : 개설일 — 170801

40E : 적용 규칙 — 신용장통일규칙 최신판

31D : 유효 날자와 장소 — 171030 대한민국

50 : 개설의뢰인 — DEF S.A. CHILE

59 : 수익자 — PAUL TRADING CORP.

32B : 화폐와 총액 — USD68652.50 (스페인어권에서 ,는 .임. 예를 들어 3천 달러 20센트, 즉 U$3,000.20를 U$3.000,20으로 표기함)

39A : 신용장 금액의 증감 허용비율 10/10

41D : 적용 방식과 대상 — 대한민국의 어느 은행에서든 지급 방식

43P : 분할 선적 — 허용

43T : 환적 선적 — 허용

44E : 적재항/출발공항 — 대한민국의 어느 항이나

44F : 양하항/도착공항 — 칠레 VALPARAISO 또는 SAN ANTONIO

44C : 선적기일 — 171015

45A : 상품이나 용역 명세 — GS 윤활유

46A : 요구 서류

+ 제대로 서명된 해상 선적 선하증권, 원본 3부와 사본 2부, 운임 도착지 지불로 명기되고, 수탁인을 BANCO DE CREDITO E INVERSIONES 지정식으로 하고, 통지인은 DEF S.A로 함.

+ 제대로 서명된 상업송장, 원본 1부와 사본 2부, 상품명세와 품목별 개별 가격과 총액 FOB로 기재되고 DEF S.A로 발행되어야 함.

+ 원산지증명서, 원본 1부와 사본 2부

47A : 추가 조건 – 모든 원본 서류는 서명이 되어야 하고, 2017년 8월 1일 이전 날짜의 서류는 받아들여지지 않음. 제시된 선적서류 각 한 조가 신용장 조건에 맞지 않으면 지급 시 U$85가 차감될 것임.

71B : 수수료 – 칠레 밖에서 발생된 수수료와 은행비용은 상환비용을 포함하여 수익자가 부담한다.

48 : 제시기간 – 서류는 선적일로부터 15일 이내이면서 신용장 유효기일 이내에 매입을 위해 제시되어야 한다.

49 : 지급확약지침 – 없음

53D : 상환은행 – 2008년에 ICC가 승인한 은행 간 신용장 상환 통일규칙The Uniform Rules for Bank-to-Bank Reimbursements under Documentary Credit ; URR 출판번호 725에 따라 우리의 참고번호 CD4007110**** 하에 개설은행이 된다.

78 : 지급/인수/매입은행에 대한 지침(안내) – 이 신용장 조건에 엄격히 부합하는 서류를 받는 즉시, 우리는 당신의 지침(안내)에 따라 당신에게 송금하겠다.

72 : 발송인에게 수취인 정보 – 매입된 서류는 특사우편으로 개설은행의 수입부 앞으로 직접 발송되어야 한다.

(Note : 신용장 원본 끝에 매입은행이 매입하면서 도장을 찍고 매입 날짜와 금액을 손으로 적었습니다.)

■ 8월 14일

선적이 되었음을 확인하고 선하증권B/L 원본을 관련 비용을 송금한 후에 받았습니다. 매입이 급하여 퀵서비스로 받았습니다. 이 B/L에는 20DV × 2라고 나오는데 20FT DRY VAN 컨테이너 2개라는 뜻입니다. 출발항 CY에서 도착항 CY까지 운송책임을 진다고 되어 있고, 운임 도착지 지불이라고 FREIGHT COLLECT가 적혀 있는데 이는 신용장에서 선하증권에 대해 요구한 사항입니다.

■ 8월 14일

무역보험공사 전산망에 접속하여 수출 통지를 하고 보험료를 납부하여 단기수출보험(일반수출)에 가입하였습니다. 신용장은 개설은행의 지급보증서로서 믿을 만하지만 개설은행의 신용도만큼만 믿을 수 있으니 혹시라도 어떤 이유에서든 개설은행에서 돈을 못 받으면 무역보험공사가 대신 물품대금을 지불해 주게 되니 마음이 많이 놓입니다. 지급신용장으로서 선적 후 송금 방식보다 결제 위험이 적기 때문에 보험요율 0.067%가 적용되어 기본 보험료 52,720원만 내면 되었습니다.

■ 8월 14일

마침내 신용장 원본과 신용장이 요구하는 선적서류를 챙겨서 기업은행에 매입을 신청했습니다. 수출환어음 매입신청서는 꼭 작성해야지요. 매입서류 심사를 하여 이상이 없을 경우 환가료와 우편료를 빼고 달러로 외환통장에 입금해 줍니다. 이러한 매입은 NEGOTIATION 또는 NEGO라고도 하는데, 한국에 있는 매입은행이 개설은행에서 대금이 입금되는 것을 전제로 수출상에게 대출해 주는 행위입니다. 신용장을 받고 요구되는 서류를 다 제시했다고 은행이 매입을 당연히 혹은 의무적으로 해주지 않습니다. 매입은 크게 보면 돈 빌려주는 행위이니 수출상이 믿을 만하다고 판단할 때만 받아들입니다. 수출상이 선적서류를 사기로 허위작성해 매입자금을 받아 잠적해 버리고 허위서류를 발견한 개설은행이 이를 이유로 지급거절을 하면 매입은행은 매입금액만큼 손실을 입게 될 수 있는데, 이런 수출사기사건이 가끔 일어납니다. 십여 년 전 홍콩으로 여성의류 신상품을 선적하겠다고 계약을 맺은 수출업자가 나쁜 마음을 먹고 컨테이너에 헌옷을 대충 집어넣어 컨테이너 문을 잠그고 선적한 일이 생겼습니다. 수출상이 선적서류를 계약대로 상품을 보낸 걸로 작성한다면 나중에 수입상이 컨테이너 문을 열어볼 때까지 실제 선적된 상품이 계약에 부합한지는 수출상 이외에는 아무도 모를 수 있습니다.

매입 후 은행이 발행해 주는 외국한 거래 계산서를 보십시오. 우편료는 매입은행이 선적서류를 지급은행으로 보내는 데 드는 비용입니다. 환가료의 요율이 1번 O/A건의 요율에 비하여 어떤가요? 지급 신용장이라서 환가료 대상기간이 1번 O/A건보다 훨씬 짧지요.

신용장은 인수, 매입, 지급의 여러 종류가 있는데 이 신용장은 본문 41D : Available With … By …에서 정의하기를 ANY BANK IN SOUTH KOREA BY PAYMENT라고 나와 있어서 지급신용장PAYMENT L/C입니다. 대한민국의 어떤 은행이든 가능하다고 하지만 실제는 신용장 개설은행과 서로 예금을 예치하고 환거래약정을 맺은 예치환거래은행Depository Correspondent Bank에 국한됩니다. 신용장 거래조건에 엄밀히 일치하는 서류를 제시할 때 개설은행을 대신하여 바로 지급PAYMENT을 해주기 위해서이며, 본 신용장은 통지은행ADVISING BANK인 WELLS FARGO 은행의 서울지점이 지급은행이 됩니다. Wells Fargo Bank, National Association Seoul Branch는 이 수출신용장 통지를 하면서 1쪽과 2쪽에 지급을 위한 각종 주의사항을 기술하고 있습니다.

주요 사항은

'In order to avoid a delay in payment, it is important to provide us your complete payment instructions at time of document presentation.' (지급 지연을 피하기 위하여 서류제출 시 완전한 지급지침을 제공하는 게 중요하다.)

'For document presentation, you may present documents to Wells Fargo Bank NA Seoul at Below address :' (서류 제시를 위하여, 아래 주소의 Wells Fargo Bank 서울지점에 서류를 제시할 수 있다.)

'Except as otherwise expressly stated herein, this letter of credit advice is subject to the "Uniforma Customs and Practice for Documentary Credits (2007 Revision), International Chamber of Commerce Publication No. 600"' (여기에서 별도로 명시하는 경우 이외에 이 신용장 통지는 국제상업회의소(ICC) 출판물 600번, 신용장통일규칙 2007년 개정판에 따른다.)

▪ 8월 21일 이후

이런 신용장의 특성에 따라 8월 14일 기업은행 서울대지점에 매입신청된 신용장 원본과 서류는 Wells Fargo Bank 서울지점으로 보내지고, 이를 검토한 Wells Fargo Bank 서울지점은 신용장 대금을 기업은행 서울대지점으로 송금합니다. 기업은행은 이 대금을 받고서야 저희 회사에 매입 시 지급한 대출금을 회수할 수 있게 되고, 입금된 날짜를 따져서 이미 받은 8일치(170814~170821) 환가료 56,428원을 기준하여 정산하며, 그 외 수수료가 발생되면 이 또한 수출상Beneficiary에게 청구하여 정산함으로써 수출상과 매입은행 간 본건이 완결됩니다. 수출상이 해야 할 남은 한 가지가 또 있는데, 입금 확인이 되면 무역보험공사의 해당 전산망에 결제일을 입력하여 결제통지를 하여야 완결하게 됩니다.

본건이 다 끝났다고요? 아직 남은 게 있기는 합니다. 화물이 현지에 도착하여 수입상이 잘 찾고 이상 없다고 통보하여야 거래가 진짜 끝납니다. 하지만 수출상

입장에서 신용장 거래는 현지 화물 도착 이전에 완결이 됩니다. 8월 11일 선적이 되어 칠레항구에 9월 13일 도착 예정ETA인데, 8월 14일 매입신청을 하여 8일 이내에 지급이 될 거니까요.

무역은 넓고 깊은 바다를 항해하는 것과 같습니다. 이 바다는 늘 변하기도 합니다. 세상에 대한 애정과 관심으로 시장을 각별히 살피면서 실력을 쌓아 자기 전문 분야를 만들어 가면 좋겠습니다. 저는 이제까지 해왔던 무역생활만큼 앞으로도 무역을 계속하고 싶습니다. 늘 부족한 자신을 느낍니다. 무역은 정년이 없으니 체력이 닿는 한 계속해야지요. 이 글을 읽으시는 분들도 즐겁고 기쁘게, 때로 역경을 이겨내며 함께 하시지 않겠습니까?

Orden #1954 / from DEF S.A.
CHILE

Archivo, LG-Iz0617
Fecha, 27-06-2017

Orden Base Lubricantes Kixx 70,742.90

Acsa	Supplier		40 FCL	Box	Q`ty	Total
Code	Code	New Description	Packing	CFR/usd	Box	CFR/usd
X8000/ 2	L1970C04E1	Kixx Oil Treatment	444ML OIL TREATMENT		10	0.00
X8880/ 122	L4173CK5E3	GS Grease 2	24/0.5KG BOX		10	· 0.00
X8880/ 502	L1936CL5E1	Kixx Brake DOT 3	24/500ML		25	0.00
X8880/ 512	L1938CL5E1	Kixx Brake DOT 4	24/500ML		10	0.00
XQ100W20/ 2052	L205544TE1	Kixx G1 SN 0W-20	4/4L SN BOX		10	0.00
XQ105W30/ 1052	L5317AL1E1	Kixx G SJ 5W-30	12/1L SJ BOX		10	0.00
XQ105W30/ 2052	L5317440E1	Kixx G SJ 5W-30	4/4L SJ BOX		10	0.00
XQ105W30/ 2252	L5312440E1	Kixx G1 SN/CF 5W-30	4/4L SN BOX		30	0.00
XQ105W30/ 1552	L2082AL1E1	Kixx PAO 5W-30(E)	12/1L PAO1 SN BOX		40	0.00
XQ105W30/ 2552	L208244TE1	Kixx PAO 5W-30(E)	4/4L PAO1 SN BOX		300	0.00
XQ105W40/ 1552	L2083AL1E1	Kixx PAO 5W-40(E)	12/1L PAO SN BOX		10	0.00
XQ105W40/ 2552	L208344TE1	Kixx PAO 5W-40(E)	4/4L PAO SN BOX		60	0.00
XQ105W40/ 2252	L5313440E1	Kixx G1 SN/CF 5W-40	4/4L SN BOX		10	0.00
XQ110W30/ 2052	L207044TE1	Kixx G1 10W-30	4/4L SN/GF BOX		10	0.00
XQ110W40/ 1152	L5314AL1E1	Kixx G1 10W-40	12/1L SN/GF BOX		20	0.00
XQ110W40/ 2152	L5314440E1	Kixx G1 SN/CF 10W-40	4/4L SN/GF BOX		240	0.00
XQ110W40/ 2052	L5318440E1	Kixx G SJ 10W-40	4/4L SJ BOX		50	0.00
XQ115W40/ 2552	L2076440K1	Kixx HDX PAO 15W-40(LOCAL	4/4L CJ-4/SM BOX		20	0.00
XQ115W40/ 2652	L2076360K1	Kixx HDX PAO 15W-40(LOCAL	3/6L CJ-4/SM BOX		20	0.00
XQ120W50/ 1032	L5032AL1E1	Kixx G SF/CF 20W-50	12/1L SF/CF BOX		10	0.00
XQ120W50/ 2032	L5032440E1	Kixx G SF/CF 20W-50	4/4L SF/CF BOX		180	0.00
XQ215W40/ 1052	L2001AL1E1	Kixx HD CF-4/SG 15W-40	12/1L BOX		10	0.00
XQ215W40/ 2052	L2001440E1	Kixx HD CF-4/SG 15W-40	4/4L BOX		60	0.00
XQ215W40/ 2062	L2001360E1	Kixx HD CF-4/SG 15W-40	3/6L BOX		80	0.00
XQ310W40/ 1352	L2061AL1E1	Kixx HD1 CI-4/SL 10W-40	12/1L BOX		10	0.00
XQ310W40/ 2352	L206144TE1	Kixx HD1 CI-4/SL 10W-40	4/4L BOX		50	0.00
XQ310W40/ 2362	L2061360K1	Kixx HD1 CI-4/SL 10W-40	3/6L BOX		40	0.00
XQ315W40/ 2052	L2023440E1	Kixx HD CG-4 15W/40	4/4L BOX		15	0.00
XQ315W40/ 2062	L2023360E1	Kixx HD CG-4 15W/40	3/6L BOX		40	0.00
XQ315W40/ 3052	L2023P20E1	Kixx HD CG-4 15W/40	20L PAIL		10	0.00
XQ315W40/ 1252	L2015AL1E1	Kixx HD1 CI-4/SL 15W-40	12/1L BOX		10	0.00
XQ315W40/ 2252	L2015440E1	Kixx HD1 CI-4/SL 15W-40	4/4L BOX		30	0.00
XQ315W40/ 2262	L2015360E1	Kixx HD1 CI-4/SL 15W-40	3/6L BOX		80	0.00
XQ500ATF/ 1002	L2509AL1E1	Kixx ATF DX-III	12/1L BOX		30	0.00
XQ500ATF/ 2002	L250944TE1	Kixx ATF DX-III	4/4L BOX		40	0.00
XQ500ATF/ 1052	L2518AL1E1	Kixx ATF Multi Plus	12/1L BOX		10	0.00
XQ500CVT/ 2052	L251944TE1	Kixx CVTF	4/4L BOX		10	0.00
XQ575W85/ 1002	L2717AL1E1	Kixx Geartec FF GL-4	12/1L BOX		150	0.00
XQ575W85/ 2002	L271744TE1	Kixx Geartec FF GL-4	4/4L BOX		40	0.00
XQ580W90/ 1002	L2983AL1E1	Kixx Geartec GL-5 80W-90	12/1L BOX		40	0.00
XQ580W90/ 2002	L2983440E1	Kixx Geartec GL-5 80W-90	4/4L BOX		50	0.00
XQ802020/ 2002	L1933430K1	GS AF/ Coolant	4/3L BOX		150	0.00
						70,742.90

PROFORMA INVOICE (38TH)- PO#1954

MESSRS. DEF S.A.

OFFER NO.: PL-PIOK170628-1

DATE : 28-Jun-17

DEAR SIRS, WE ARE PLEASED TO OFFER THE UNDER-MENTIONING ARTICLES AS PER CONDITIONS AND DETAILS DESCRIBED AS FOLLOWS.

1. ORIGIN : KOREA
2. PAYMENT : 100% L/C AT SIGHT IN OUR FAVOUR
   BANK : SEOULDAE BRANCH, INDUSTRIAL BANK OF KOREA, SEOUL,KOREA
3. SHIPMENT : BY SEAFREIGHT WITHIN APPROXIMATELY 3~4 WEEKS AFTER RECEIPT OF L/C
4. INSPECTION : MAKER'S PRIOR TO SHIPMENT TO BE FINAL
5. PACKING : EXPORT STANDARD
6. VALIDITY : BY JULY 31, 2017
7. DESCRIPTION : GS LUBRICANTS MADE IN KOREA

FOB BUSAN PORT, KOREA

NEW CODE	PRODUCT NAME	PACKING	GRADE	PRICE	Q'TY	AMOUNT
L1970C04E1	Kixx Oil Treatment	24/0.444L			10	
L4173CK5E3	GS Grease 3	24/0.5KG			10	
L1936CL5E1	Kixx Brake DOT 3	24/0.5L BOX	DOT 3		25	
L1938CL5E1	Kixx Brake DOT 4	24/0.5L BOX	DOT 4		10	
L205544TE1	Kixx G1 SN/CF 0W-20	4/4L TIN BOX	SN/CF		10	
L5317AL1E1	Kixx G SJ/CF 5W-30	12/1L BOX	SJ/CF		10	
L5317440E1	Kixx G SJ/CF 5W-30	4/4L BOX	SJ/CF		10	
L5312440E1	Kixx G1 SN/CF 5W-30	4/4L BOX	SN/CF		30	
L2091AL1E1	Kixx PAO C3 5W-30	12/1L BOX	SN/C3		40	
L209144TE1	Kixx PAO C3 5W-30	4/4L TIN BOX	SN/C3		300	
L2092AL1E1	Kixx PAO C3 5W-40	12/1L BOX	SN/C3		10	
L209244TE1	Kixx PAO C3 5W-40	4/4L TIN BOX	SN/C3		60	
L5313440E1	Kixx G1 SN/CF 5W-40	4/4L BOX	SN/CF		10	
L207044TE1	Kixx G1 SN/CF 10W-30	4/4L TIN BOX	SN/CF		10	
L5314AL1E1	Kixx G1 SN/CF 10W-40	12/1L BOX	SN/CF		20	
L5314440E1	Kixx G1 SN/CF 10W-40	4/4L BOX	SN/CF		260	
L5318440F1	Kixx G SJ 10W-40	4/4L BOX	SJ/CF		50	
L2076440K1	Kixx HDX PAO 15W-40(LOCAL)	4/4L BOX			20	
L2076360K1	Kixx HDX PAO 15W-40(LOCAL)	3/6L BOX			20	
L5032AL1E1	Kixx G SF/CF 20W-50	12/1L BOX	SF/CF		10	
L5032440E1	Kixx G SF/CF 20W-50	4/4L BOX	SF/CF		190	
L2001AL1E1	Kixx HD CF-4/SG 15W-40	12/1L BOX	CF-4/SG		10	
L2001440E1	Kixx HD CF-4/SG 15W-40	4/4L BOX	CF-4/SG		60	
L2001360E1	Kixx HD CF-4/SG 15W-40	3/6L BOX	CF-4/SG		80	
L2061AL1E1	Kixx HD1 CI-4/SL 10W-40	12/1L BOX	CI-4/SL		10	
L206144TE1	Kixx HD1 CI-4/SL 10W-40	4/4L TIN BOX	CI-4/SL		50	
L2061360E1	Kixx HD1 CI-4/SL 10W-40	3/6L BOX	CI-4/SL		40	
L2023440E1	Kixx HD CG-4 15W-40	4/4L BOX	CG-4		15	
L2023360E1	Kixx HD CG-4 15W-40	3/6L BOX	CG-4		40	
L2023P20E1	Kixx HD CG-4 15W-40	20L PAIL	CG-4		10	
L2015AL1E1	Kixx HD1 CI-4/SL 15W-40	12/1L BOX	CI-4/SL		10	
L2015440E1	Kixx HD1 CI-4/SL 15W-40	4/4L BOX	CI-4/SL		30	
L2015360E1	Kixx HD1 CI-4/SL 15W-40	3/6L BOX	CI-4/SL		80	
L2509AL1E1	Kixx ATF DX-III	12/1L BOX			30	
L250944TE1	Kixx ATF DX-III	4/4L TIN BOX			40	
L2518AL1E1	Kixx ATF Multi	12/1L BOX			10	
L251944TE1	Kixx CVTF	4/4L TIN BOX			10	
L2717AL1E1	Kixx Geartec FF GL-4 75W-85	12/1L BOX	API GL-4		150	
L271744TE1	Kixx Geartec FF GL-4 75W-85	4/4L TIN BOX	API GL-4		40	
L2983AL1E1	Kixx Geartec GL-5 80W-90	12/1L BOX	API GL-5		40	
L2983440E1	Kixx Geartec GL-5 80W-90	4/4L BOX	API GL-5		50	
L1933430K1	CX AF/COOLANT_4/3L BX	4/3L BOX			150	
SUB TOTAL AMOUNT(FOB BUSAN PORT, KOREA)					2.070	US$71.652,50
DISCOUNT FOR MARKETING SUPPORT						-US$3.000,00
GRAND TOTAL AMOUNT(FOB BUSAN PORT, KOREA)					2.070	US$68.652,50

CONFIRMED BY BUYER

DEF S.A.

28-06-2017

CRISTI CHEON

PAUL TRADING CORP.

보낸 사람: HENRY <   @   .com>
보낸 날짜: 2017년 8월 1일 화요일 오전 11:21
받는 사람:
참조:
제목: RE: PAUL TRADING CORP._칠레향 수출건 8월 스케줄 문의

수신 : 좋은차닷컴㈜ /
발신 :   로지스 /

안녕하세요
하기건 컨펌된 스케줄 송부드리오니 확인 부탁드리겠습니다

BK#011423776

Vessel/Voyage	Doc Clo	Car Clo	ETD	ETA	Line
MSC Ruby 731	06th Aug 2017	10th Aug 2017	11th Aug 2017	13th Sep 2017	APL

2 x 20'GP
Full container drop-off location : PNC

감사합니다
    로지스

Best regards & Thank you
Henry

Wells Fargo Bank, National Association
Seoul Branch
10/F Hancom Building
16, Namdaemun-ro 7-gil, Jung-gu
Seoul (zip: 04533), Korea
Tel: (822) 3706-
Fax: (822) 754
SWIFT:

WELLS FARGO

Letter of Credit Arrival Notice

Date: Aug 2, 2017 **Our Reference:** SEA0000

Send To:
PAUL TRADING CORP.
BAEK-KWANG BD., 10TH FL.,
874-9, BONGCHEON 10 DONG, KWANAK-KU

SEOUL,SOUTH KOREA
Attn: Person in charge of Export Letter of Credit

ORIGINAL

Dear Sir(s),

We are pleased to inform you that the following Letter of Credit has arrived at our bank.

To pick up the L/C, please affix your Company's Stamp, the Seal/Chop on this letter and bring us the letter along with Bank Receipt of Commission Transfer. For LC advising commission, **please remit W35,000 to Wells Fargo Bank N.A. Seoul branch a/c No. with KEB HANA Bank Sogong-dong branch** instead of pay in Cash at our counter. If you would like to receive the L/C by registered mail, please remit W40,000 (including Postage W5,000) to our account and fax the above mentioned same documents to us at 02-754-7004. If there are any changes in the registered information (Company Name, Address, Fax or Telephone numbers), please contact our Customer Care Team and submit a revised "Registration Card".

LC Number:	CD4007110****
Issue Date:	Aug 1, 2017
Issuing Entity:	BANCO DE CREDITO E INVERSIONES
Amount:	USD 68,652.50 +/- 10%
Beneficiary:	PAUL TRADING CORP.
Expiry Date:	Oct 30, 2017

L/C Advising Commission: KRW 35,000 (For mail services, please remit W40,000 to us as mentioned above.)

If you need more details, please contact our Customer Care Team as follows:

Customer Care Trade Seoul
10/F, Hancom Building
16, Namdaemun-ro 7-gil, Jung-gu
Seoul (zip: 04533), South Korea
Tel: **02-3706-**
Fax: **02-754-**
Email: Seoul@wellsfargo.com

Receipt of Letter of Credit

We acknowledge the receipt of the above Letter of Credit.

112-81-

Date : 좋은차닷컴(주) 남준희

<STAMP & SEAL>
Name of Company & address : 서울시 관악구 봉천동 874-9
Name of Recipient : 도 매 업 수 출 업
Telephone Number :

취소불능 내국신용장

전자문서번호	: LOCAPPGOODBYECAR-
통지일자 :	2017-08-04

< 개설내역 >

개설은행 : 기업은행 | 역
개설일자 : 2017-08-04
신용장번호 : L04B517080 ****
개설의뢰인 : 좋은차닷컴(주)
남준희

서울 관악구 봉천동 874-9 백광빌딩
10층 좋은차닷컴(주)
수혜자 : 지에스칼텍스(주)

내국신용장 종류 : 외화표시내국신용장
개설외화금액 : USD
개설원화금액 :
허용오차 : (+)/ (-) (%)
매매기준율 : 0
물품인도기일 : 2017-10-15
유효기일 : 2017-10-15
제출서류 : 물품수령증명서 1 통
공급자발행 세금계산서 사본 1 통
공급자발행 물품매도확약서 사본 1 통
본 내국신용장의 사본 1 통

기타 구비서류 :

당행은 귀하(사)가 위 금액의 범위에서 상기의 서류를 첨부하여 물품대금 전액의 일람출급식 판매대금추심의뢰서 발행할 수 있는 취소불능내국신용장을 개설합니다. 당행은 이 신용장에 의하여 발행된 판매대금추심의뢰서가 당행에 제시된 때에는 이를 이의없이 지급할 것을 판매대금추심의뢰서의 발행인에게 확약합니다.

대표공급물품명 : LUBRICANTS
2017-EX-H005 (HS부호: 2710197120)
분할인도 허용여부 : 허용
서류제시기간 : 물품수령증명서 발급일로부터 5 영업일이내
개설근거별 용도 : 완제품(실적)
기타 : TOLERANCE +/- 10%
개설수수료 =
* 요율: , 일수: 환율:

< 원수출신용장 등 내역 >

개설근거서류 종류 :
신용장(계약서)번호 :

< 발신기관 전자서명 >

발신기관 전자서명 : 중 소 기 업 은 행

1. 이 전자문서는 「전자무역 촉진에 관한 법률」에 따라 발행된 내국신용장으로서 이 문서를 전송받은 개설의뢰인 또는 수혜자는 같은 법률 시행규정 제12조 제3항의 별표4에서 따라 신용장 여백에 정당발급문서임을 표시하는 적색 고무인을 날인하여야 합니다.
2. 이 신용장에 관한 사항은 다른 특별한 규정이 없는 한 국제상공회의소 제정 화환신용장 통일규칙 및 관례에 따릅니다.

- 1 / 1 -

COMMERCIAL INVOICE

1) Seller / Beneficiary	8) No & Date of Invoice
PAUL TRADING CORP. BAEK-KWANG BD., 10TH FL., 874-9, BONGCHEON 10 DONG, KWANAK-KU . SEOUL,SOUTH KOREA	PL-LRYJ17042-1 2017-08-01 **9) No & Date of L/C** CD4007110**** 2017-08-01
2) Buyer / Applicant DEF S.A. CHILE	**10) L/C Issuing Bank** BANCO DE CREDITO E INVERSIONES CHILE CL
3) Notify party DEF S.A.	**11) Consignee** TO THE ORDER OF BANCO DE CREDITO E INVERSIONES
4) Port of Loading BUSAN PORT IN SOUTH KOREA **5) Final Destination** VALPARAISO, CHILE **6) Vessel / Flight** MSC RUBY 731 **7) Sailing on / about** 2017-08-14	**12) Remarks** *DOCUMENTARY CREDIT NUMBER : CD4007110 **** *DATE OF ISSUE : 170801

Marks & Numbers of PKGS	Description of Goods	Quantity/Unit	Unit Price	Amount
- N/M -	GS LUBRICANTES			
			FOB BUSAN PORT IN SOUTH KOREA	
			==============================	
L1970C04E1	Kixx Oil Treatment	24/0.444L BOX 10		
L4173CK5E3	GS Grease 3	24/0.5KG BOX 10		
L1936CL5E1	Kixx Brake DOT 3	24/0.5L BOX 25		
L1938CL5E1	Kixx Brake DOT 4	24/0.5L BOX 10		
L205544TE1	Kixx G1 SN/CF 0W-20	4/4L TIN BOX 10		
L5317AL1E1	Kixx G SJ/CF 5W-30	12/1L BOX 10		
L5317440E1	Kixx G SJ/CF 5W-30	4/4L BOX 10		
L5312440E1	Kixx G1 SN/CF 5W-30	4/4L BOX 30		
L2091AL1E1	Kixx PAO C3 5W-30	12/1L BOX 40		
L209144TE1	Kixx PAO C3 5W-30	4/4L TIN BOX 300		
L2092AL1E1	Kixx PAO C3 5W-40	12/1L BOX 10		
L209244TE1	Kixx PAO C3 5W-40	4/4L TIN BOX 60		
L5313440E1	Kixx G1 SN/CF 5W-40	4/4L BOX 10		
L207044TE1	Kixx G1 SN/CF 10W-30	4/4L TIN BOX 10		
L5314AL1E1	Kixx G1 SN/CF 10W-40	12/1L BOX 20		
L5314440E1	Kixx G1 SN/CF 10W-40	4/4L BOX 260		
L5318440E1	Kixx G SJ 10W-40	4/4L BOX 50		
L2076440K1	Kixx HDX PAO 15W-40(LOCAL)	4/4L BOX 20		
L2076360K1	Kixx HDX PAO 15W-40(LOCAL)	3/6L BOX 20		
L5032AL1E1	Kixx G SF/CF 20W-50	12/1L BOX 10		
L5032440E1	Kixx G SF/CF 20W-50	4/4L BOX 190		
L2001AL1E1	Kixx HD CF-4/SG 15W-40	12/1L BOX 10		
L2001440E1	Kixx HD CF-4/SG 15W-40	4/4L BOX 60		
L2001360E1	Kixx HD CF-4/SG 15W-40	3/6L BOX 80		
L2061AL1E1	Kixx HD1 CI-4/SL 10W-40	12/1L BOX 10		
L206144TE1	Kixx HD1 CI-4/SL 10W-40	4/4L TIN BOX 50		
L2061360E1	Kixx HD1 CI-4/SL 10W-40	3/6L BOX 40		
L2023440E1	Kixx HD CG-4 15W-40	4/4L BOX 15		

To be continued

COMMERCIAL INVOICE

L2023360E1 Kixx HD CG-4 15W-40	3/6L BOX 40	
L2023P20E1 Kixx HD CG-4 15W-40	20L PAIL 10	
L2015AL1E1 Kixx HD1 CI-4/SL 15W-40	12/1L BOX 10	
L2015440E1 Kixx HD1 CI-4/SL 15W-40	4/4L BOX 30	
L2015360E1 Kixx HD1 CI-4/SL 15W-40	3/6L BOX 80	
L2509AL1E1 Kixx ATF DX-III	12/1L BOX 30	
L250944TE1 Kixx ATF DX-III	4/4L TIN BOX 40	
L2518AL1E1 Kixx ATF Multi	12/1L BOX 10	
L251944TE1 Kixx CVTF	4/4L TIN BOX 10	
L2717AL1E1 Kixx Geartec FF GL-4 75W-85	12/1L BOX 150	
L271744TE1 Kixx Geartec FF GL-4 75W-85	4/4L TIN BOX 40	
L2983AL1E1 Kixx Geartec GL-5 80W-90	12/1L BOX 40	
L2983440E1 Kixx Geartec GL-5 80W-90	4/4L BOX 50	
L1933430K1 CX AF/COOLANT	4/3L BOX 150	
SUB TOTAL AMOUNT (FOB BUSAN PORT IN SOUTH KOREA)	2,070	US$71,652.00
DISCOUNT FOR MARKETING SUPPORT		-US$3,000.00
GRAND TOTAL AMOUNT (FOB BUSAN PORT IN SOUTH KOREA)	2,070 PKGS	US$68,652.50

*SAY, TOTAL U.S DOLLARS SIXTY EIGHT THOUSAND, SIX HUNDRED FIFTY TWO AND CENTS FIFTY ONLY.

//

Signed by

PACKING LIST

1) Seller / Beneficiary	8) No & Date of Invoice
PAUL TRADING CORP. BAEK-KWANG BD., 10TH FL., 874-9, BONGCHEON 10 DONG, KWANAK-KU . SEOUL,SOUTH KOREA	PL-LRYJ17042-1 2017-08-01 **9) No & Date of L/C** CD4007110**** 2017-08-01
2) Buyer / Applicant DEF S.A. CHILE	**10) L/C Issuing Bank** BANCO DE CREDITO E INVERSIONES CHILE CL
3) Notify party DEF S.A.	**11) Consignee** TO THE ORDER OF BANCO DE CREDITO E INVERSIONES
4) Port of Loading BUSAN PORT IN SOUTH KOREA **5) Final Destination** VALPARAISO, CHILE **6) Vessel / Flight** MSC RUBY 731 **7) Sailing on / about** 2017-08-14	**12) Remarks** *DOCUMENTARY CREDIT NUMBER : CD4007110**** *DATE OF ISSUE : 170801

Marks & Numbers of PKGS Description of Goods		Quantity	Unit Weight	Gross Weight	Measurement
- N/M - GS LUBRICANTES					
			FOB BUSAN PORT IN SOUTH KOREA		
Kixx G1 SN/CF 10W-40	4/4L BOX	260	3,585.92KG	4,053.92KG	7.80CBM
Kixx G SJ 10W-40	4/4L BOX	50	689.60KG	779.60KG	1.50CBM
Kixx HDX PAO 15W-40(LOCAL)	3/6L BOX	20	283.20KG	319.20KG	0.64CBM
Kixx G SF/CF 20W-50	4/4L BOX	190	2,620.48KG	2,962.48KG	5.70CBM
Kixx HD CF-4/SG 15W-40	4/4L BOX	60	827.52KG	935.52KG	1.80CBM
Kixx HD CF-4/SG 15W-40	3/6L BOX	80	1,132.80KG	1,276.80KG	2.56CBM
Kixx HD1 CI-4/SL 10W-40	3/6L BOX	40	566.40KG	638.40KG	1.28CBM
Kixx HD CG-4 15W-40	3/6L BOX	40	566.40KG	638.40KG	1.28CBM
Kixx HD1 CI-4/SL 15W-40	3/6L BOX	80	1,132.80KG	1,276.80KG	2.56CBM
CX AF/COOLANT	4/3L BOX	150	1,593.00KG	1,851.00KG	3.60CBM
SUB TOTAL1 (APZU39678** & F97326**)		970	12,998.12KG	14,732.12KG	28.72CBM
Kixx Oil Treatment	24/0.444L BOX	10	125.76KG	147.76KG	0.20CBM
GS Grease 3	24/0.5KG BOX	10	120.00KG	134.00KG	0.29CBM
Kixx Brake DOT 3	24/0.5L BOX	25	314.40KG	369.40KG	0.63CBM
Kixx Brake DOT 4	24/0.5L BOX	10	125.76KG	147.76KG	0.25CBM
Kixx G1 SN/CF 0W-20	4/4L TIN BOX	10	137.92KG	155.92KG	0.22CBM
Kixx G SJ/CF 5W-30	12/1L BOX	10	104.64KG	126.64KG	0.24CBM
Kixx G SJ/CF 5W-30	4/4L BOX	10	137.92KG	155.92KG	0.30CBM
Kixx G1 SN/CF 5W-30	4/4L BOX	30	413.76KG	467.76KG	0.90CBM
Kixx PAO C3 5W-30	12/1L BOX	40	418.56KG	506.56KG	0.96CBM
Kixx PAO C3 5W-30	4/4L TIN BOX	300	4,137.60KG	4,677.60KG	6.60CBM
Kixx PAO C3 5W-40	12/1L BOX	10	104.64KG	126.64KG	0.24CBM
Kixx PAO C3 5W-40	4/4L TIN BOX	60	827.52KG	935.52KG	1.32CBM
Kixx G1 SN/CF 5W-40	4/4L BOX	10	137.92KG	155.92KG	0.30CBM
Kixx G1 SN/CF 10W-30	4/4L TIN BOX	10	137.92KG	155.92KG	0.22CBM
Kixx G1 SN/CF 10W-40	12/1L BOX	20	209.28KG	253.28KG	0.48CBM

To be continued

PACKING LIST

Kixx HDX PAO 15W-40(LOCAL)	4/4L BOX	20	275.84KG	311.84KG	0.60CBM
Kixx G SF/CF 20W-50	12/1L BOX	10	104.64KG	126.64KG	0.24CBM
Kixx HD CF-4/SG 15W-40	12/1L BOX	10	104.64KG	126.64KG	0.24CBM
Kixx HD1 CI-4/SL 10W-40	12/1L BOX	10	104.64KG	126.64KG	0.24CBM
Kixx HD1 CI-4/SL 10W-40	4/4L TIN BOX	50	689.60KG	779.60KG	1.10CBM
Kixx HD CG-4 15W-40	4/4L BOX	15	206.88KG	233.88KG	0.45CBM
Kixx HD CG-4 15W-40	20L PAIL	10	177.00KG	187.00KG	0.32CBM
Kixx HD1 CI-4/SL 15W-40	12/1L BOX	10	104.64KG	126.64KG	0.24CBM
Kixx HD1 CI-4/SL 15W-40	4/4L BOX	30	413.76KG	467.76KG	0.90CBM
Kixx ATF DX-III	12/1L BOX	30	313.92KG	379.92KG	0.72CBM
Kixx ATF DX-III	4/4L TIN BOX	40	551.68KG	623.68KG	0.88CBM
Kixx ATF Multi	12/1L BOX	10	104.64KG	126.64KG	0.24CBM
Kixx CVTF	4/4L TIN BOX	10	137.92KG	155.92KG	0.22CBM
Kixx Geartec FF GL-4 75W-85	12/1L BOX	150	1,569.60KG	1,899.60KG	3.60CBM
Kixx Geartec FF GL-4 75W-8	4/4L TIN BOX	40	551.68KG	623.68KG	0.88CBM
Kixx Geartec GL-5 80W-90	12/1L BOX	40	418.56KG	506.56KG	0.96CBM
Kixx Geartec GL-5 80W-90	4/4L BOX	50	689.60KG	779.60KG	1.50CBM
SUB TOTAL2 (CMAU14504** & F97327**)		1,100	13,972.84KG	16,098.84KG	26.48CBM
GRAND TOTAL		2,070	26,970.96KGS	30,830.96KGS	55.20CBM

* SAY, TOTAL TWO (2) 20FT CONTAINERS ONLY
CONTAINER & SEAL NO. : (APZU39678** & F97326**) / (CMAU14504** & F97327**)

//

Signed by

USD 1,106.45
USD 1,106.45

UNI-PASS

수출신고필증(적재전, 갑지)

※ 처리기간 : 즉시

① 신고자 관세사	⑤ 신고번호 11065-17-	⑥ 세관.과 020-15	⑦ 신고일자 2017-08-04	⑧ 신고구분 H 일반P/L신고	⑨ C/S구분 A

②수출대행자 좋은차닷컴(주)
(통관고유부호) 좋은차닷- 수출자구분
수 출 화 주 좋은차닷컴(주)
(통관고유부호) 좋은차닷-
(주소) 서울특별시 관악구 남부순환로 1793 (봉천동)
(대표자) 남준희 (소재지) 08758
(사업자등록번호) 112-81-

⑩ 거래구분 11 일반형태	⑪ 종류 A 일반수출	⑫결제방법 LS 일람출급신용장
⑬ 목적국 CL CHILE	⑭ 적재항 KRPUS 부산항	⑮선박회사 (항공사)
⑯ 선박명(항공편명)	⑰ 출항예정일자	⑱적재예정보세구역 03099999
⑲ 운송형태 10 FC	⑳ 검사희망일 2017/08/04	
㉑ 물품소재지		

③제 조 자 지에스칼텍스(주)
(통관고유부호)
제조장소 산업단지부호

㉒ L/C번호 CD4007110	㉓물품상태 N
㉔ 사전임시개청통보여부 N	㉕반송 사유

④구 매 자 DEF S.A.
(구매자부호)

㉖ 환급신청인 2 (1:수출대행자/수출화주, 2:제조자)
자동간이정액환급 NO

●품명·규격 (란번호/총란수 : 001/042)

㉗품 명 OTHER LUBRICATING OIL
㉘거래품명 KIXX OIL TREATMENT
㉙ 상표명 GS

㉚모델·규격	㉛성분	㉜ 수량(단위)	㉝ 단가(USD)	㉞금액(USD)
(NO.01) *L1970C04E1*24/0.444L BOX		10 (BOX)		

㉟ 세번부호	2710.19-7900	㊱순중량	125.76 (KG)	㊲ 수량	107 (L)	㊳신고가격(FOB)	
㊴ 송품장부호	PL-LRYJ17042-1	㊵수입신고번호		㊶ 원산지	KR---N	㊷포장갯수(종류)	10(BX)
㊸ 수출요건확인 (발급서류명)							

㊹총중량	30,830.96 (KG)	㊺총포장갯수	2,070(BX)	㊻ 총신고가격 (FOB)	$68,652 ₩ 75,960,550
㊼운임(₩)	0	㊽ 보험료(₩)	0	㊾ 결제금액	FOB-USD-68,652.50
㊿수입화물 관리번호				(51) 컨테이너번호	N

※신고인기재란

(52) 세관기재란

INCHEON MAIN CUSTOMS 인천 세관 THE REPUBLIC OF KOREA

(53) 운송(신고)인 (54) 기간 부터 까지	(55) 적재의무기한 2017/09/03	(56) 담당자	(57) 신고수리일자 2017/08/04

발 행 번 호 : (2017.08.04) Page : 1/22

(1) 수출신고수리일로부터 30일내에 적재하지 아니한 때에는 수출신고수리가 취소됨과 아울러 과태료가 부과될 수 있으므로 적재사실을 확인하시기 바랍니다.
(관세법 제251조, 제277조) 또한 휴대탁송 반출시에는 반드시 출국심사(부두,초소,공항) 세관공무원에게 제시하여 확인을 받으시기 바랍니다.
(2) 수출신고필증의 진위여부는 관세청 인터넷통관포탈에 조회하여 확인하시기 바랍니다.(http://unipass.customs.go.kr)

LOGIS

BILL OF LADING

Shipper	B/L No.
PAUL TRADING CORP. BAEK-KWANG BD., 10TH FL., 874-9, BONGCHEON 10 DONG, KWANAK-KU . SEOUL, SOUTH KOREA	JJLCH170(****

Consignee
TO THE ORDER OF BANCO DE CREDITO E INVERSIONES

Notify
DEF S.A.

Received by the Carrier from the shipper in apparent good order and condition unless otherwise indicated herein, the goods, or the container(s) or package(s) said to contain the cargo herein mentioned, to be carried subject to all the terms and conditions provided for on the face and back of this Bill of Lading by the vessel named herein or any substitute at the Carrier's option and/or other means of transport, from the place of receipt or the port of loading to the port of discharge or the place of delivery shown herein and there to be delivered unto order or assigns.

If required by the Carrier, this Bill of Lading duly endorsed must be surendered in exchange for the goods or delivery order.

In accepting this Bill of Lading the Merchant agrees to be bound by all the stipulations, exceptions, terms and conditions on the face and back hereof, whether written, typed, stamped or printed, as fully as if signed by the Merchant any local custom or privilege to the contrary notwithstanding, and agrees that all agreements or freight engagements for and in connection with the carriage of the goods are superseded by the Bill of Lading.

Pre carriage by	Place of receipt	
	BUSAN PORT IN SOUTH KOREA	
Vessel	**Port of loading**	
MSC RUBY 731	BUSAN PORT IN SOUTH KOREA	
Port of Discharge	**Place of Delivery**	**Final destination**
VALPARAISO, CHILE	VALPARAISO, CHILE	

Particular furnished by Shipper

Container No, Seal No, Marks & Nos.	No. of Containers or P'kgs	Kind of Packages: Description of Goods	Gross Weight	Measurement
N/M APZU39678**'/F97326** CMAU14504**I/F97327**	20`DV x 2	"SHIPPER'S LOAD & COUNT" SAID TO CONTAIN: GS LUBRICANTES "FREIGHT COLLECT"	30,830.960KGS	55.200CBM
CY/CY Total number of containers or packages (in words)		SAY : TWO (2) CONTAINERS ONLY. According to the declaration of the merchant		

Freight and charges	Prepaid	Collect	Freight payable at	No. of original B(s)/L
FREIGHT COLLECT AS ARRANGED			DESTINATION	THREE(3)
			Shipped on board date AUG. 11, 2017	by
Total				

For delivery of goods, please apply to:
CONTAINER LINE S.A

issued on AUG. 11, 2017 at SEOUL, KOREA

In witness whereof the number of original Bills of Lading stated below have been signed, all of this tenor and date, one of which being accomplished, the others to stand void.

LOGIS CO., LTD.

by ACTING AS A CARRIER
as carrier

Shipper	B/L-No.
PAUL TRADING CORP. BAEK-KWANG BD., 10TH FL., 874-9, BONGCHEON 10 DONG, KWANAK-KU . SEOUL, SOUTH KOREA	JJLCH170****

LOGIS

BILL OF LADING

Received by the Carrier from the shipper in apparent good order and condition unless otherwise indicated herein, the goods, or the container(s) or package(s) said to contain the cargo herein mentioned, to be carried subject to all the terms and conditions provided for on the face and back of this Bill of Lading by the vessel named herein or any substitute at the Carrier's option and/or other means of transport, from the place of receipt or the port of loading to the port of discharge or the place of delivery shown herein and there to be delivered unto order or assigns.

If required by the Carrier, this Bill of Lading duly endorsed must be surendered in exchange for the goods or delivery order

In accepting this Bill of Lading the Merchant agrees to be bound by all the stipulations, exceptions, terms and conditions on the face and back hereof, whether written, typed, stamped or printed, as fully as if signed by the Merchant any local custom or privilege to the contrary notwithstanding, and agrees that all agreements or freight engagements for and in connection with the carriage of the goods are superseded by the Bill of Lading

Consignee	
TO THE ORDER OF BANCO DE CREDITO E INVERSIONES	
Notify	
DEF S.A.	
Pre-carriage by	**Place of receipt**
	BUSAN PORT IN SOUTH KOREA
Vessel	**Port of loading**
MSC RUBY 731	BUSAN PORT IN SOUTH KOREA

Port of Discharge	Place of Delivery	Final destination
SAN ANTONIO, CHILE	SAN ANTONIO, CHILE	

Particular furnished by Shipper

Container No. Seal No. :Marks & Nos.	No. of Containers of P'kgs	Kind of Packages: Description of Goods	Gross Weight	Measurement
N/M APZU39678**/F97326** CMAU14504**/F97327** CY/CY	20'DV X 2 (2,070 PKGS)	"SHIPPER'S LOAD & COUNT" SAID TO CONTAIN: GS LUBRICANTES "FREIGHT COLLECT" SAY : TWO (2) CONTAINERS ONLY.	30,830.960KGS	55.200CBM
Total number of containers or packages (in words)		According to the declaration of the merchant		

Freight and charges	Prepaid	Collect	freight payable at:	No. of original B(s)/L
			DESTINATION	THREE(3)
FREIGHT COLLECT AS ARRANGED			Shipped on board date: AUG.14,2017	by
Total				

issued on AUG.14,2017 at SEOUL, KOREA

In witness whereof the number of original Bills of Lading stated below have been signed, all of this tenor and date, one of which being accomplished, the others to stand void.

LOGIS CO., LTD.

by ACTING AS A CARRIER

as carrier

For delivery of goods, please apply to:
CONTAINER LINE S.A

Wells Fargo Bank, National Association
Seoul Branch
10/F Hancom Building
16, Namdaemun-ro 7-gil, Jung-gu
Seoul (zip: 04533), Korea
Tel: (822) 3706-
Fax: (822) 754-
SWIFT:

WELLS FARGO

Our Reference: SEA0000

```
---------------------------------------------------------------------------
          Authentication Result: Correct with current key
------------------ Issuance Type and Transmission -------------------------
     Original received from SWIFT
     Priority                     : Normal
     Message Output Reference     : (     170802PNBPKRSXCXXX
     Correspondent Input Reference :      170801CREDCLRMAXXX
------------------------- Message Header ----------------------------------
     Swift Output                 : 700 Issue Of A Documentary Credit
     Sender                       :
                                  :
                                  : BANCO DE CREDITO E INVERSIONES
                                  : SANTIAGO
                                  : CHILE CL

     Receiver                     :
                                  :
                                  : WELLS FARGO BANK, N.A., SEOUL BRANCH
                                  : SEOUL
                                  : KOREA, REPUBLIC OF KR

------------------------- Message Text -------------------------------
  27  : Sequence of Total
        1/1
  40A : Form of Documentary Credit
        IRREVOCABLE
  20  : Documentary Credit Number
        CD4007110****
  31C : Date of Issue
        170801
  40E : Applicable Rules
        UCPURR LATEST VERSION
  31D : Date and Place of Expiry
        171030SOUTH KOREA
  50  : Applicant
        DEF S.A.
        CHILE

  59  : Beneficiary
        PAUL TRADING CORP.
        BAEK-KWANG BD., 10TH FL.,
        874-9, BONGCHEON 10 DONG, KWANAK-KU
        .
        SEOUL,SOUTH KOREA
  32B : Currency Code, Amount
        USD68652,50
  39A : Percentage Credit Amount Tolerance
        10/10
  41D : Available With ... By ...
        ANY BANK IN SOUTH KOREA
```

Wells Fargo Bank, National Association
Seoul Branch
10/F Hancom Building
16, Namdaemun-ro 7-gil, Jung-gu
Seoul (zip: 04533), Korea
Tel: (822) 3706-:
Fax: (822) 754-
SWIFT:

WELLS FARGO

Our Reference: SEA0000

```
      BY PAYMENT
43P : Partial Shipments
      ALLOWED
43T : Transshipment
      ALLOWED
44E : Port of Loading/Airport of Departure
      ANY PORT IN SOUTH KOREA
44F : Port of Discharge/Airport of Destination
      VALPARAISO OR SAN ANTONIO, CHILE
44C : Latest Date of Shipment
      171015
45A : Description of Goods and/or Services
      GS LUBRICANTES
46A : Documents Required
      +OCEAN B/L SHIPPED ON BOARD DULY SIGNED
      IN 3/2 (ORIGINALS/COPIES), MARKED FREIGHT COLLECT,
      CONSIGNED TO THE ORDER OF BANCO DE CREDITO E INVERSIONES
      NOTIFY TO DEF S.A.
      .
      +COMMERCIAL INVOICE IN 1/2 (ORIGINAL/COPIES),DULY SIGNED,
      INDICATING DESCRIPTION OF GOODS, FOB UNITARY PRICES PER ITEMS
      AND TOTAL FOB VALUE, ISSUED TO DEF S.A.
      .
      +CERTIFICATE OF ORIGIN IN 1/2 (ORIGINAL/COPIES)
47A : Additional Conditions
      ALL ORIGINALS DOCUMENTS MUST BE SIGNED.
      DOCUMENTS DATED BEFORE AUGUST 01 , 2017 ARE NOT ACCEPTABLE.
      .
      +IF EACH SET OF SHIPPING DOCUMENTS PRESENTED DO NOT FULFILL WITH
      L/C CONDITIONS, A USD 85,00 WOULD BE REBATED FROM PAYMENT.
71B : Charges
      COMMISSION AND BANKING CHARGES
      ORIGINATED OUT OF CHILE, INCLUDING
      REIMBURSEMENT'S CHARGES, ARE FOR
      BENEFICIARY'S ACCOUNT
48  : Period for Presentation
      DOCUMENTS MUST BE PRESENTED FOR
      NEGOTIATION WITHIN 15 DAYS
      FROM SHIPMENT DATE AND WITHIN
      VALIDITY OF THIS L/C
49  : Confirmation Instructions
      WITHOUT
53D : Reimbursing Bank
      BANCO DE CREDITO E INVERSIONES,SANT
      SANTIAGO
      UNDER OUR REF. CD4007110****
      SUBJECT TO URR 2008 ICC 725
78  : Instructions to the Paying/Accepting/Negotiating Bank
      UPON RECEIPT OF DOCUMENTS STRICTLY COMPLYING WITH TERMS OF THIS
      L/C, WE WILL REMIT THE PROCEEDS TO YOU AS PER YOUR INSTRUCTIONS.
72  : Sender to Receiver Information
```

Wells Fargo Bank, National Association
Seoul Branch
10/F Hancom Building
16, Namdaemun-ro 7-gil, Jung-gu
Seoul (zip: 04533), Korea
Tel: (822) 3706-
Fax: (822) 754
SWIFT:

WELLS FARGO

Our Reference: SEA0000

```
DOCUMENTS NEGOTIATED MUST BE
SENT VIA SPECIAL COURIER DIRECTLY
TO BANCO DE CREDITO E INVERSIONES,
                         SANTIAGO
CHILE,ATTN.: UNIDAD IMPORTACION.
------------------------ End Message Text ------------------------------
```

The related cover letter must be used with this instrument.

Advising Reference Number: SEA0000

Authorized Signature(s)
Wells Fargo Bank, N.A., Seoul Branch

NEGOTIATED ₩ KU$	BY INDUSTRIAL BANK OF KOREA SEOULDAE-YEOK BRANCH	BALANCE ₩ (U$)

2017.8.14 68652.50

KOREA-CHILE FREE TRADE AGREEMENT

CERTIFICATE OF ORIGIN

Issuing Number: CO-OK170814-1

1: Exporter (Name and Address) PAUL TRADING CORP.

BAEK-KWANG BD., 10TH FL., 874-9, BONGCHEON 10 DONG, KWANAK-KU

SEOUL,SOUTH KOREA

Tax ID No: 112-81-

2: Producer (Name and Address)	**3: Importer**(Name and Address)
AVAILABLE TO CUSTOMS UPON REQUEST Tax ID No:	DEF S.A.

4. Description of Good(s)	5. HS No.	6. Preference Criterion	7. Regional Value Content	8. Country of Origin
GS LUBRICANTES	2710.19.7120	B		KR

9. Remarks: DOCUMENTARY CREDIT NUMBER: CD4007110** / DATE OF ISSUE: 170801**

10: Certification of Origin

I certify that:

l The information on this document is true and accurate and I assume the responsibility for providing such representations. I understand that I am liable for any false statements or material omissions made on or in connection with this document

l I agree to maintain and present upon request, documentation necessary to support this certificate, and to inform, in writing, all persons to whom the certificate was given of any changes that could affect the accuracy or validity of this certificate.

l The goods originated in the territory of the parties, and comply with the origin requirements specified for those goods in KOREA-CHILE FREE TRADE AGREEMENT. There has been no further production or any other operation outside the territories of the Parties in accordance with Article 4.12 of the Agreement.

Authorized Signature	Company Name PAUL TRADING CORP.
Name JUN HEE NAM	Title PRESIDENT
Date(MM/DD/YY) 08/14/2017	Telephone / Fax /Email 82-2-878-)/ 82-2-878- / JUNY@PAUL128.CO.KR

수출통지상세

증권정보

증권보유	◉ 있음 ○ 없음
보험증권번호	11-
선적일자	2017.08.14

청약내용

보험종목	단기수출보험(일반수출)
수출자	0( ) 좋은차닷컴(주)
수출자 평가등급	2012.04.03
수입자	
수입자 평가등급	
LC은행	516) BANCO DE CREDITO E INVERSIONES
한도책정금액	USD 300,000.00
잔여한도금액	USD 231,347.50
대행수출구분	직접수출
본지사구분	
결제방법	L/C 0 At Sight

통지내용

• 수출기본정보

보험종목	단기수출보험(일반수출)
인수부서	구로디지털지사
통지번호	11

수출자	0(좋은차닷컴(주)
수출자 평가등급	2017.04.07
수입자	
수입자 평가등급	
수입국가	
본지사구분	○ 본지사아님 ○ 비상위험 본지사 ○ 비상 및 신용위험 본지사
LC은행	516 BANCO DE CREDITO E INVERSIONES
LC은행국가	칠레
LC확인은행	
LC확인은행국가	
지급보증구분	○ 일반기업 지급보증 ○ 금융기관 지급보증 □ 정부, 공공기관 지급보증
지급보증업체	
지급보증업체국가	
대행수출구분	직접수출
대행수입여부	○ 예 ◉ 아니오
실수입자	
중계무역수출국	
현지법인	
청구권양수은행	

• 수출상세정보

발송일자	2017.08.16
수출금액	USD 68,652.50
결제조건	L/C 0 At Sight
결제확정일자	

운송증권	선하증권
운송증권발행일자	
INVOICE번호	PL-LRYJ17042-1
수출상품(HS코드)	2710197120 자동차용 기관오일
수출지역	그 외 모든 지역
개포구분	개별
LC하자여부	● 정상 ○ 하자
이중부보여부	○ 여 ● 부
특례인수여부	○ 여 ● 부
녹색산업종합보험대상여부	○ 여 ● 부
중재조항유무	○ 유 ● 무
계열사코드	

• 요율

부보율	100 % 이내
보험료율특례	해당사항없음

유망서비스수출지원특약

유망서비스수출지원(보험료 할인)	☐
유망서비스수출지원(연속수출인정 및 사고통지 기간연장)	☐
유망서비스수출지원(부보율 상향)	☐

ⓘ 유망서비스수출지원(보험료할인)은 타 협약 또는 지침에 의한 특별할인과 중복하여 적용되지 않습니다.

성립내용

보험기간	2017.08.14 ~ 2017.09.12 30 일
보험료기간	2017.08.14 ~ 2017.09.12 30 일
보험금액	USD 68,652.50

환율	1,146.30 원
보험료율	0.067% 기본(0.120%) / 할인(44.000%) / 할증(0.000%) / 차감(0.000%) / 가감(0.000%)
기본보험료	52,720 원
추가보험료	0 원
지원보험료	0 원
성립일자	2017.08.16
해지일자	
강제성립사유	

납부내역정보

납부보험료	52,720 원
가상계좌번호	4 1 국민은행

① 보험료납부기한 : 개별보험 → 선적일 익월 25일, 포괄보험 → 선적일 익익월 10일

수출통지자

통지자	
연락처	

반송사유내역

반송코드	반송유형	반송내역
데이터가 없음		

새로입력 동일증권번호입력 목록

1. 새로입력 버튼 : 다른증권번호로 수출통지시 클릭
2. 동일증권번호입력 버튼 : 동일증권번호로 수출통지시 클릭
3. 수출/대출통지조회 버튼 : 수출통지등록내역을 확인시 클릭

수출환어음 매입(추심)신청서

◉ 매입
○ 추심

팀원	대리급 팀원	팀 장	부점장

중소기업은행 앞

B/L첨부확인필	

(1) L/C(계약서)내용

Mail To	BANCO DE CREDITO E INVERSIONES. CHILE, ATTN.: UNIDAD IMPORTACION		매입(추심)일	
			Ref No	
			Nego Amount	USD 68,652.50
Interest	(Days %P.A)	Our Comm		Less Comm
Issuing Bank	BANCO DE CREDITO E INVERSIONES		Total Amount	USD 68,652.50
L/C(Contract)No	CD4007110 ****		Issuing Date	2017-08-01
Tenor	AT SIGHT		Maturity	
Beneficiary				
Accountee	DEF S.A.			
Drawee Bank				
Depo Bank			Postage	
			추가전신료(NA등)	
			하자 Code	

(2) 제출서류 및 매입(추심) 신청내용

발행은행 제출서류		Draft	Comm Invoice	Packing List	B L	AWB	InsPol	Cert Origin	Insp Cert	State	Bene Cert	Cert	SUR COPY BL	Extra COPY		
고객작성란	1st		1+ 2C		3+ 2C			1+ 2C								
	2nd															
은행확인란	1st															
	2nd															

Issuing Bank	BANCO DE CREDITO E INVERSIONES	L/C No	CD40071101027
매입(추심)신청금액	USD 68,652.50	Tenor	AT SIGHT

(3) 신용장(계약서)조건과의 불일치 내용

(4) 수수료 환출 입금계좌등록

계좌번호	□ [ ]
	□ 지정된 외환연동출금 계좌와 동일한 계좌로 신청합니다
지급정지 등의 이유로 입금이 불가한 계좌는 입금이 지연될 수 있음	

위와 같이 화환어음의 매입(추심)을 신청함에 있어서 따로 제출한 외국환거래약정서의 해당조항에 따를 것을 확약하며 신용장(계약서)조건과의 불일치 내용이 상대은행에서 통보되어온 경우 ... 불일치 내용을 신고한것으로 인정하여도 이의를 제기하지 않겠습니다. 아울러 위 수출품목에 대한 모든권리를 은행에 양도하겠습니다.

신청인 : 좋은차닷컴(주) 남춘희 (인)

주 소 : 서울시 관악구 봉천동 874-9

도매업 수출업

인감대조

< 주의 > : 점선 아래부분을 훼손하지 마세요.

IBK 기업은행

선적서류 송부 신청서

당점이 매입한 선적서류를 아래와 같이 송부신청합니다.

부점(직인)

(1) L/C(계약서)내용

Mail To				매입(추심)일	
				Ref No	
				Nego Amount	
Interest	(Days %P.A)	Our Comm		Less Comm	
Issuing Bank				Total Amount	
L/C(Contract)No				Issuing Date	
Tenor				Maturity	
Beneficiary					
Accountee					
Drawee Bank					
Depo Bank				Postage	
				추가전신료(NA등)	
				하자 Code	

(2) 제출서류 및 매입(추심) 신청내용

발행은행 제출서류		Draft	Comm Invoice	Packing List	B/L	AWB	InsPol	Cert Origin	Insp Cert	State	Bene Cert	Cert	SUR COPY B/L	Extra COPY		
고객작성란	1st		1+ 2C		3+ 2C			1+ 2C								
	2nd															
은행확인란	1st															
	2nd															
Issuing Bank			BANCO DE CREDITO E INVERSIONES					L/C No		CD40071101027						
매입(추심)신청금액			USD 68,652.50					Tenor		AT SIGHT						

* 참고사항

(참고사항란에는 Commission 지급내용, Usance L/C를 A/S로 매입한 경우 등 상기 L/C 내용란에 표시되지 않은 주요사항 기입)

IBK 기업은행

Tips 전문무역상사

새 수출 첨병 '전문무역상사' : 제2의 종합상사로 떠오르다

1970~1980년대 대학생 선호 직업 1위는 '상사맨'이었다. 당시 상사맨들의 구호는 '라면에서 미사일까지 수출한다'였다. 정부는 1975년 '종합상사 제도'를 도입해 국제입찰 우선 지원, 외화 보유 한도 100만 달러 등의 혜택을 제공했다.

종합상사는 정부의 지원에 힘입어 '사막에 난로를 팔고 북극에 냉장고를 판다'는 말이 나올 정도로 수출에 앞장서 왔다. 하지만 제조업체들의 자체 수출 능력이 향상되면서 종합상사의 위상은 점점 떨어졌다.

2009년엔 기존 종합상사 제도가 도입된 지 34년 만에 폐지됐다. 현재 대부분의 대기업 종합상사는 제3국 간 거래를 하는 '트레이딩'이 주력 사업이다.

상사가 다시 주목받기 시작한 것은 3년 전부터다. 정부는 무역상사의 전문성을 바탕으로 중소기업의 수출을 지원하기 위해 2014년 7월 '전문무역상사 제도'를 도입했다.

■ 전문무역상사, 중소기업 수출 교두보

지난해 기준 216개 전문무역상사 중 이마트 · 이랜드 등이 해외 사업에 드라이브를 걸고 있다. 올해에는 236개 회사가 전문무역상사로 지정됐다. 특히 롯데마트와 GS홈쇼핑이 전문무역상사로 신규 지정되면서 대형마트 · 홈쇼핑 등 유통기업이 새로운 수출 첨병으로 떠오르고 있다.

2014년 도입된 전문무역상사 제도의 취지는 '수출 초보 내수 기업의 간접 수출 증진'이다. 산업통상자원부는 전년 수출 실적 또는 최근 3년간 연평균 수출 실적이 100만 달러 이상이고 다른 중소 · 중견기업 생산 제품의 수출 비율이 20% 이상인 무역상사 등을 대상으로 매년 전문무역상사 지원 신청을 받고 있다.

정부는 선정된 기업에 단기 수출보험 가입 우대와 수출 신용보증 가능한도 우대, 무역기금 융자 시 가점 부여, 환 변동 보험료 지원, 수입자 신용상태 조사자료 지원 등의 혜택을 준다.

지난해 이마트 · 이랜드월드 · (주)한화 · 대림코퍼레이션 · NH무역 등 216개 회사가 전문무역상사로 지정됐다. 이들 기업은 해외 마케팅 능력이 부족한 영세기업의 해외시장 개척을 돕는 등 작년에만 약 23억 달러 규모의 중소 · 중견기업 대행 수출을 기록했다.

일례로 식품 기업 A사는 중국 시장에 독자 진출을 시도했지만 수차례 실패한 뒤 전문무역상사인 희창물산을 통해 첫 수출에 성공할 수 있었다. 중국 시장 수출 경험이 많은 희창물산은 현지에서 통할 수 있는 디자인과 라벨링을 지원하는 등 A사의 중국 진출 교두보 역할을 했다.

올해에는 전문무역상사가 236개(재지정 162곳) 기업으로 늘었다. 산업부는 서류 심사 등을 거쳐 최근 2017년 전문무역상사 선정 결과를 발표했다. 롯데마트 · GS홈쇼핑 · 삼성물산 등이 신규 지정됐다. 정부는 한국산 제품의 해외 진출 창구 역할을 하는 유통 기업을 '제2의 종합상사'로 키워 수출 중소·중견기업과 동반 진출을 유도할 계획이다.

■ **이마트, 2018년 수출 1,000억원 달성**

이마트는 지난해 전문무역상사 지정 이후 글로벌 종합유통 기업으로 성장하기 위해 발걸음을 재촉하고 있다. 지난해 베트남·몽골·미국·싱가포르 등 10개 국가에 320억원어치를 수출했다. 올해에는 지난해보다 65% 증가한 530억원어치를 수출한다는 목표다. 또한 올 연말까지 수출 대상 국가를 기존 10개국에서 20개국으로 늘릴 계획이다.

이마트는 2018년 수출 규모 1,000억원을 달성하는 등 수출을 회사의 신성장 동력으로 삼을 방침이다. 이마트는 이를 위해 자체 해외 점포와 현지 대형 유통업체, 현지 도매 채널 등 3가지 트랙을 활용한다는 전략이다. 특히 올해 노브랜드 등 단독 상품 수출을 크게 늘려 전체 수출액에서 중소기업 상품이 차지하는 비율을 50%까지 끌어올릴 계획이다.

이마트는 또 최근 몽골 울란바토르 이마트에 국내산 딸기와 포도 등의 신선식품 수출을 시작했다. 이마트는 향후 신선식품 수출을 본격화해 국내 농가의 판로 확보에 기여할 방침이다.

이갑수 이마트 대표는 "이마트는 국내 우수 중소기업 상품을 해외에 소개할 수 있는 글로벌 수출 네트워크와 업무 노하우를 갖췄다"며 "올해에도 중소기업 수출 판로 확보의 핵심 역할을 할 것"이라고 말했다.

■ **이랜드월드, 지난해 수출액 370억원**

이랜드도 해외시장 공략에 박차를 가하고 있다. 이랜드그룹의 지주사인 이랜드월드는 국내 중소기업의 원자재를 동남아시아로 수출, 현지 생산기지에서 제품화하고 있다. 완제품에 그룹 내 제조·직매형 의류SPA 브랜드를 단 뒤 세계 최대 패션 소비국인 중국으로 재수출해 외화를 벌어들이는 전략이다. 이랜드월드의 지난해 수출액은 약 370억원이며 중소·중견기업 제품 비율은 약 50%다. 이랜드는 해외시장을 공략하기 위해 10여 년 전부터 동남아시아 생산공장을 구축해 왔다. 세계 최대 섬유공장인 베트남 탕콤을 비롯해 중국·방글라데시·인도네시아 등에 자체 생산공장을 갖췄다. 이랜드는 이들 생산기지에서 스파오·미쏘·슈펜 등의 SPA 브랜드 제품을 생산해 국내외 시장을 두드리고 있다.

이랜드 관계자는 "경쟁력 있는 국내 중소기업의 원자재를 동남아시아 생산기지로 수출해 부가가치를 높이는 측면에서 의미가 있다"며 "동반 성장하기 위해 원단 품질 개발 등 중소기업과의 전략적 파트너 관계를 지속적으로 유지할 것"이라고 말했다.

■ **GS홈쇼핑, 중소기업 제품 직수출**

올해 전문무역상사로 지정된 GS홈쇼핑도 글로벌 수출 기업으로의 본격적인 변신을 꾀할 계획이다. GS홈쇼핑은 러시아 · 인도 · 중국 · 말레이시아 등 8개국에서 현지 합작 홈쇼핑을 운영하고 있다. 지난해 해외 조인트벤처의 전체 취급액은 1조원을 넘어섰다. 수출액은 약 300억원에 이른다. GS홈쇼핑은 해외 인프라를 통해 국내 중소기업의 수출 가교 역할을 하고 있다.

GS홈쇼핑은 2012년 우수 중소기업 상품을 사들인 다음 해외 합작 홈쇼핑에 직접 수출하는 시스템을 도입했다. 이를 통해 복잡한 현지 인허가 및 통관 절차와 재고 부담, 환율 변화 등 중소기업의 수출 위험 요소를 크게 줄였다. 중소기업이 GS홈쇼핑으로 물건을 가져다주기만 하면 수출이 가능해진 셈이다. 지난해 GS홈쇼핑의 해외 합작 홈쇼핑을 통해 판매된 한국 상품은 약 150종류, 300만 개다. 이 중 중소기업 상품이 차지하는 매출 비율은 80% 이상이다.

GS홈쇼핑은 "아시아홈쇼핑 시장개척단, 우수 벤더의 조인트벤처 견학 등 국내 중소기업의 해외 판로 확대를 도모하는 다양한 수출 지원 프로그램을 지속적으로 운영할 것"이라고 말했다.

■ 롯데마트, 해외 170개 점포 대상 수출 시동

전문무역상사로 신규 지정된 롯데마트도 글로벌 자체 유통망을 통해 자체 브랜드PB 상품 수출을 확대한다. 롯데마트는 해외 3개국에 오픈한 170개(중국 112개, 인도네시아 45개, 베트남 13개) 점포망을 이용해 국내 농산물을 소개하고 있다. 롯데마트의 국내 농산물 수출은 2014년 중국에 양파를 수출했던 게 시작점이었다. 당시 양파는 국내 공급 과잉과 소비 부진으로 가격이 폭락해 재고 소진이 시급한 상황이었다.

롯데마트는 그해 11월 중국에 약 8톤 규모의 양파를 수출했다. 이듬해 1월엔 베트남에도 약 10톤 규모의 양파를 수출했다. 이후 베트남에 한국산 버섯과 딸기를 소개했고, 지난해 3월엔 중국에 한국산 쌀 30톤을 수출하기도 했다.

롯데마트는 향후 국내 수급 상황에 따라 수시로 농산물 수출을 진행할 계획이다. 또한 청년 창업 기업의 해외 진출을 돕는 데도 힘을 쏟고 있다. 롯데마트는 지난해 7월 '청년 창업 크리에이티브 드림' 프로젝트의 상품 품평회를 통해 청년 창업자들이 국내외 롯데마트에 진출할 수 있는 기회를 제공했다. 당시 품평회에 참석한 업체 중 제이에스아이디어의 아쿠아슈즈는 롯데마트 인도네시아 · 베트남 법인과 총 12만 달러 규모의 수출 계약을 했다. 코디아의 공룡알 장난감은 베트남 법인과 2만 5,000달러 규모의 계약을 체결했다.

롯데마트 관계자는 "전문무역상사 로 지정됨에 따라 해외 170개 점포를 대상으로 PB 상품 등의 수출을 적극 추진할 것"이라며 "향후 해외 유통업체 등 다양한 경로를 통해 수출 규모를 크게 확대하겠다"고 말했다.

자료 : choies@hankyung.com. 한경Biz, 2017. 3. 27.
http://magazine.hankyung.com/apps/news?popup=0&nid=01&c1=1001&nkey=2017032701113000091&mode=sub_view

A.2 국제무역의 역사

1. 16C 이전 이탈리아 도시국가

16C 이전 …… 지금으로부터 600~700년 전에 과연 국제무역이라 얘기할 만한 교역은 무엇이 있었을까? 흔히들 실크로드를 따른 동서양의 향신료 및 비단 거래 얘기를 많이 한다.

콘스탄티노플터키 이스탄불을 통해 들여온 동양의 물자를 베네치아, 밀라노, 제노아 등 이탈리아 도시국가 상인들이 중계무역을 하면서 많은 부를 축적했다고 한다.

그 당시 이탈리아 상인들이 동서양 교역에서 두각을 나타냈던 이유는 뭘까? 교역 활성화가 이탈리아 사회에 끼친 영향은? 1453년 이슬람 세력의 콘스탄티노플 점령은 어떤 영향을 미쳤을까? 이탈리아 상인들의 쇠퇴 배경은?

Italian Trade Cities

Spring 2017
Group B

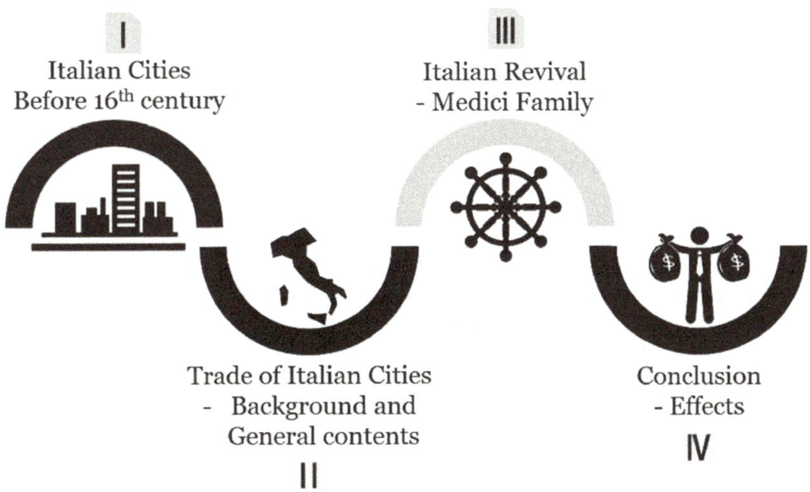

I ITALIAN CITIES BEFORE 16TH CENTURY

Important Events Before 16th Century

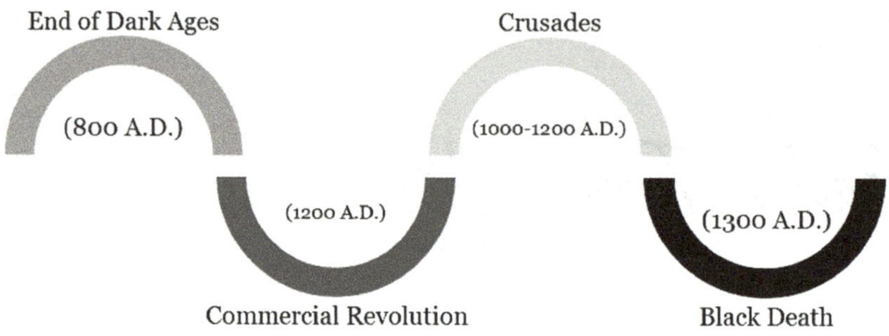

I ITALIAN CITIES BEFORE 16TH CENTURY

Important Events Before 16th Century

Commercial Revolution

Crusaders for the Middle East
->variety of new products were introduced to the West
->Venice and Genoa became rich
while providing ships with shipping services to the crusaders.

Ⅰ ITALIAN CITIES BEFORE 16TH CENTURY

Important Events Before 16th Century

Venice & Genoa – economic pioneers

- Why?

1. high population density
2. inspired entrepreneurs (Marco Polo); no strong monarchies emerged

Commercial Revolution

- Even before Renaissance, Venice had been trading with the Islamic World (> 9th century)
- Genoa also traded from the Mediterranean Sea to the Atlantic Ocean and Northern Europe

Ⅰ ITALIAN CITIES BEFORE 16TH CENTURY

Important Events Before 16th Century

Trade Before 16th Century

1200: Trade with Egypt, Syria, Southeast Asia, Iran & China

-> spices, grain, wine & salt

-> Marco Polo's opening of the silk route between Venice & the East

⇒ Venetian merchants established links between the Mongol Empire, Persia, Armenia, the Caucasus & Asia Minor

=> was able to acquire many exotic goods (porcelain, pearls, ...) from Far East

- silk, cotton & brocades from Egypt & Asia Minor
- minerals from German Empire
- wool & woven cloth from Flanders & England

I ITALIAN CITIES BEFORE 16TH CENTURY

Important Events Before 16th Century

Trade Before 16th Century

Black Death in 1347 ⟶ decrease in population

From late 15th century:

Italy found a new niche in luxury items

(ceramics, glassware, lace and silk, wine & wheat fruit)

-> Italy was back in control of trade along Mediterranean Sea

II TRADE OF ITALIAN CITIES

Background and General contents

Venice	The Fourth Crusade	to defeat Islamic forces originally ↓ the political and economic objectives have become stronger, aiming at the Byzantine Empire The venetians the profits they could gain from participating in the war completely monopolize the trade rights of the East Mediterranean excellent processing technology for producing glass, suits, silk products, gold, iron, bronze

II TRADE OF ITALIAN CITIES

Background and General contents

Florence	the late 13th century	the center of the bankers Florin gold coins - the first gold coin in Europe played an important commercial role The Medici family - established the Medici bank that developed around Florence ↓ the richest and most prominent bank in Europe

II TRADE OF ITALIAN CITIES

Background and General contents

Milan	a major trading city	considerable influence in international diplomacy <u>Verona</u> dominated by foreign powers since the 16th century the Lombard League Milan took the lead role in the league ↓ the wealth and power upon Italy's trading cities The most important industries in the period - armory and wool production

II TRADE OF ITALIAN CITIES

Background and General contents

Genoa	the Mediterranean	This location enabled Genoa to become rich - overseas trade a rival of Venezia After the defeat of Pisa in the Battle of Meloria (1284) ↓ Genoa 's growth marine insurance for the first time in human history

III TRADE OF ITALIAN CITIES

Italian Revival - Medici Family

Beginning of Medici Family - Giovanni di Bicci de' Medici

Born from the Medici family of Firenze / the founder of the Medici bank

Powerful families like the Medici family have accumulated much more economic wealth

↓

the powers of the Firenze as well as the Roman Catholic Church

Heyday of Medici Family

Political reform

Cosimo implements radical political reforms

low-income bracket -only 4% of the income tax
high-income bracket -33% of its income tax

Four years later, the incremental rate continued to increase, increasing by up to 50 %.

Supported by the lower classes

Church reform

Eugene the 4th (the Pope)
- stripped of the papal powers
by Roman priests and the French king

A new religious force along with the Cosimo

the Monastery of San Marco
with the money of the Cosimo
The Church of San Marco
-emerged as a new center of religious life in Firenze

Heyday of Medici Family

Lorenzo Medici, " GREAT MAN" scholarship and art
an excellent poet

Sponsored numerous artists

Michelangelo – coached by Lorenzo de Medici and attended the Academy of Santa Maria's art academy

Leonardo da Vinci – drew a picture for Lorenzo

Rapaello – came to Firenze, which extended the boundaries of art

Ⅲ TRADE OF ITALIAN CITIES

Italian Revival – Medici Family

How Medici Family can grow wealth?

Trade of wool

Trade with Asia

With advantage of geography

Ⅲ TRADE OF ITALIAN CITIES

Italian Revival – Medici Family

Trade of wool

Merchant trade

Intermediate trade

With trade of wool,
Giovanni de' Medici
can establish Medici bank.

Ⅲ Trade of Italian Cities

Italian Revival - Medici Family

Trade with Asia

Overseas trade

Before new trade route has found, Italy monopolized trade of Europe.

Ⅳ Conclusion - Effects

1) The prosperity of the foreign trade

Italy monopolized the trade with the Asia through Mediterranean trade.

So, the other countries that fall behind Italy tried to get better with their trade.

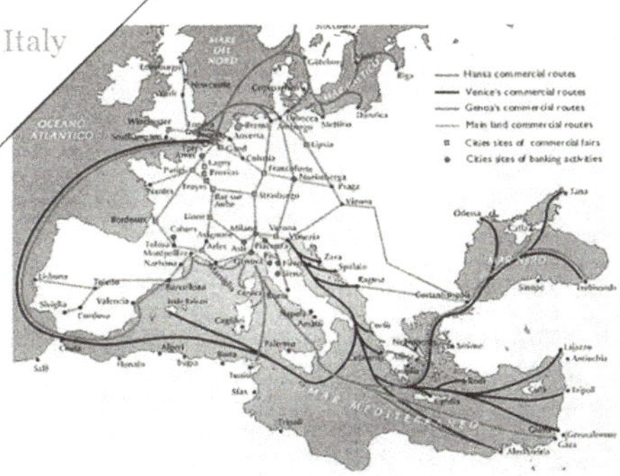

IV Conclusion
- Effects

2) The discovery of the new world and new routes

Ottoman Empire became stronger in Mediterranean trade.

Empire imposed taxes on goods
that headed to Western countries.

the Eastern Europe countries tried to
discover the new continent and new routes

The Mediterranean trade has declined.

IV Conclusion
- Effects

3) The economic growth

Coins used to buy goods which created
a money economy in Renaissance era.

Needed to covert one type of currency into another

many craftspeople, merchants, and bankers became more important in society

Crafts people produced goods

merchants traded all over Europe

Bankers exchanged currency, loaned money, and
financed their own business

Ⅳ CONCLUSION
- EFFECTS

4) The development of Renaissance

In Mediterranean trade, lots of culture, new ideas and goods are introduced

↓

natural for Italy to lead the Renaissance Age

People mentioned on previous page could afford to help make their cities more beautiful

Many became patrons

→ provided new buildings and art

helped found universities

many city-states became a flourishing educational and cultural center

2. 16C 스페인 & 포르투갈

1492년 이베리아 반도를 중심으로 대변화가 일어난다.

크리스토퍼 콜럼버스가 에스빠냐 이사벨 여왕의 후원 하에 대서양을 횡단하여 신대륙 아메리카를 발견한다.

레꽁끼스타Reconquista가 완성된 해가 또한 1492년이다. 오랜 기간에 걸쳐 이베리아 반도 북부의 카톨릭 왕국들은 반도 내의 이슬람 세력을 축출하고자 애써 왔다.

이렇게 에스빠냐와 포르투갈의 전성기는 대항해시대와 맞물려 있다. 향후 16C 내내 이 두 나라가 세계를 지배했다고 해도 과언이 아니다.

이베리아 반도의 에스빠냐와 포르투갈이 대항해 벤처에 나섰던 배경은 뭘까? 그들의 성공요인은? 막강한 군사력과 자금력을 가졌던 두 나라가 쇠락하게 된 이유는 뭘까? 이베리아 반도에 살았던 유대인들의 이동은 어떤 결과를 가져왔던가?

16c International Business trade of Spain and Portugal

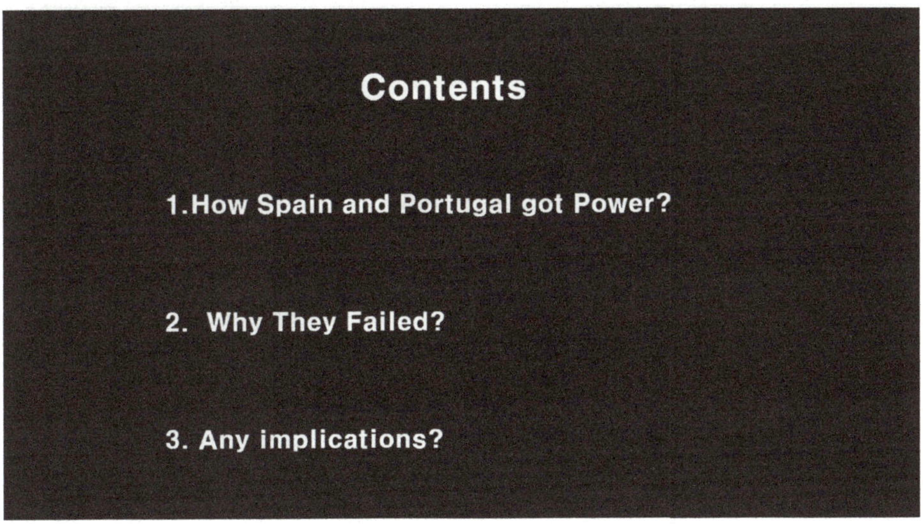
Contents
1.How Spain and Portugal got Power?
2. Why They Failed?
3. Any implications?

How Spain and Portugal got Power?

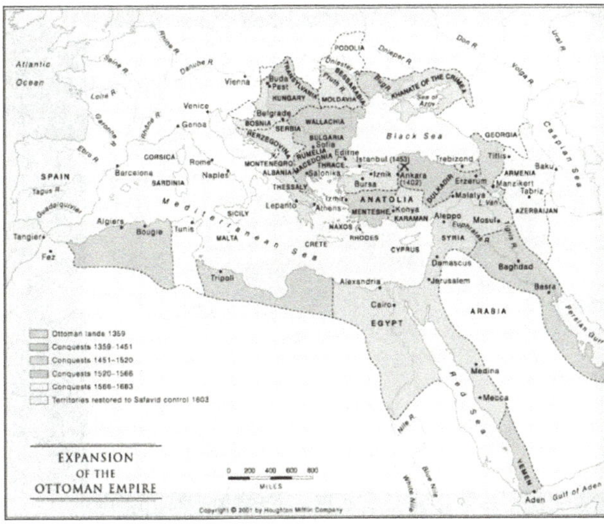

The growth of Ottoman Empire

HOW?

Ireland
Netherlands
Germany
Belgium
Ukraine
Czechia
Slovakia
Moldova
Austria
Hungary
Romania
Black Sea
France
Croatia
Serbia
Bulgaria
Italy
Turkey
Portugal
Greece
Syria
Spain
Tyrrhenian Sea
Lebanon
Israel
Mediterranean Sea
Tunisia
Morocco
Egypt
Algeria
Libya
Western Sahara

Christopher Columbus

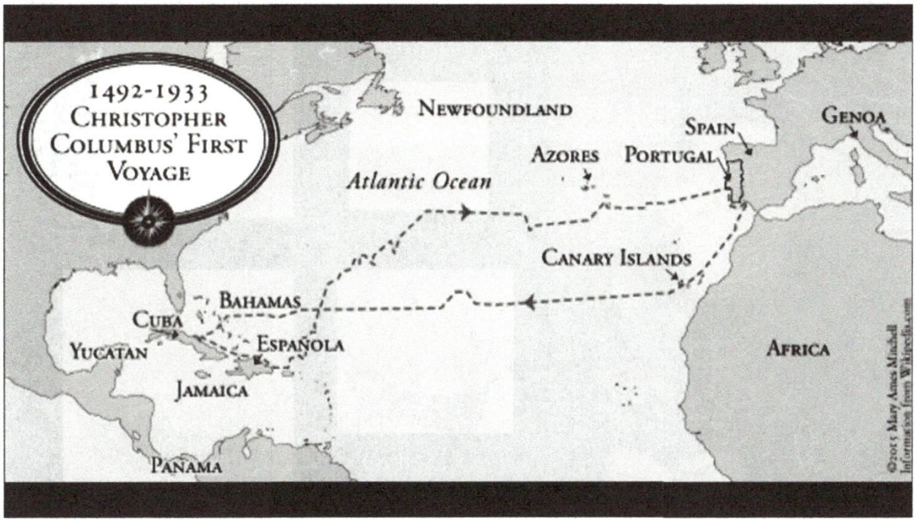
1492-1933
Christopher
Columbus' First
Voyage
Newfoundland
Spain
Genoa
Azores
Portugal
Atlantic Ocean
Canary Islands
Bahamas
Cuba
Yucatan
Española
Africa
Jamaica
Panama
©2015 Mary Ames Mitchell
Information from Wikipedia.com

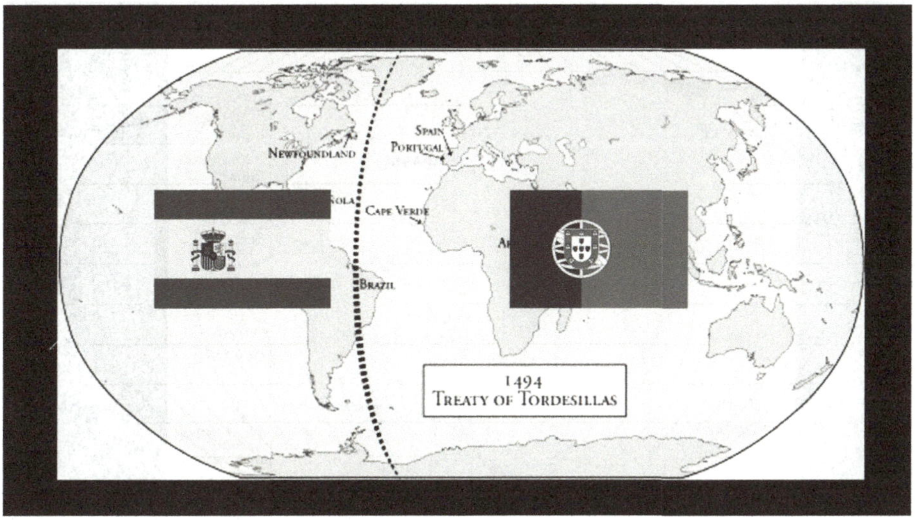
Spain
Portugal
Newfoundland
Cape Verde
Brazil
1494
Treaty of Tordesillas

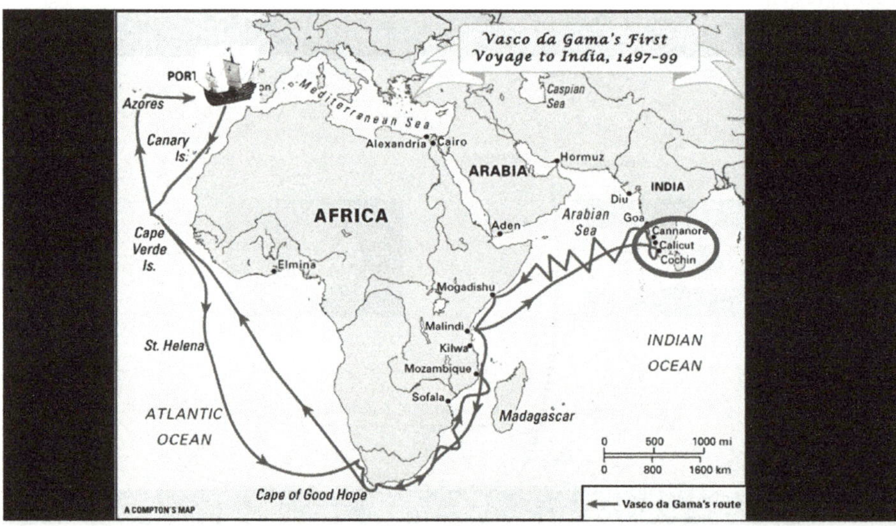
Vasco da Gama's First Voyage to India, 1497-99
Azores
Canary Is.
Cape Verde Is.
St. Helena
ATLANTIC OCEAN
Cape of Good Hope
Mediterranean Sea
Alexandria
Cairo
AFRICA
Elmina
ARABIA
Hormuz
Caspian Sea
Aden
Arabian Sea
INDIA
Diu
Goa
Cannanore
Calicut
Cochin
Mogadishu
Malindi
Kilwa
Mozambique
Sofala
Madagascar
INDIAN OCEAN
0 500 1000 mi
0 800 1600 km
Vasco da Gama's route
A COMPTON'S MAP

Armada Invincible

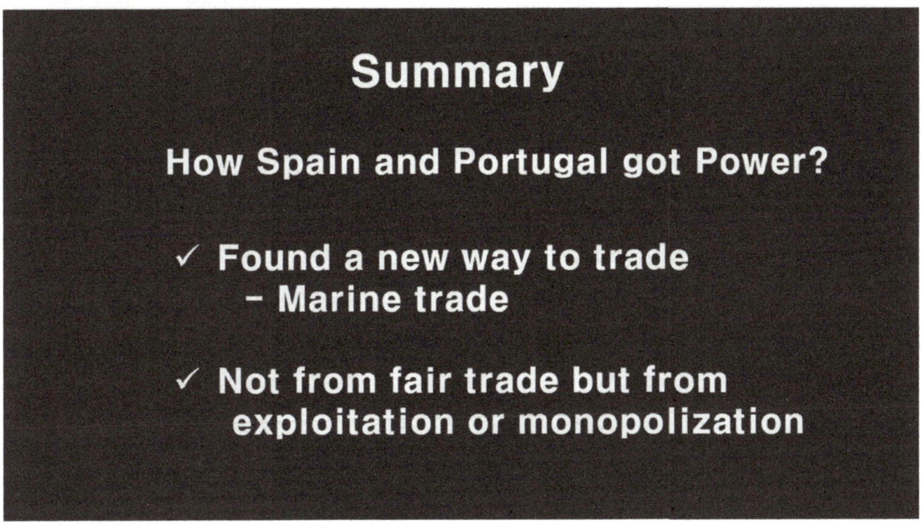
Summary
How Spain and Portugal got Power?
✓ Found a new way to trade
- Marine trade
✓ Not from fair trade but from
exploitation or monopolization

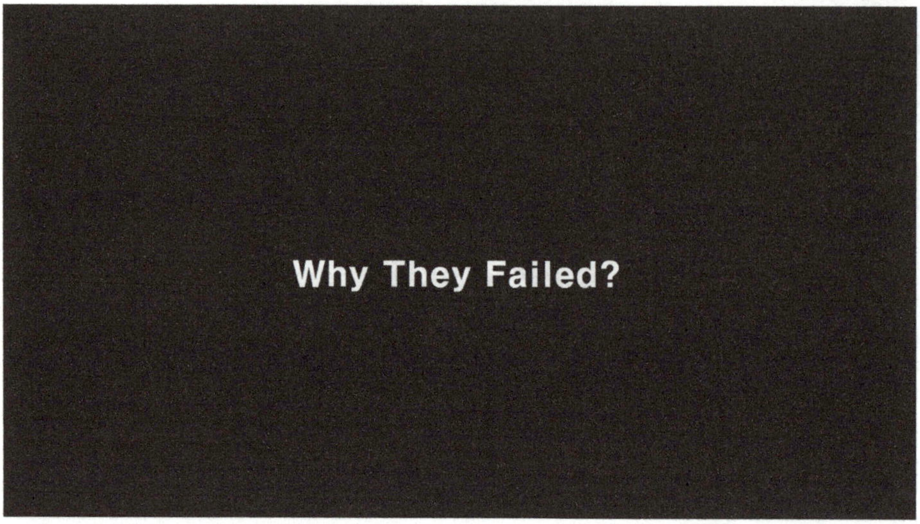
Why They Failed?

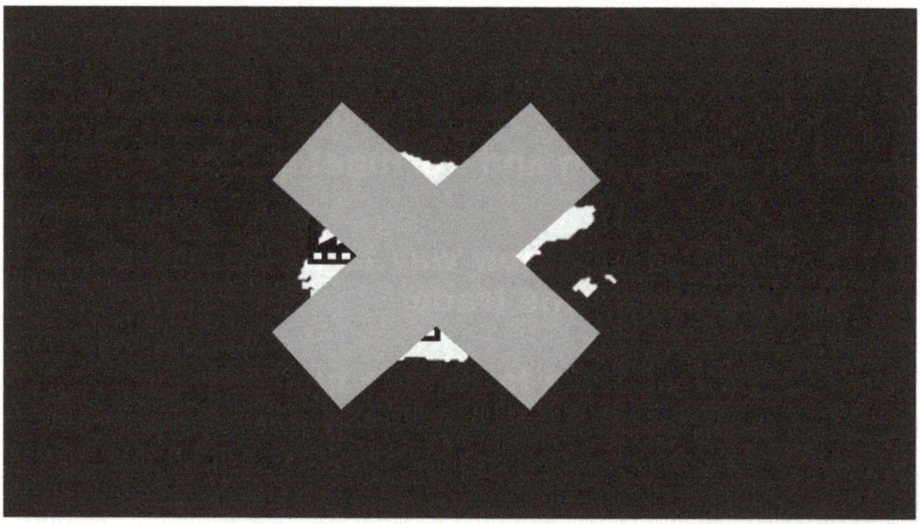

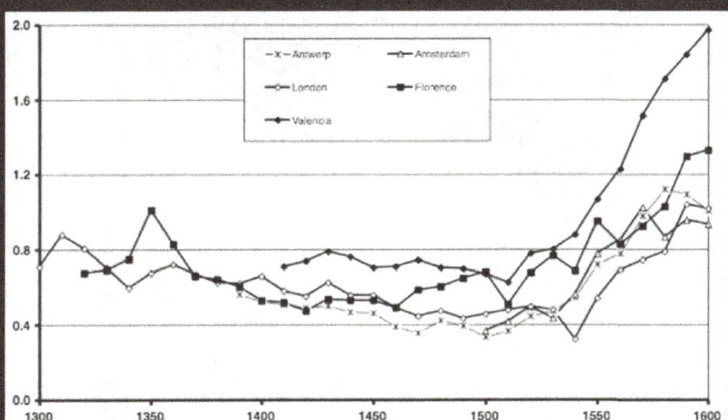

Figure 1. *Consumer prices in European cities in grams of silver, 1300–1600*

Source : Global Price and Income History Group

VS

Summary

Why Spain and Portugal Failed?

- ✓ They only think about "MONEY"
- ✓ There was corruption.
- ✓ Exhausted by Long Long War

Any Implications?

3. 17C 네덜란드

일본 에도시대(17C~19C) 때 재미있는 이름의 학문이 있었는데 소위 란학蘭学이다. 란蘭? 동양란 키우는 학문인가?

Nope! 바로 네덜란드(오란다)의 란이다. 일본의 유일한 대외 개방항이었던 나가사키를 중심으로 서구 문물이 물밀듯이 들어왔는데 그 중심에 네덜란드가 있었다. 당시 선진 서구 실용학문의 전형으로 네덜란드 공부, 란학蘭学이 자리 잡았다.

Netherlands. 이름 그대로 지표면이 해면보다 아래 있는 척박한 땅이었고 그나마 국토 면적도 별볼일 없이 작다. 이런 열악한 환경에서 네덜란드는 17C 세계 최강국이 되었다. 어떻게?

이렇다 할 자원도 없고 군사력이나 경제력도 빈약했던 네덜란드가 선택할 길은 오직 개방과 국제화였다. 외국 전문인력, 새로운 아이디어와 유대인 자본을 대거 유치하고 대외무역에 매진함으로써 강소국의 전형이 되었다.

네덜란드 굴기의 배경은 무엇일까? 유대인 파워의 원동력은 뭘까? 개방과 국제화의 이점과 문제점은?

THE NETHERLANDS
BY TEAM F

Leeuwarden
Groningen
Sneek
Den Helder
53°
North
Sea
Meppel
NETHERLANDS
Almelo
Haarlem
GERMANY
Amsterdam
Enschede
Apeldoorn
The Hague
Delft
Utrecht
52°
Rotterdam
Arnhem
Nijmegen
Breda
Tilburg
Eindhoven

How that Region or Country got Power ?

REASONS FOR SUCCESS

1.Development of fishery

2.Jewish Movement

3.Development of shipbuilding and shipping industry

4.Development of financial industry

5.VOC (Dutch East India Company)

1. Development of fishery

http://files.webklik.nl/user_files/2012_07/412133/wk24_Ze_zijn_er_nu_echt_de_Hollandse_Nieuwe.jpg

2.Jewish Movement

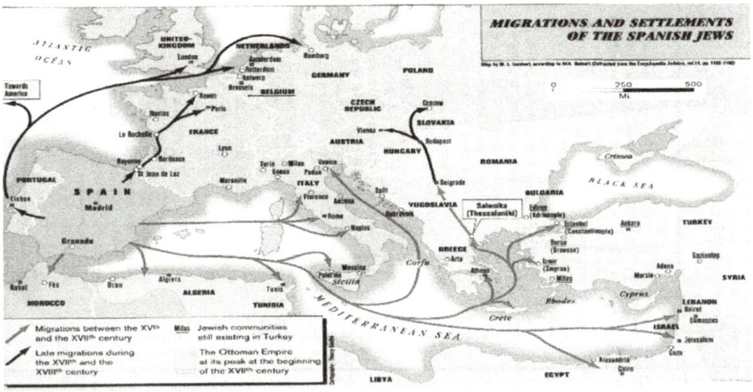

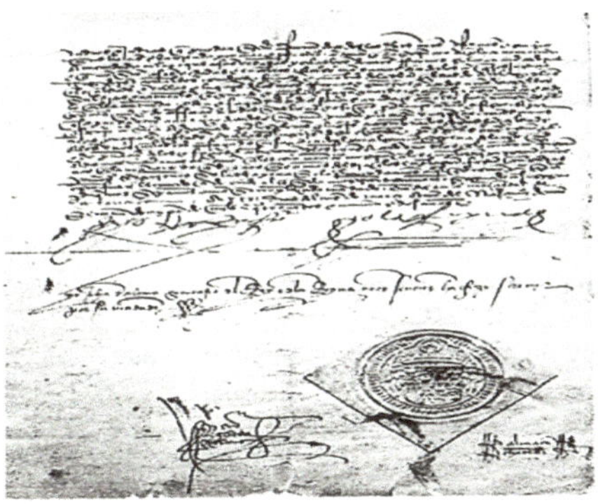

- Alhambra Decree

  Issued on 1492, ordering the expulsion of Spanish Jews.

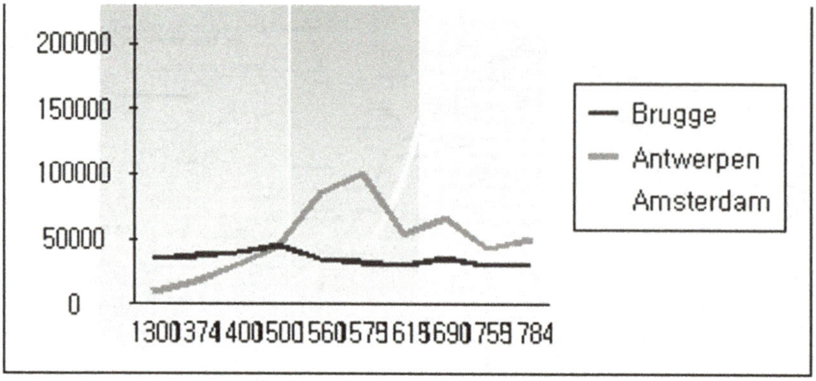

https://encrypted-tbn2.gstatic.com/images?q=tbn:ANd9GcRZQpuXl51G5tDytolUBdko4tdSL_wsvrQH_paoegnWxjZw1TAHYA

JEWISH MOVEMENT INFLUENCE

- Population of Amsterdam increased from 30 thousands to 200 thousands.
- Lots of Jews were moneylenders, Protestant merchants, skillful workers and technicians. They become a major reason of economic growth.
- VOC's financing problem was solved by an idea of corporation which was suggested by Jewish people.
- New ship building technique was introduced. So Netherlands held a dominant position in shipbuilding and marine transport industry.

3.Development of shipbuilding and shipping industry

- Fluyt Ship

-More loads

-Faster

-Cheaper

4.Development of financial industry

•Stock Exchange

•Foreign Exchange Exchange Bank

•Amsterdam Bank

5.VOC (Dutch East India Company)

•Spain and England Sea Fight

-Netherlands Got Maritime Hegemony

-VOC Getting Power in International Trade

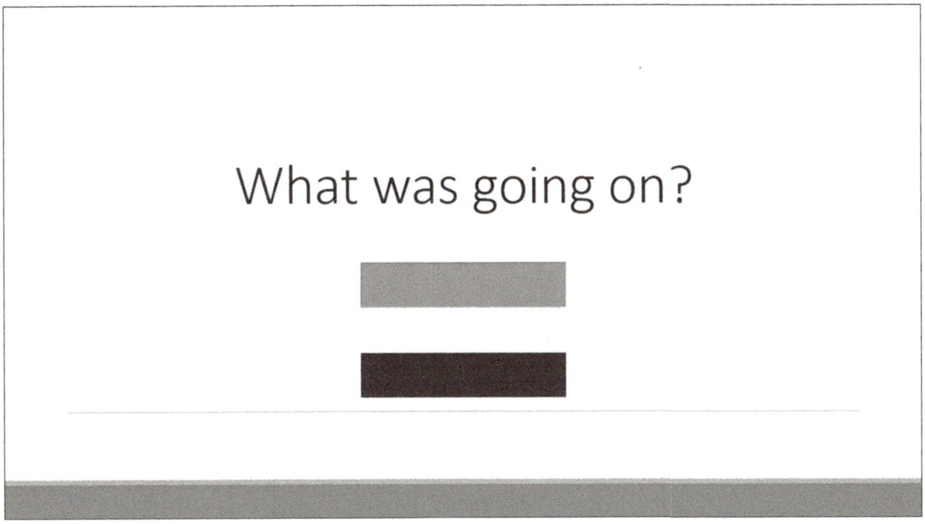
What was going on?

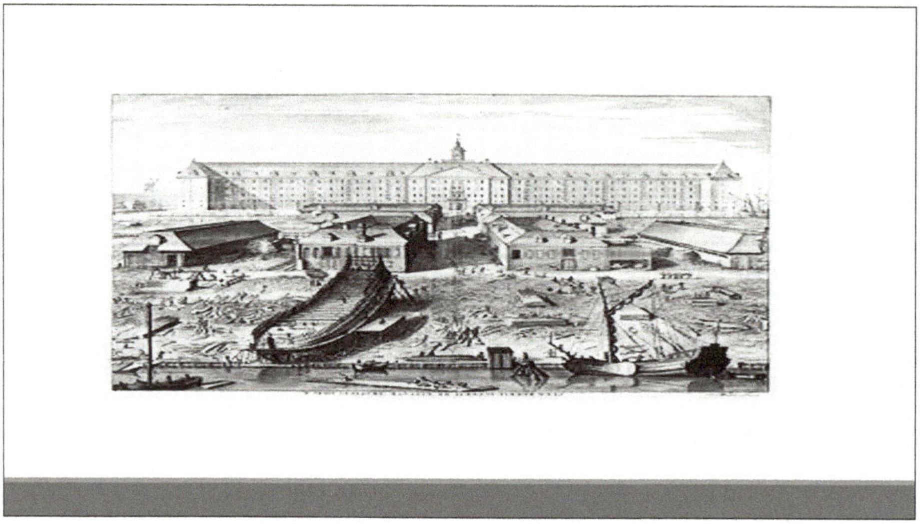

REASONS FOR FAILURE

REASONS FOR FAILURE

1. Tulip Bubble
2. Anglo-Dutch Wars
3. Problems of VOC(=Dutch East India Company)
4. Failed in the Industrial Revolution

[1] TULIP BUBBLE

[1] TULIP BUBBLE

- Production per capita was risen, so desire for ostentation was increased
- Tulip's price soar up to 8700 euro in 1630s

↓

- When Tulip Bubble popped, citizens who bought the tulips went broke and aristocrats had to guarantee their territory.

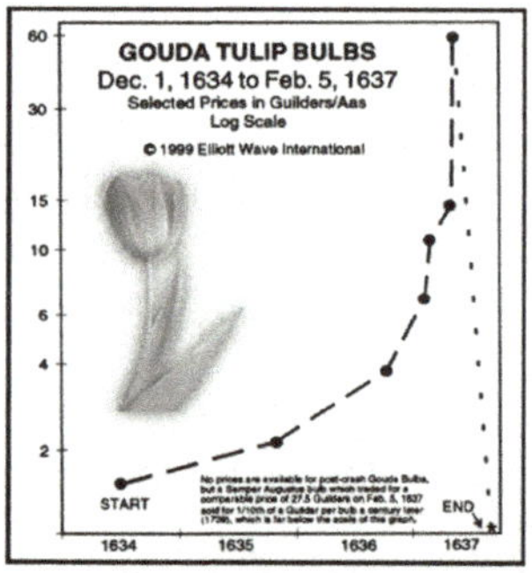

[2] ANGLO-DUTCH WARS

[2] ANGLO-DUTCH WARS

1st War (1652~1654)		2nd War (1665~1667)		3rd war (1672~1674)
Both of them got damage	→	As a Result, England participated to slavery trade	→	Netherlands suffered from serious loss

England declared a war against Netherlands to win trade competition.
As a result, England could enter overseas trade.

DOWNTREND BY ANGLO-DUTCH WAR

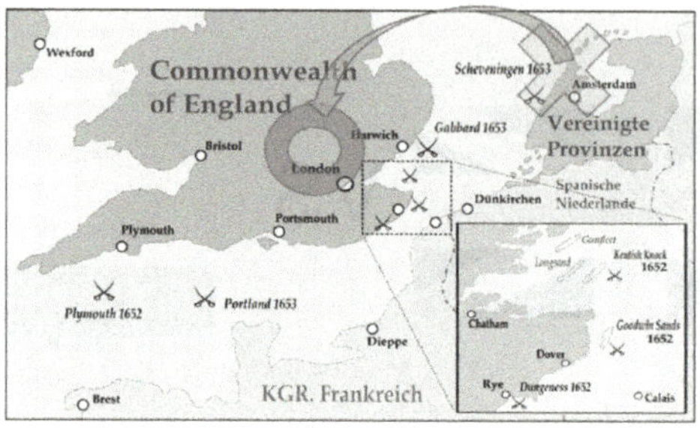

Dutch merchant elite began to use London as a new operational base.

DOWNTREND BY ANGLO-DUTCH WAR

- National debts caused by war exceeded national output in the late 17th Century
- Debt servicing was same as 1/5 of national output

- **4th War (1781~1784)**
  - ➢ netherlands lost the status of marine power nation

TRANSFER OF POWER

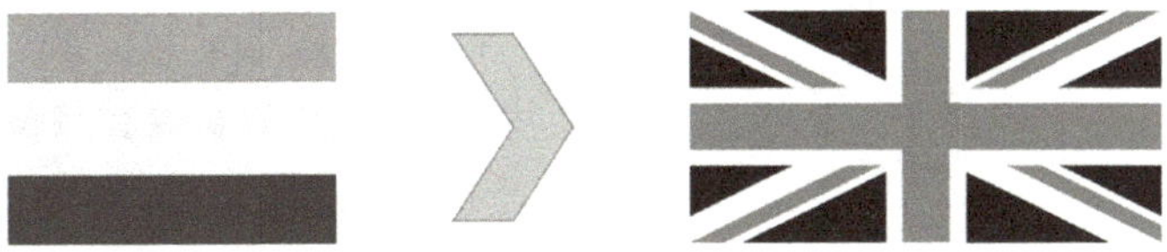

17C 18C

[3] PROBLEMS OF VOC

Price of spice declined

Failure in Business Management

PRICES OF SPICE DECLINED

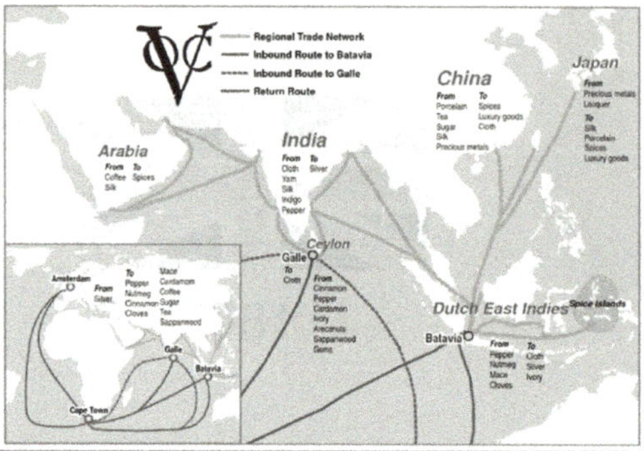

PRICES OF SPICE DECLINED

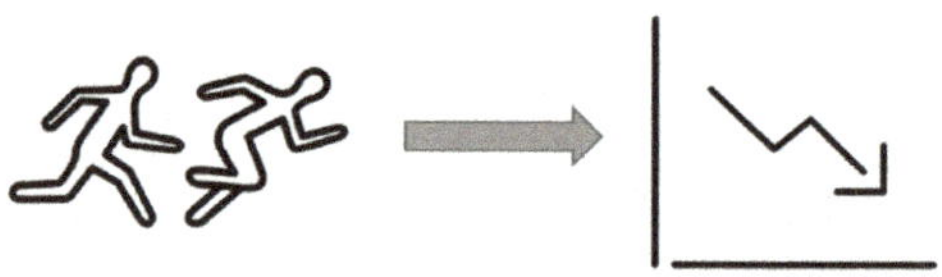

- Spice, primary goods of VOC, lost scarcity

  > Production value of spice lagged behind other Europian countries'

FAILURE IN BUSINESS MANAGEMNET

- VOC concentrated less on expanding colonies >> Overwhelmed by English power
- Erosion of Intra-Asian trade
- Centralization on its hub in Batavia
- Corruption and non-performance of duties : "not a good employer"
- High mortality and morbidity rates among its employees
- VOC concentrated less on expanding colonies >> Overwhelmed by English power

[4] FAILURE IN THE INDUSTRIAL REVOLUTION

- Netherlands' coal production was almost zero
- The mass production method introduced by Industrial revolution wasn't matched to Netherlands
- At the 1780, England's production per capita surpassed Netherlands production per capita.

CONCLUSION

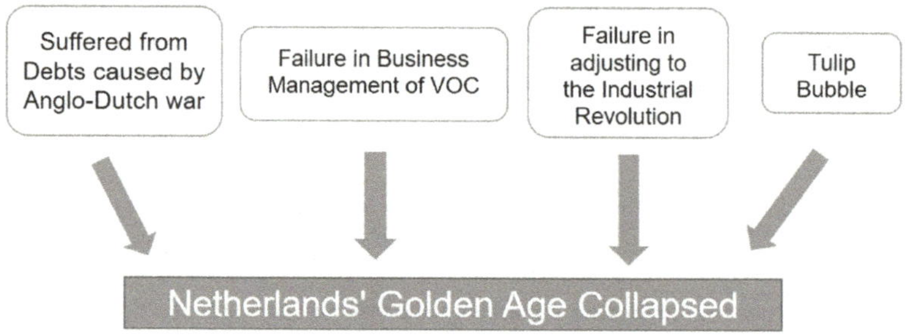

IMPLICATIONS

Things to learn out of Netherland's success or failure

IMPLICATIONS

- Wealth from free trade
- Intermediate trade from its geographical advantage

4. 18C 영국

막강 영국 해군의 전신은 해적이었다. 16C～17C 대양을 주름잡았던 에스빠냐 선박들을 대상으로 금품을 약탈했던 해적들에게 엘리자베스 여왕은 훈장까지 수여했다. 세상에～

에스빠냐의 무적함대까지 무찌른 영국은 대항해시대의 새로운 강자로 떠올랐고 네덜란드와의 오랜 전쟁에서도 승리함으로써 18C 세계 최강국에 등극한다.

산업혁명을 얘기하지 않고 영국의 굴기를 논할 수는 없다. 모직산업의 성장으로 농민들이 대거 도시로 몰려들었고, 인도에서 들여온 면직물이 대인기를 끌면서 대량 생산을 위한 기계화 수요가 급증, 기계 생산과 가동에 필요한 철과 석탄, 원료 수입과 대량 소비를 위한 식민지 개척 등이 영국 산업혁명의 배경이다.

원료 확보와 제품 소비시장 개척 차원에서 식민주의가 횡행했고, 유럽 중심의 제국주의는 부국강병이 모토였는데, 그 선두에 영국이 있었다.

해가 지지 않는 나라 영국의 쇠퇴 배경은 무엇이었을까?

G
AN

1. How England got the power?
2. Why England failed?
3. Implications

HOW DID ENGLAND GET POWER?

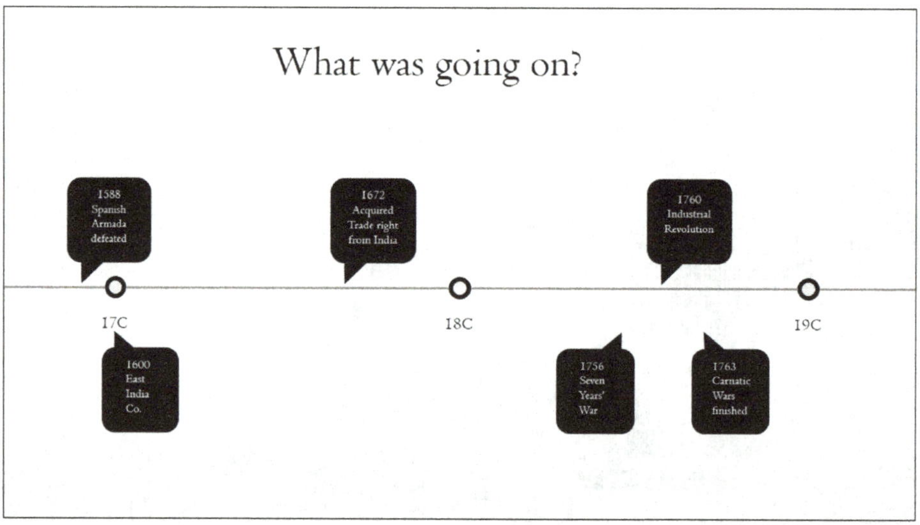

East India Company for making inroads into overseas markets

↓

The British East India Company acquired trade right from India

↓

The Industrial Revolution & the important technological innovations

↓

the Great Britain

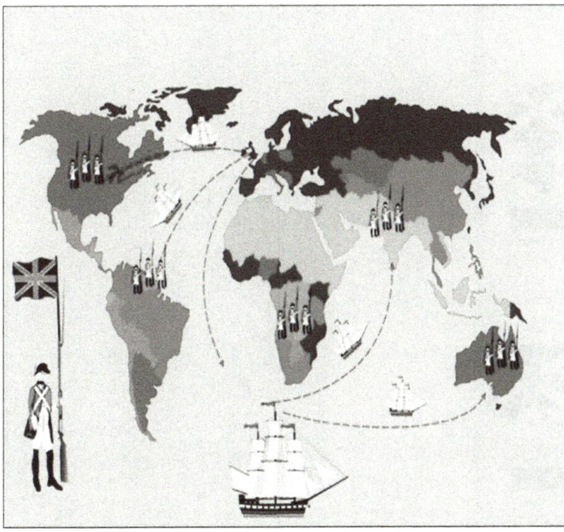

"

Mercantilism in 15th century

- Foreign policy
  – Colonialism policy
  (Foundation of Privilege company Policy)

"

Navigation Act in 1651

- This Treaty was held at the end of the England-Netherland war.

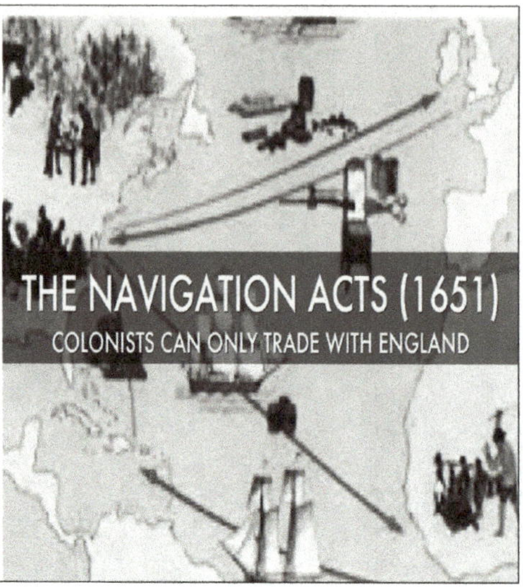

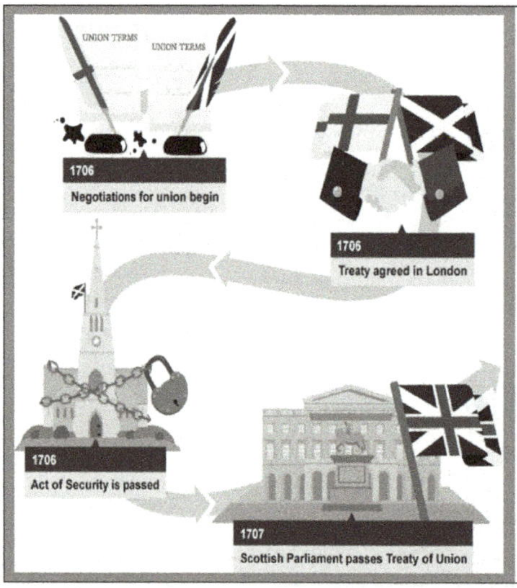

In 1706, Scotland and England ratified the Treaty of Union.

= The United Kingdom of Great Britain

More colonials instead of investing in wars

- Led to peace and stability
- Encouraged freedom of thought

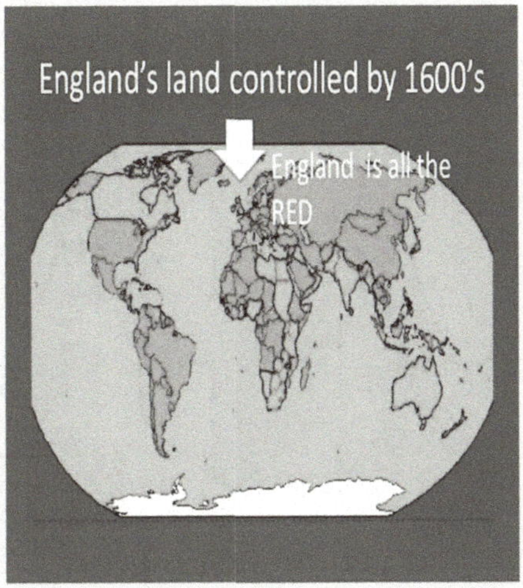

Agricultural sector was stable throughout the 18th century

1. People had more food -> The population grew
2. Hygiene had become better -> Less diseases -> Labor market becoming larger

AUSPICIO REGIS ET SENATUS ANGLIÆ.
EAST INDIA COMPANY.
English imperialism was started as private enterprises
E.g. The British East India Company
By bribing and gaining the favor of local rulers

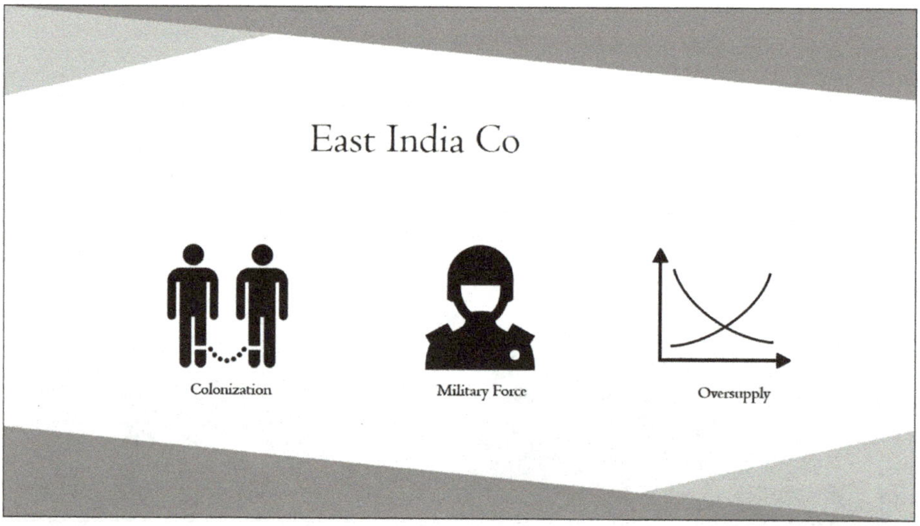
East India Co
Colonization
Military Force
Oversupply

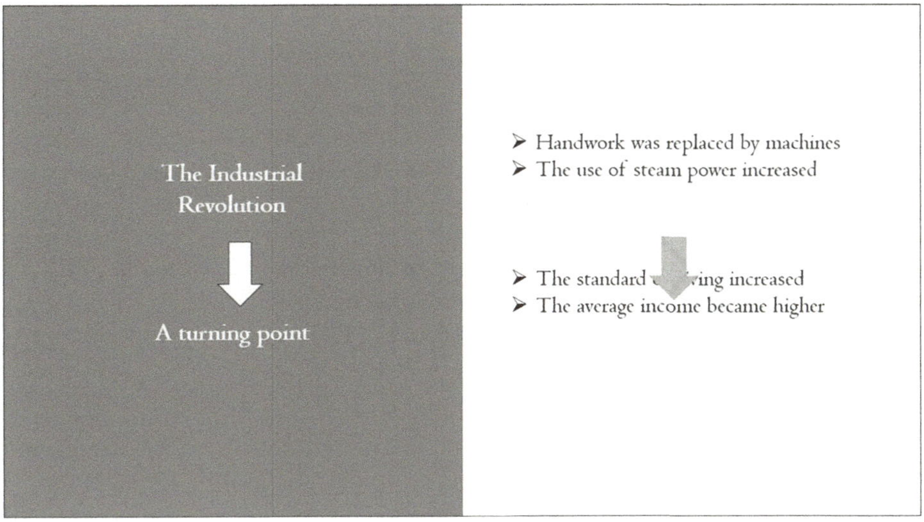
The Industrial Revolution
A turning point
➢ Handwork was replaced by machines
➢ The use of steam power increased
➢ The standard
ving increased
➢ The average income became higher

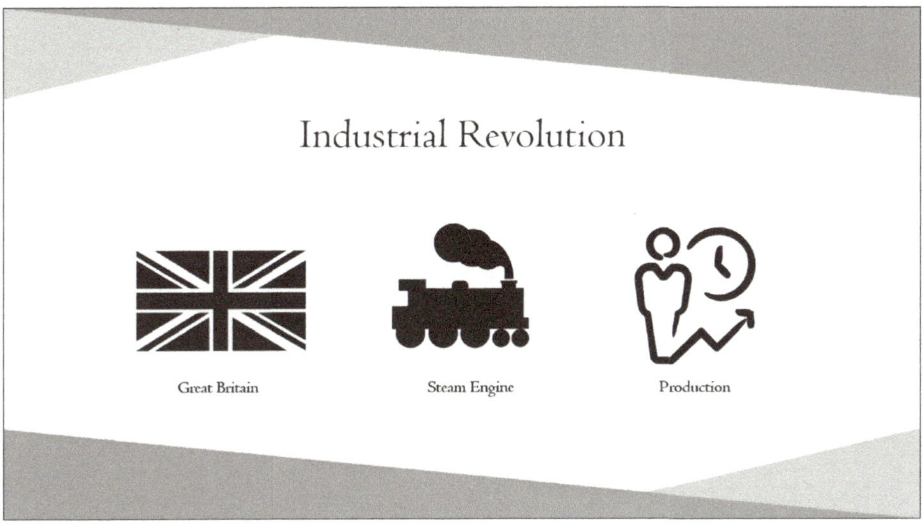
Industrial Revolution
Great Britain
Steam Engine
Production

Seven Years' War

- The first global war in Europe
- After this war - Britain secured the exclusive status of the 13 colonies

Why England failed?

World War I
from 28 July 1914 to 11 November 1918

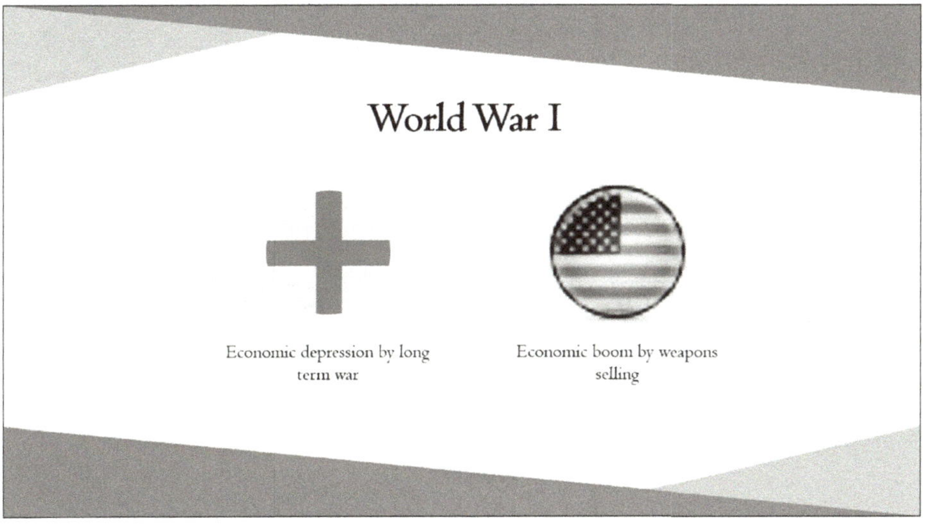
World War I
Economic depression by long term war
Economic boom by weapons selling

Washington Naval Treaty
February 6, 1922

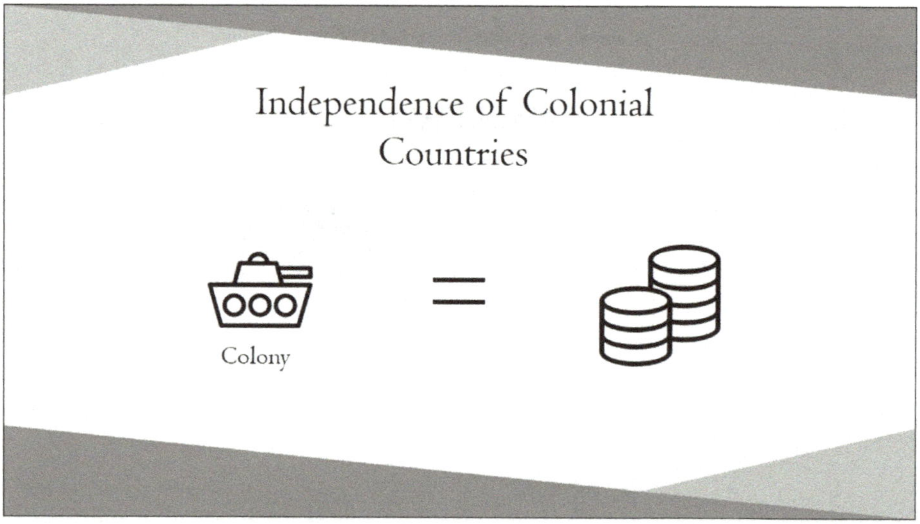
Independence of Colonial Countries
Colony

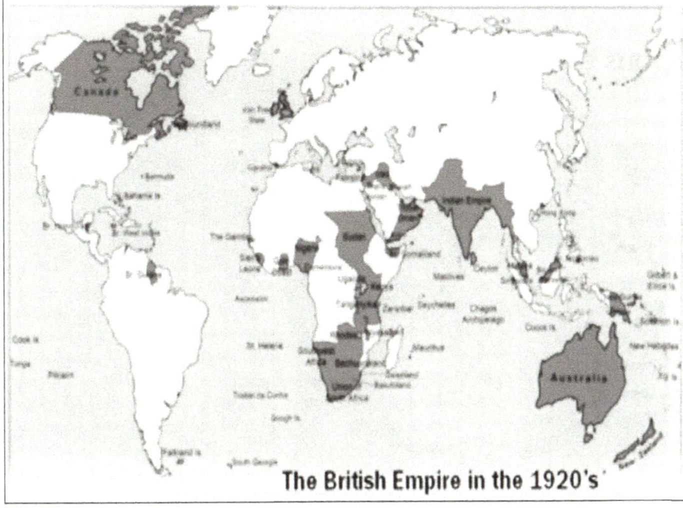

"England's colonies"

Independence

Egypt(1922)　　Canada(1926)　　India (1947)

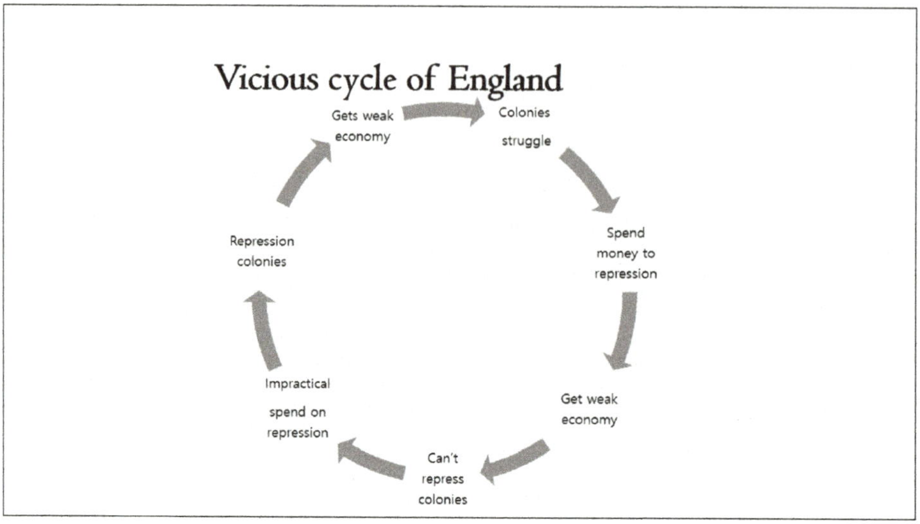
Vicious cycle of England
Gets weak economy
Colonies struggle
Spend money to repression
Get weak economy
Can't repress colonies
Impractical spend on repression
Repression colonies

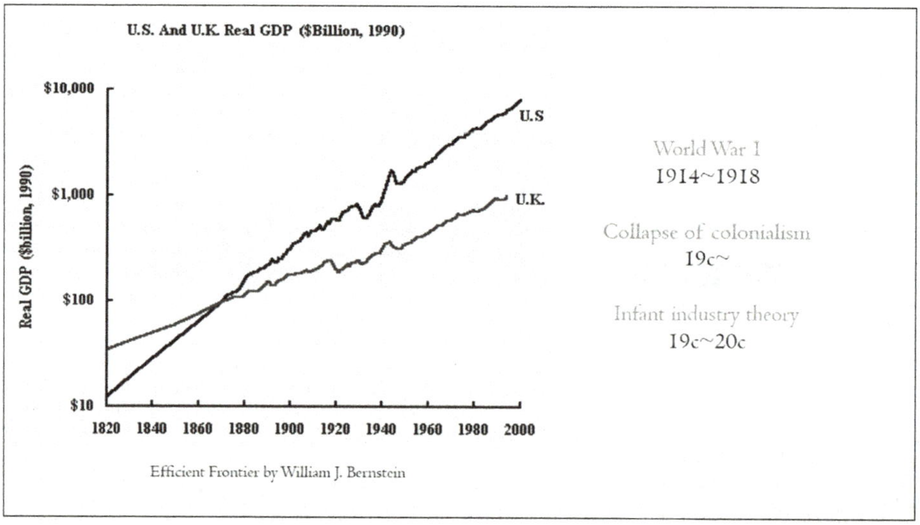
U.S. And U.K. Real GDP ($Billion, 1990)
Real GDP ($billion, 1990)
$10,000
$1,000
$100
$10
1820 1840 1860 1880 1900 1920 1940 1960 1980 2000
U.S
U.K.
Efficient Frontier by William J. Bernstein
World War I
1914~1918
Collapse of colonialism
19c~
Infant industry theory
19c~20c

Any implication

Protective trade

This was derived from mercantilism
(15C-18C)

e.g. navigation acts

This treaty limits England's law by using only
England ships at trading.

19th century British triangle trade

- Triangle trade means trade among England, India and China.
- England made India sell opium to China.

Laissez faire

- Insisted by Adam smith in 18C
- This theory means market can flourish without government's intervention.

Infant industry theory

- Insisted by A. Hamilton in 19C at first.
- Systemized by F. List, A. H. Wagner
- Industry have to be developed by the aid of government

Conclusion

London Stock Exchange

Building of Lloyd

Any Questions?

HOW DID ENGLAND GET POWER?
Sources

- Red Apple Education Ltd. *"Where it began – Industrial Revolution"*. Available from: http://www.skwirk.com/p-c_s-14_u-424_t-1099_c-4248/where-it-began/nsw//the-industrial-revolution/
- Peda.net. *"Miksi Englanti teollistui ensimmäisenä?"*. Available from: https://peda.net/valkeakoski/pk/tyry/jopo-luokka/historia/2jt/mete
- https://www.quora.com/topic/Politics-of-the-United-Kingdom
- Wongwang University "Industrial revolution and colonial trade"
- http://mahan.wonkwang.ac.kr/nonmun/03/99314009.htm

Why England get Failed? Sources

- P.17,19 Picture by wiki
- P. 22 Picture by new world encyclopedia
- Relationship of World war I&economy
- http://cima.namoweb.net/bs/view.php?&ss%5Bfc%5D=&&bbs_id=wr_history&page=&doc_num=37
- http://blog.ohmynews.com/olcc/122375 - Collapse of The British Empire

Why England get Failed? Sources

- http://www.bbc.co.uk/history/british/civil_war_revolution/overview_civil_war_revolution_01.shtml -British Civil war revolution
- https://www.britannica.com/event/Navigation-Acts -Navigation Acts
- http://terms.naver.com/entry.nhn?docId=1184129&cid=40942&categoryId=33446 –catastrophy of the Great Britain
- https://www.sscnet.ucla.edu/southasia/History/British/EAco.html -East India company
- https://history105.libraries.wsu.edu/spring2015/2015/01/20/the-army-disease-opium-and-morphine-addiction-and-the-civil-war/ -War of opium

Any implication
Sources

- http://terms.naver.com/entry.nhn?docId=1186419&cid=40942&categoryId=31818 - Industrial revolution & liberalism
- http://terms.naver.com/entry.nhn?docId=1094948&cid=40942&categoryId=31833 - Theory of the balance of trade
- http://terms.naver.com/entry.nhn?docId=3571634&cid=58780&categoryId=58780 - Mercantilism
- http://terms.naver.com/entry.nhn?docId=779501&cid=42085&categoryId=42085 - Laissez-faire
- http://terms.naver.com/entry.nhn?docId=2060395&cid=47323&categoryId=47323 - Liberalism of England
- 이균. (2007). 리스트의 보호무역의 사상과 이론에 관한 연구. 무역학회지. 32(2). 19-56. – Infant Industry Theory of United states

5. 19C 제국주의시대와 식민주의

영국, 프랑스, 독일, 미국, 러시아, 일본. 이들의 공통점은?

19C 제국주의 시대의 열강들이다. 군사력 증강, 식민지 지배와 자원 수탈, 제품 대량 생산, 약소국 대상 불공정무역, 이권 다툼, 전쟁. 이것이 19C 부국강병의 패러다임이었다. 단순하게 보면 약육강식 그 자체였고, 그 결과는 1900년대 두 차례에 걸친 세계대전이었다.

1800년대 제국 열강들의 식민지 침탈을 정당화하기 위해 자유무역주의 이론들이 대거 등장한다. 비뚤어진 가치관을 정당화시키기 위한 이론의 공허함을 여실히 보여주고 있다.

Under Colonialism

INDEX

How that Region or Country got power?

What was Going on?

Why They Failed?

Any Implications?

Source

How that Region or Country got power?

How that Region or Country got power?
United Kingdom

How that Region or Country
got power?
"Pax Britainica"
"the empire on which
the sun never sets"

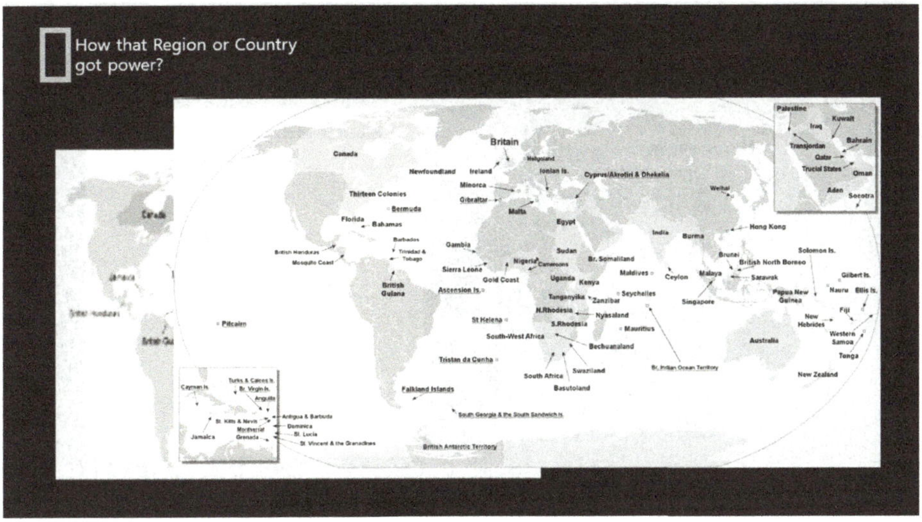
How that Region or Country
got power?
Britain
Canada
Newfoundland
Ireland
Minorca
Gibraltar
Malta
Egypt
Thirteen Colonies
Bermuda
Florida
Bahamas
British Guiana
Gambia
Sierra Leone
Gold Coast
Nigeria
Sudan
Uganda
Kenya
Ascension Is.
St Helena
South-West Africa
Bechuanaland
Tristan da Cunha
South Africa
Swaziland
Basutoland
Falkland Islands
India
Burma
Ceylon
Malaya
Singapore
Hong Kong
Brunei
Australia
New Zealand
Fiji
Tonga
Pitcairn

How that Region or Country got power?

Cecil Rhodes

' Cape to Cairo (Railway) '

How that Region or Country got power?

In The mid of 18c UK under go 'Industrial Revolution'

⇩

Import of large-scale Agricultural product and food

⇩

Many powerful country was subordinated to the UK economy

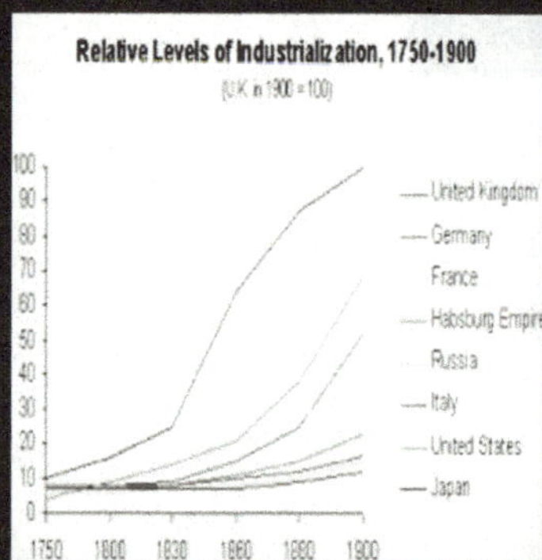

Data from: Paul Bairoch, "International Industrialization Levels from 1750 to 1980"

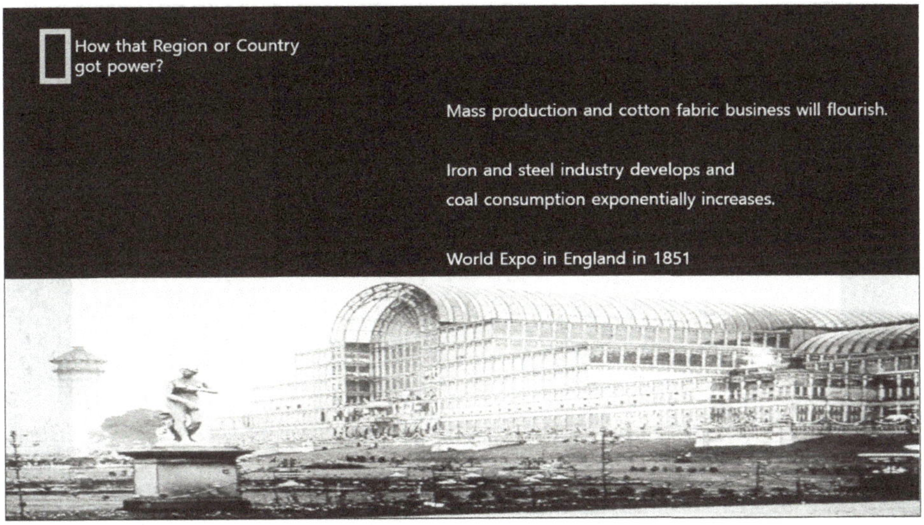
How that Region or Country
got power?
Mass production and cotton fabric business will flourish.
Iron and steel industry develops and
coal consumption exponentially increases.
World Expo in England in 1851

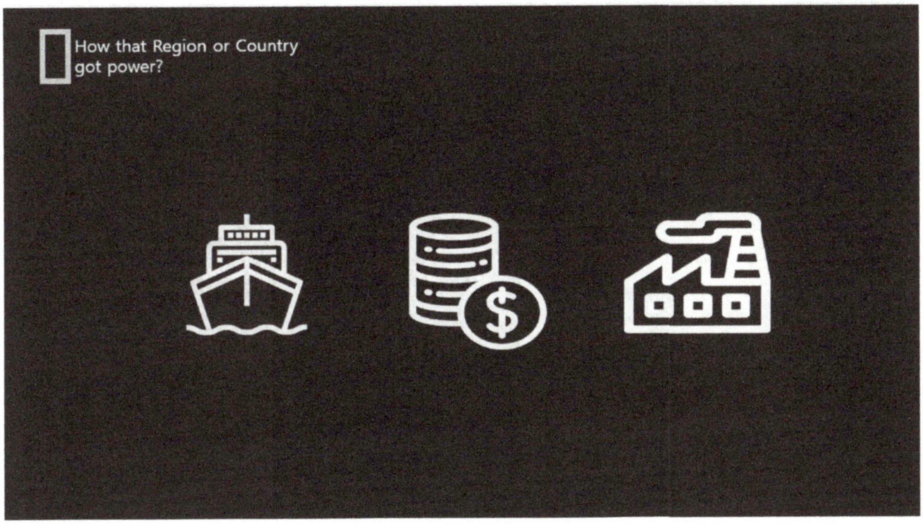
How that Region or Country
got power?
$

How that Region or Country got power?

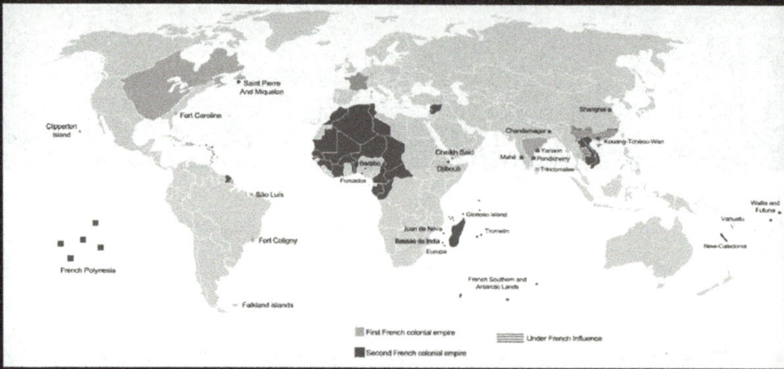

How that Region or Country got power?

1850~ France has concentrated its colonies in Africa, Indochina, and the South Pacific.

propagated French culture, language, and Catholicism

The French colonies served in France their military etc.

How that Region or Country got power?

In 1870, the outbreak of France – Preussen war

⇩

France was defeated, and establishment of German Empire

⇩

Expansion of France's colonialism

How that Region or Country got power?

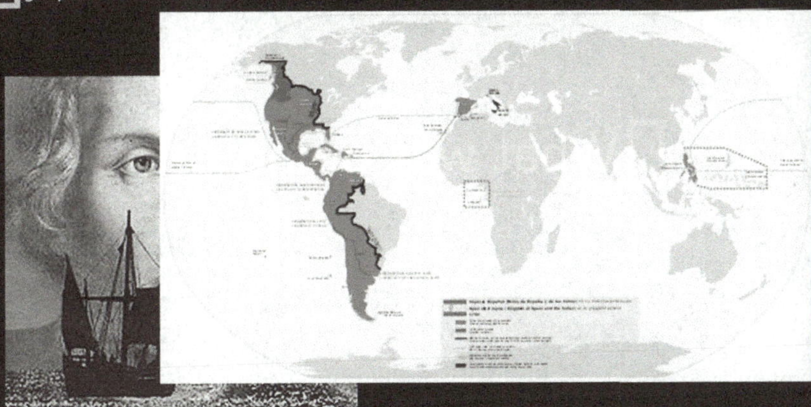

□How that Region or Country got power?

A French historian , Pierre Vilar says

"As the most extraordinary epic poem in human history"

□What was going on?

What was going on?
Colonialism ?

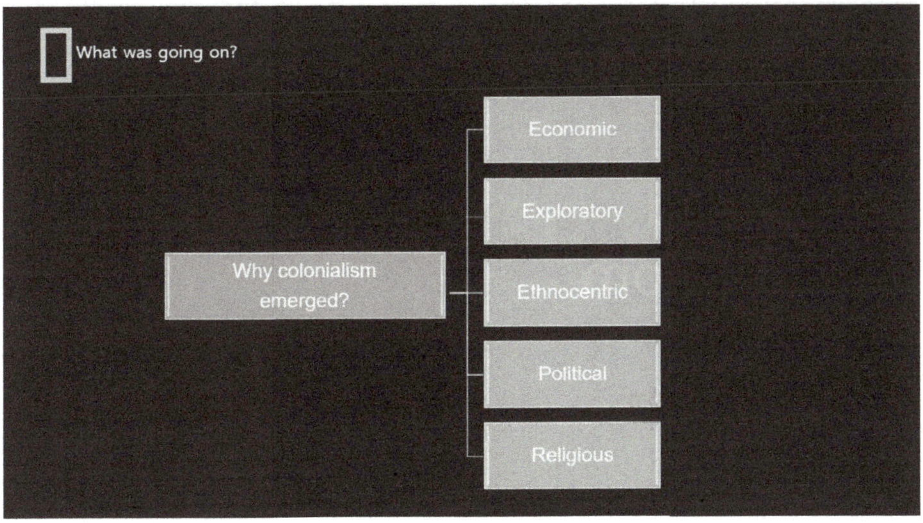
What was going on?
Why colonialism emerged?
Economic
Exploratory
Ethnocentric
Political
Religious

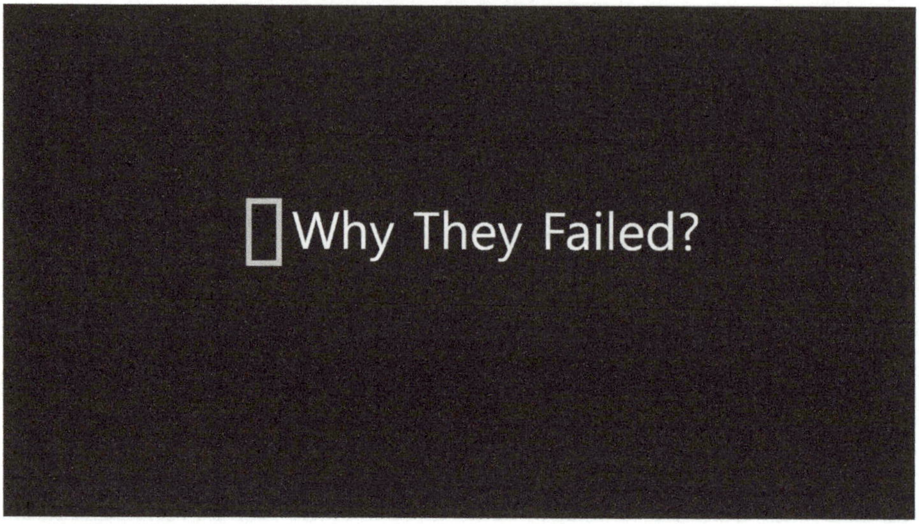
Why They Failed?

Why They Failed?
United Kingdom

Why They Failed?

Long Depression

Why They Failed?

Second Industrial Revolution

⇩

USA and Germany growth

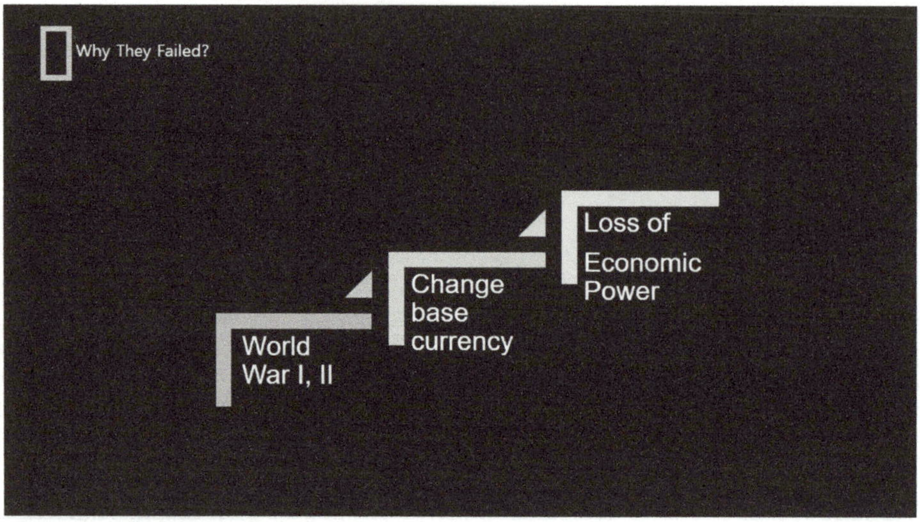
Why They Failed?
World War I, II
Change base currency
Loss of Economic Power

Why They Failed?
France

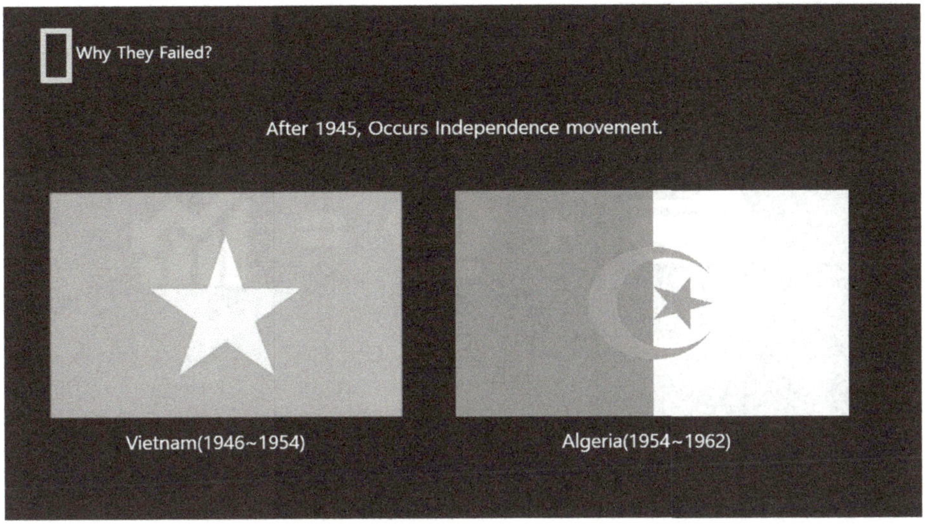
Why They Failed?
After 1945, Occurs Independence movement.
Vietnam(1946~1954)
Algeria(1954~1962)

Why They Failed?
Spain

Why They Failed?
Frequent
Wars
Succession
problem
of the Throne
Loss of
Influence

Why They Failed?
Independence movement of USA and Mexico

Any Implications?

Any Implications?

THE WHITE (?) MAN'S BURDEN.

White Man's Burden

⇨ Social Darwinism

⇨ Rationalization of Colonialism

Any Implications?

Consequence of Colonialism

Source

https://www.vingle.net/posts/869537?msrc=directlink
https://www.vingle.net/posts/869595?msrc=directlink
https://www.vingle.net/posts/869804?msrc=directlink
https://www.vingle.net/posts/869811?msrc=directlink
https://en.wikipedia.org/wiki/French_colonial_empire
http://blog.naver.com/PostView.nhn?blogId=itcybertime&logNo=220556731431
https://namu.wiki/w/%ED%94%84%EB%9E%91%EC%8A%A4%20%EC%8B%9D%EB%AF%BC%EC%A0%9C%EA%B5%AD
https://ko.wikipedia.org/wiki/%EC%8A%A4%ED%8E%98%EC%9D%B8%EC%9D%98_%EC%97%AD%EC%82%AC
『제국』, 닐 퍼거슨, 2006
『대영제국 쇠망사』, 나카니시 데루마사, 2000
『제국의 시대』, 에릭 홉스봄, 1998
『서양사개론』, 민석홍, 2014
『스페인역사 다이제스트 100』, 가람기획
KOCW http://www.google.co.kr/url?sa=t&rct=j&q=&esrc=s&source=web&cd=11&ved=0ahUKEwi307vLx

6. 20C 미국 & 독일 & 일본

Bretton Woods는 미국 북동부 New Hampshire 주에 있는 한적한 마을이다. 이 작은 마을에 1944년 7월 44개 연합국 대표들이 모여 제2차 세계대전 후 국제금융 시스템의 안정을 논의했다. 영국 대표는 그 유명한 일반이론의 John M. Keynes. 제2차 세계대전을 계기로 세계 최강국의 자리에 오른 미국 대표는 Harry D. White.

논의는 영국과 미국이 리드를 했지만 결과는 미국의 압승. 금 1oz의 가치는 미화 35달러로 책정되고 세계 주요 통화의 가치는 미 달러에 연계되었다. IMF, IBRD, GATT 등 주요 국제 기구들이 Bretton Woods 시스템의 산물이다. 결국 미국 주도의 세계가 열린 셈이다.

그로부터 27년이 지난 1971년 8월 15일 미 대통령 Nixon은 폭탄선언을 한다. 그날 이후로 미 달러와 금의 교환을 금지한다는 일방적인 선언으로 전 세계를 대혼란에 빠뜨린다. 있는 자, 강한 자의 갑질에 다름 아니었다. 왜 그랬을까?

제2차 세계대전의 패전국 독일과 일본이 1960년대에 무섭게 회복하면서 미국은 무역수지 적자가 쌓여갔다. 복지 확대와 베트남전 참전 등 냉전에 따른 군비 폭증으로 국가 재정도 대규모 적자를 기록하는 등 날로 늘어가는 나라 안팎의 적자에 금의 유출이 걷잡을 수 없게 일어나면서 미국은 금 태환兌換을 금지할 수밖에 없는 궁지에 몰리게 된 것이다.

미국의 경제력과 군사력이 급속히 강해진 배경은 뭘까? 독일이 두 차례에 걸쳐 세계대전을 벌인 이유는? 패전국 독일의 급성장 배경은? 일본이 1868년 메이지 유신 이후 그 짧은 기간 내에 세계 열강의 반열에 오를 수 있었던 원동력은 뭘까?

20C IT BIZ of US Germany Japan

Group G

INDEX

1. US
2. Germany
3. Japan

US

US

01 **How the US got Power**

02

03

04

US

01
02
03
04

What was Going on

- World War Ⅰ (1914)
- World War Ⅱ (1939)

» The US gained economical and political power due to **the Two World Wars**

US

01
03

Why US Failed

- **Great Depression**

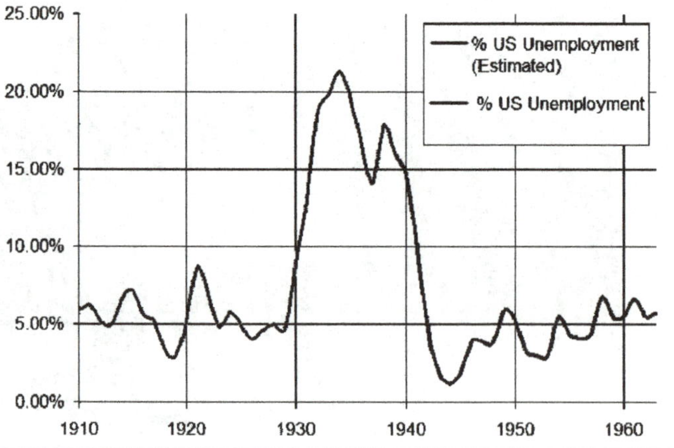

US

01
02
03
04

Implications

Germany

Germany

01
02
03
04

How the Germany got Power

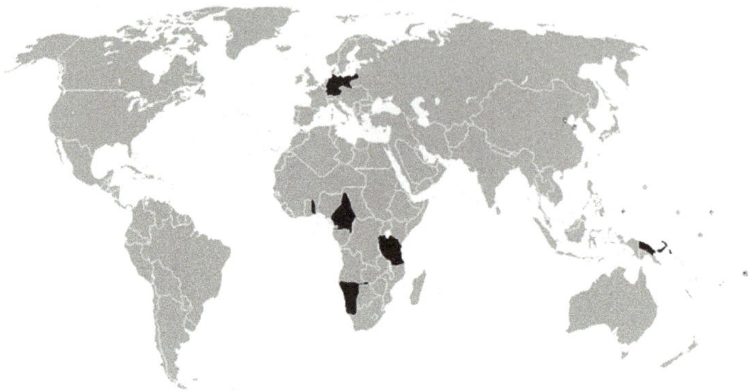

Germany

01
02
03
04

What was Going on

› Rapid progress about **industry and international trade**

› Strong **Cartel** and huge **Banking System**

› **Two World Wars**, and **Defeat**

›› Germany had to pay a lot of compensations

Germany

01
02
03
04

Why Germany Failed

- A lot of Compensations
- Division

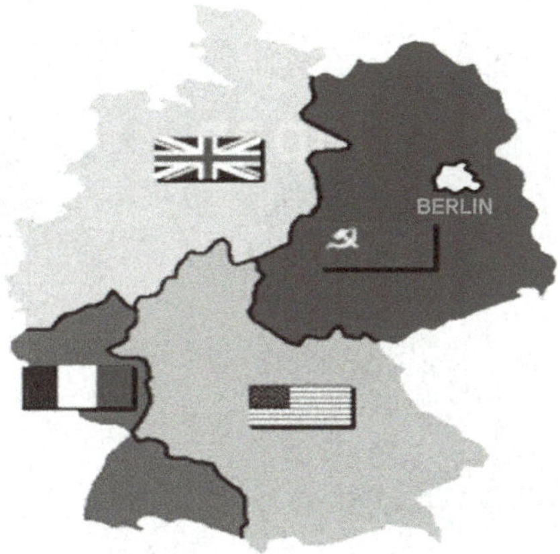

Germany

01
02
03
04

Implications

Japan

Japan

01 How Japan got Power

02

03

04

Japan

01
02
03
04

What was Going on

- Japan got immense economic power from **Export**
- Japan participated in **Plaza Accord** with US, Germany, UK, France(1986)

>> **The value of Yen went up and Japan's Export profit Decrease**

Japan

01
02
03
04

Why Japan Failed

- Real Estate **Bubble**

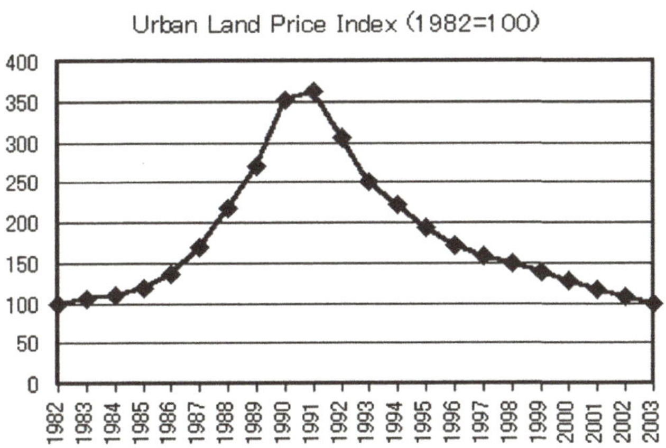

Japan

01
02
03
04

Implications

7. 21C 동아시아

“인류 문명은 서진해 왔다.” 모 역사학자가 한 말이다.

고대엔 중국, 인도가 문명의 리더였다. 그후 중동의 메소포타미아 문명, 이집트 문명, 중세 이후 유럽의 굴기, 대서양을 넘어 20C 이후 미국의 등장, 그 다음은 …… 태평양을 건너 동아시아?

그렇다. 동아시아가 전 세계의 주목을 받고 있다. 일본, 한국, 중국 등이 포진하고 있는 동아시아는 이미 주요 power house이다. GDP 규모나 인구 수 차원에서 북미나 유럽과 비견된다. 한반도를 중심으로 세계 열강들이 포진해 있다는 점에서 지정학적으로도 매우 중요한 지역이다.

동아시아가 급성장한 배경은 뭘까? 비슷하면서도 다른 중국, 한국, 일본의 차이는 뭘까? 한반도 통일의 가능성과 그 영향은? 동아시아 지속 발전 전망은?

Group A

21ST CENTURY OF EAST ASIA

Index

- Background of Economic Growth
  - Korea
  - China
  - Japan
- What is going on?
- Risks
- Solution

Korea's Background of Economic Growth

- Industrialization
- Export-Oriented External-Oriented Economic Policy
- International environment surrounding the Korean Peninsula

Industialization

1960s-

1970s-

1980s-

1990s-

Export-Oriented External-Oriented Economic Policy

- Small market of 50 million population >

- Neoliberalism >

International environment surrounding the Korean Peninsula

- - **Strategic point in the Cold War era** along with Japan and Taiwan in terms of locations

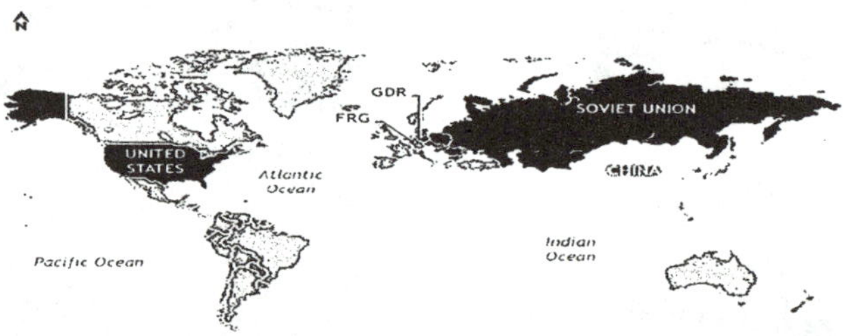

China's Background of Economic Growth

- Deng Xiaoping's Economic Reform Openness Policy
- Abundant low-wage labor
- Bonus of Opening + Bonus of Reform

Deng Xiaoping's Economic Reform Openness Policy

- Self -sufficiency economy in the 1970s

(1) Reform of rural areas

(2) Urban reform

(3) Coastal reform

Abundant low-wage labor

- China's population: Over 1.3 billion people

Share of World Population

Year	W. Europe	USA	Japan	China	India	Africa	Middle East
1	8.2%	0.3%	1.3%	26.4%	33.2%	7.5%	8.6%
1000	7.4%	0.5%	2.8%	22.1%	28.1%	12.1%	7.5%
1500	11.0%	0.5%	3.5%	23.5%	25.1%	10.6%	4.1%
1820	11.0%	1.0%	3.0%	36.6%	20.1%	7.1%	2.4%
1900	13.0%	4.9%	2.8%	25.6%	18.2%	7.0%	2.3%
1940	10.8%	5.8%	3.2%	22.6%	16.8%	8.4%	2.3%
1970	8.0%	5.6%	2.8%	22.2%	14.7%	9.9%	2.8%
2000	5.4%	4.6%	2.1%	20.8%	16.5%	13.3%	3.9%
2014	4.8%	4.4%	1.8%	18.9%	17.2%	15.8%	4.2%

Note: Based primarily on Angus Maddison estimates. Gail Tverberg OurFiniteWorld.com

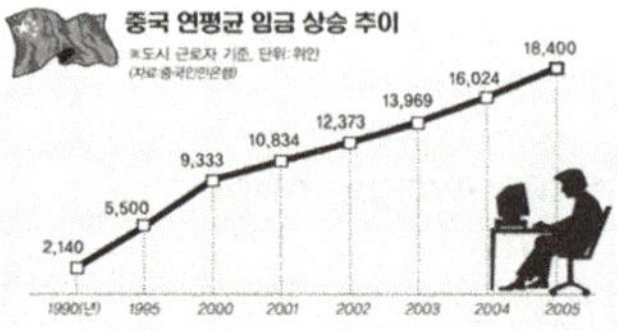

- source:경향신문

Bonus of Opening + Bonus of Reform

- **Bonus of Opening:** attracting foreign investment

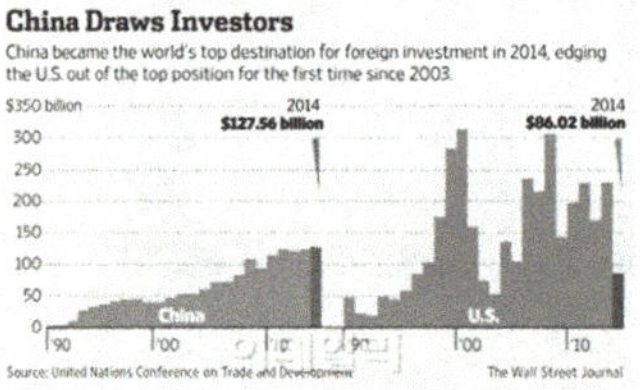

- **Bonus of Reform** : Socialist Planned Economic System Reform

Deng Xiaoping

Japan's back ground of economic growth

- **Boom caused by the Korean War**

- **Miracle of the Orient**

Boom caused by the Korean War

- The United States orders Japanese military supplies for warfare

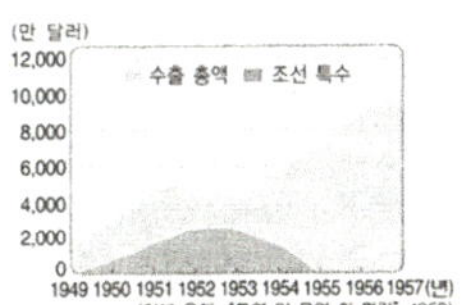

(일본 은행, "무역 및 무역 외 편람", 1959)

U.S troop's supply shelter in Yokohama

Miracle of the Orient

- **Economic Boom by 1964 Tokyo Olympics & 1970 Osaka Expo**

- **Expansion of Consumption:**

  50s "Three Types of Superhuman Skill" - Black and white TV, Washing Machine, Refrigerator

  60s "3C" - Color TV, Air Conditioner, Car → **Rapid distribution of consumer durables**

- **Encouraging exports:** Exports grew at a rate of 13.5% per year during the period 1955-1973 → Realization of a large-scale economy

source: 네이버 지식백과

What is going on in East Asia?

- **Korea-China-Japan FTA is underway**

- **RCEP(Regional Comprehensive Economic Partnership)**

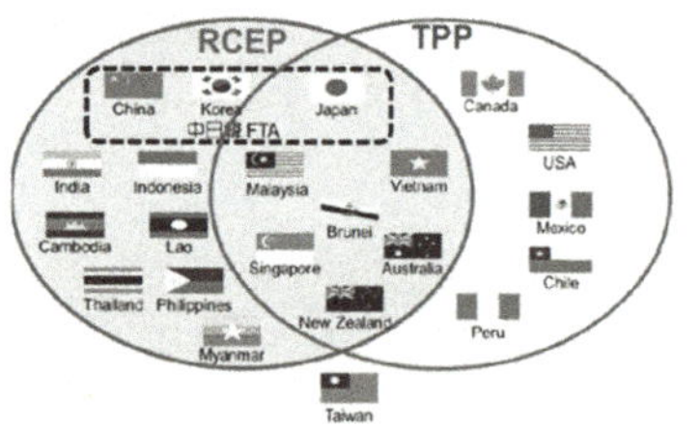

Risks of East Asia

▸ Risk factors from globalization

▸ Political risk factors

◆ Low fertility and Aging problems

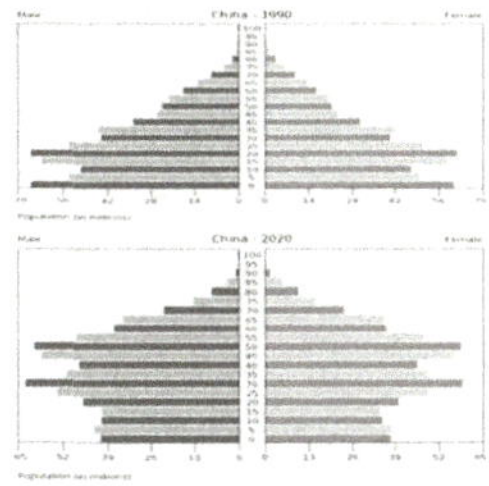

source: google

Solutions

▸ The necessity of establishing a new diplomatic direction among East Asian countries after the replacement of the Korean regime

▸ Need of substantial integration efforts due to a conflict between the interests of each country

바다의 제국

KBS '바다의 제국' 방송을 보고 ……
'바다 길' 교역으로 서양이 세계를 지배한 역사 '흥미'

"근대 이전의 서양은 동양에 비해 뒤진 문명이었다. 18세기 초 중국과 인도가 세계 경제의 70% 이상을 차지했다. 유라시아대륙에서도 영향력이 크지 않았던 유럽은 동양보다 앞선 '해양력'과 '바다 이용 전략'을 통해 아랍과 아시아가 주도했던 세계 경제 네트워크에 참여할 수 있었다. 바다를 단순한 '길'로 보지 않고 '네트워크'로 바라보았기에 새로운 기회를 잡을 수 있었다."

해운 불황과 세월호 참사 등으로 인해 부정적인 사회인식이 확산돼 있는 해운업에 대한 대국민 홍보의 필요성이 강조되고 있는 시점이다. 이러한 때 KBS에서 동서양의 근대사를 통해 바다와 해운, 해양력의 중요성을 알려주는 4부작 다큐멘터리 '바다의 제국'을 방영해 주목받았다.

1월 29, 30일과 2월 5, 6일 4일간 저녁 10시에서 시작해 각각 55분간 방송된 다큐멘터리 '바다의 제국'은 세계사를 바꾼 교역이야기라는 부제 아래 욕망의 바다, 부富의 빅뱅, 뒤바뀐 운명, 거대한 역전을 소제목으로 해 4부작으로 방영됐다.

특별기획으로 제작된 '바다의 제국'은 기원전 일명 실크로드라는 '사막의 길'을 통해 처음 만났던 동양과 서양이 8세기경 '바다의 길'로 교류를 시작하면서 새로운 전기를 맞은 역사를 조명

했다. 근대 이전까지만 해도 동양에 비해 뒤떨어진 문명을 가졌던 서양이 바다 길을 통한 동양과의 교류를 계기로 세계를 지배하게 된 역사를 되짚어줌으로써 바다와 해운의 중요성을 인식시켜준 방송프로그램이었다.

제작진은 동 · 서양이 만났던 바다에서 무슨 일이 벌어졌으며, 서양의 나라들이 어떻게 부국이 될 수 있었는지, 바다를 통한 교역이 세계를 어떻게 변화시켰는지, 근대 세계의 형성 과정을 '교역과 자본축적'이라는 경제적 측면에서 보여주었다. 이 근대의 세계사는 국제교역에 참가했던 나라들의 부침과 궤를 같이하는 자본주의 체제의 형성 과정이기도 하다. 특히 세계사에 막대한 영향을 미쳤던 주요 교역품인 후추, 면화, 설탕, 차 등을 중심으로 서양의 자본축적 과정과 바다와 해운의 역할을 보여주었는데, 지금은 너무 익숙해 사소해 보이기까지 한 일상용품들을 둘러싸고 동양과 서양이 충돌했고 세계사가 소용돌이쳤다는 점은 매우 흥미로운 대목이다.

여기에 특수영상과 최첨단 CG 기술을 활용해 중세 바다를 안방에서 재현한 점은 보는 이의 재미를 더해 주었다. 다큐멘터리를 후원한 선주협회의 자료에 따르면 14개 나라와 각국의 바다가 현존하는 최고의 장비를 이용해 카메라에 담겼다. 항공촬영, 초고속촬영, 미속, 하이퍼랩스 등 특수촬영을 병행해 수려한 영상을 화면에 담았는데, 이를 위해 영화 '명량'과 '해적'에서 바다의 특수영상을 담당했던 팀이 합류해 근대 바다의 이미지를 영화 수준으로 복원한 것으로 알려졌다.

4부작으로 방영된 다큐멘터리의 내용은 훑어보면, 1부 욕망의 바다는 후추(향신료)를 통한 동서양의 교류와 역사를 바꾸어놓은 흥미진진한 스토리이다. 인류의 근대사를 열었다고 평가받고 있는 '대항해시대'는 서구의 앞선 문명과 개척정신의 결과라기보다 후추에 대한 결핍과 종교적인 이유에서 시작됐다. 얼핏 우리가 생각하는 것과 달리 근대 이전의 서양은 동양에 비해 뒤진 문명이었다. 18세기 초 중국과 인도가 세계 경제의 70% 이상을 차지했다. 유라시아대륙에서도 영향력이 크지 않았던 유럽은 동양보다 앞선 '해양력'과 '바다 이용 전략'을 통해 아랍과 아시아가 주도했던 세계 경제 네트워크에 참여할 수 있었다. 바다를 바라보는 동 · 서양 관점의 차이가 훗날 세계 역사의 흐름을 바꾸는 결정적인 계기를 마련했다는 것이 방송의 골자이다.

2부 부富의 빅뱅에서는 설탕을 통한 서양의 동양과의 교역내용과 그것을 통한 부의 축적, 대형 농장 등 산업화의 탄생이 소개됐다. 동양과 마땅히 교역할 물건이 없었던 서양은 삼각무역을 선택했다. 네덜란드는 아시아에서 삼각무역을 통해 부를 축적해 나갔으며 영국이 이 무역 방식을 본격적인 산업에 적용했다. 영국은 설탕의 세계적 상품성을 알고 노예무역과 아메리카 식민지를 연결하는 설탕플랜테이션 산업을 시작하며 엄청난 부를 얻었다. 서양은 바다를 단순한 '길'로 보지 않고 '네트워크'로 바라보았기 때문에 새로운 기회를 잡을 수 있었다.

3부 뒤바뀐 운명에서는 면직물을 다루었다. 17세기 초 네덜란드와의 '향신료' 경쟁에서 밀린 영국의 동인도회사가 수입한 상품이 인도산 면직물 '캘리코'였다. 면직물은 화폐로 사용될 정도로 세계적으로 환영받았으니 오늘날의 자동차와 아이폰 같은 상품이었다. 면직물을 자국에서 생산하려는 노력은 방적기와 같은 공장제 생산으로 이어져 초기 산업혁명의 중요한 계기가 마련됐다. 때마침 풍부했던 석탄 매장량과 증기기관의 개발로 영국은 인도를 누르고 세계 최대의 면직물 수출국가가 됐다. 플라시전투 이후에 영국의 식민지가 된 인도는 면직물 원산지에서 수입국으로 전락하기에 이른다.

4부 거대한 역전은 차와 아편을 통한 바다 패권의 역사를 소개했다. 아메리카 대륙에서 발견한 '은'은 유럽과 중국의 본격적인 교류에 이용됐다. 당시 유럽에는 '중국 열풍'이 불었다. 18세기 초 유럽의 '차' 소비가 급증하면서 유럽의 대 중국 무역역조현상이 심각한 수준에 직면했다. 중국 차를 사기 위해 필요한 '은' 부족에 시달리던 영국의 동인도회사는 '아편'을 교역품으로 택했다. 아편무역을 시작하면서 영국은 중국과의 무역역조를 해결했지만 청나라 정부의 강력한 제재에 직면해 '아편전쟁'이 벌어졌고 영국이 승리했다. 대항해시대 이후 시작된 동양과 서양의 문명교류는 아편전쟁을 계기로 새로운 분기점을 맞았다. 이 전쟁을 통해 국제질서는 해양력을 앞세운 유럽 중심의 체제로 재편됐다. 근대의 바다에서 완성된 세계질서의 기본 틀은 21세기인 현재에도 여전히 이어지고 있다.

중국의 경제적 부상에 따라 한 · 중 · 일 동아시아의 역할이 세계적 화두가 되고 있다. 특히 동아시아가 서양을 넘어 세계 경제를 이끌 것인지에 대한 관심이 높은 현 시점에서 KBS 다큐멘터리 '바다의 제국'을 통해 유럽이 아시아를 추월했던 근대 세계사를 보는 재미는 꽤 쏠쏠했다. 이 다큐멘터리를 계기로 세계 5위의 상선대 보유력을 가지고 있는 한국 해운이 국가경제에 기여도가 크다는 점이 좀 더 많은 이들에게 알려졌기를 바란다.

자료 : 이인애 komares@chol.com, 2015년 3월 2일
http://www.monthlymaritimekorea.com/news/articlePrint.html?idxno=15661

나가는 글

마지막 Q 공부를 왜 해야 하나요?

위대한 '공부 거짓말'의 위기

두 달 전 식사 자리에서 만난 강원도 부교육감은 힘든 일 중 하나가 학교 방문 때 학생들의 질문에 답하는 것이라고 했다. 그가 뽑은 '안 나오길 바라지만 늘 나오는 곤혹스러운 질문' 1위는 "공부를 왜 해야 하나요?"였다. 그 부교육감은 대학에서 교육학을 전공했고, 교육 행정고시에 합격해 교육부에서 약 25년간 일했다. 그도 이 원초적 질문에 어려움을 느낀다는데 보통의 선생님과 부모는 오죽할까.

"공부 열심히 하거라." 영화 '사도'에서 영조가 세자에게 당부한다. 글 외우는 데는 소질이 없고 그림 그리기를 좋아하는 아들은 공부가 좋은 적은 1년에 한두 번이라고 말한다. 아버지 임금은 할 말을 잃는다.

도대체 왜 공부를 열심히 해야 하는가. 고상함을 포기한 일반적 답은 '잘 먹고 잘살기 위해서'다. 좋은 대학·직업으로 이어지는 출세론이다. 공부 잘해서 의사·법조인·교수가 되라고 한다. '30분 더 공부하면 마누라 얼굴이 바뀐다'고 쓰인 급훈이 걸려 있는 교실도 있다. 그런데 이 논리는 이제 잘 안 먹힌다. 고학력과 고소득 사이에 여전히 정적 상관관계가 있지만 그 크기가 많이 줄었다.

고전적 답변으로는 '훌륭한 사람이 되기 위해서'가 있는데 제법 품격을 갖췄지만 결정적 허점이 있다. "훌륭한 사람이 어떤 사람이냐" 또는 "공부를 하면 왜 훌륭한 사람이 되느냐"는 2차 질문을 유발한다는 점이다. '훌륭'의 실체를 설명하기 어려우니 반기문 유엔 사무총장처럼 공부 잘해서 큰 인물이 된 예를 들게 된다. 하지만 안타깝게도 공부는 잘했지만 결코 훌륭해졌다고는 볼 수 없는 인물이 우리 사회의 곳곳에 있어 설득력이 떨어진다.

교육철학자인 이홍우 전 서울대 교수는 『교육의 목적과 난점』이라는 책에서 '공부는 해보지 않고서는 왜 해야 하는지를 알 수 없는 일'이라고 역설한다. 공부는 세상을 보는 안목과 인식을 기르기 위한 것인데, 그 안목과 인식을 갖추지 않으면 그게 뭔지 알 수 없다고 설명한다. 결국 그의 주장은 공부의 목적으로 어른들이 제시하는 모든 건 공부를 시키기 위한 선의의 거짓말이라는 것이다. 틀리다고 말하기가 힘들다.

그런데 요즘의 '공부 열심히'는 모르는 것을 꾸준히 알아 가는 게 아니라 '아는 것을 실수하지 않는 부단한 연습'에 가까워졌다. 이른바 '물수능'과 쉬운 학교 시험의 효과다. 인류가 위대한 거짓말로 지켜온 문명이 사교육과의 전쟁이라는 특수 상황 논리에 휘둘리고 있다.

— **이상언** 사회부문 차장(중앙일보 2015. 9. 30, http://news.joins.com/article/18758738#none)

아주 공감이 가는 글이다. "공부를 왜 해야 하나요?" 장 교수 또한 소싯적에 많이 가졌던 질문이다. 근데 20년 넘게 학생들을 가르치고 보니 장 교수는 이제야 비로소 공부가 왜 중요한지 알게 된 것 같고, 게다가 공부가 재미있을 수도 있단 사실을 알게 되었다. 이런 경험이 있을 수 없는 우리 아이들, 초 · 중 · 고딩심지어 대딩? ㅎ 아이들에게는 '공부가 왜 중요한지' 어떻게 쉽게 설명을 해야 좋을까?

"여러분은 다들 행복하게 살고 싶죠? 근데 어떻게 사는 게 행복한 건가요? 돈만 많으면 행복합니까? 좋은 대학, 좋은 직장 다니면 다들 행복합니까? 잘생긴 남자나 예쁜 여자와 같이 살면 내내 행복할까요? 내 형제, 내 부모, 내 친척, 내 이웃이 불행한데 나만 잘 먹고 잘살면 과연 행복하다고 할 수 있을까요? 잠시 잠깐 반짝 잘 먹고 잘사는 게 좋을까요, 오랫동안 꾸준히 건강하게 사는 게 좋을까요? 어떻게 사는 게 행복한 건지 우린 진짜 잘 생각해 봐야 합니다.

선생님 생각엔, 행복하게 살기 위해선 우리가 우선 현명해져야 할 것 같습니다. 그냥 똑똑한 게 아니고 현명한 거! 무슨 직업을 갖고, 어떤 배우자를 만나, 어디서 어떻게 살아야 나와 내 가정이 오랫동안 행복할 수 있을지 많이 고민해야 합니다. 형제들과 사이좋게 지내고, 좋은 친구 좋은 이웃과 사귀고, 자기 전공을 찾아 자기가 진짜 좋아하는 일을 하면서, 아름다운 배우자를 만나, 예쁜 아이들을 키우면서, 화목한 가정을 이루고, 잘 먹고 잘살면서 주위도 돌아볼 줄 아는 사람이 현명한 사람 아닐까요? 또, 현명한 사람의 행동을 보면 때론 손해 보는 것 같지만 길게 보았을 때 도리어 이득이 되는 경우가 많습니다.

자~ 여러분은 그런 현명한 사람이 되고 싶죠? 현명한 사람이 되려면 최소한의 공부를 해야 합니다. 공부를 하다 보면 머리가 트이고 사람이 점점 현명해지거든요."

리스크 관리를 전공하는 장 교수는 또 이렇게 얘기해 주고 싶다. 물론 어린 학생들에게는 말고.

우리가 사는 세상엔 많은 리스크들이 있고 이들을 여하히 관리하느냐가 성공적인 삶에 큰 영향을 준다. 심각한 위험들을 피하고, 평소에 리스크를 잘 관리하여 사고를 미리 예방하거나 발생 가능한 손실의 크기를 줄여야 할 것이다. 또한 경우에 따라서는 적당한 리스크 테이킹을 통해 투자 수익을 올리거나 성공적인 사업을 영위할 수도 있는데 이런 리스크 관리 지혜는 꾸준한 공부와 경험을 통해 익힐 수 있는 것이다.

찾아보기

ㄹ

ㅁ

ㅂ

ㅅ

ㅇ

A

B

C

D

E

F

G

H

I

U

W

RMization®

Wharton
UNIVERSITY of PENNSYLVANIA

WRMCG®

Wharton **Risk Management**
Consulting Group

지은이에 대하여

장동한

한국외국어대 영어과 졸업, Univ. of Michigan 경제학과 졸업

Univ. of Pennsylvania 경제학 석사

Wharton School, Univ. of Pennsylvania 경영학(보험) 박사

CPCU(Chartered Property Casualty Underwriter)

ARM(Associate in Risk Management), Pennsylvania State Univ. 경영대학 교수

한국금융연구원 연구위원, Univ. of Pennsylvania 교환교수(Fulbright Scholar)

중국 상해대학 교환교수, 일본 교토대학 교환교수

Korea CPCU Chapter 회장, 금융감독원, 노동부 보험 자문위원

건국대학교 상경대학 학장, 한국리스크관리학회 회장

APRIA(아시아-태평양 보험학회) 회장, 한국보험학회 회장

현, 건국대힉교 사회과학대학(국제무역학 전공) 교수

주요 저서 및 논문

『지속 가능 성장을 위한 보험과 리스크 관리』, 『재난 리스크 제대로 관리하기』(2017년도 대한민국학술원 선정 우수학술도서) 등 저서 및 *Journal of Risk & Insurance*, 보험학회지 등 학술논문 다수

남준희

서울대 외교학과 졸업

환경부 중앙환경보전자문위원회 대기교통분과 위원 2008. 12 ~ 2010. 11

서울시 관악구 주민참여예산위원회 위원 3기/4기 2014/2015년

현, 좋은차닷컴(주) 및 굿바이카리싸이클링(주) 대표이사

주요 저서

『무역에 강한 사람이 성공한다』, 더난출판사, 1997.

『쉽게 알자 무역』, 더난출판사, 2002.

『굿바이! 미세먼지』(공저), 한티재, 2017.

『굿바이! 카』, 한티재, 2018.

Q&A로 공부하는 **국제무역**

초판 1쇄 발행 2019년 2월 28일
초판 3쇄 발행 2021년 12월 20일

지은이 장동한 · 남준희
펴낸이 박기남
펴낸곳 **율곡출판사**
08590 서울시 금천구 가산디지털1로 84(에이스하이엔드 8차), 803호
전화 (代) 02) 718-9872
팩스 02) 718-9874
home-page www.yulgokbooks.co.kr
e-mail yulgokbook@naver.com
등록 1989.11.10. 제2014-000031호
ISBN 979-11-97897-56-9 93320

값 20,000원